THE WISDOM OF TAOISM
The Wisdom of Laozi

道家的智慧 老子的智慧

韩鹏杰 秦琦玮 著

西安交通大学出版社
XI'AN JIAOTONG UNIVERSITY PRESS

图书在版编目(CIP)数据

道家的智慧.老子的智慧/韩鹏杰，秦琦玮著.--西安：西安交通大学出版社，2023.7(2024.1重印)
ISBN 978-7-5693-2926-1

Ⅰ.①道… Ⅱ.①韩…②秦… Ⅲ.①道家-教材②《道德经》-研究-教材 Ⅳ.① B223

中国国家版本馆 CIP 数据核字(2023)第 008932 号

道家的智慧　老子的智慧
DAOJIA DE ZHIHUI　LAOZI DE ZHIHUI

著　　者	韩鹏杰　秦琦玮
策划编辑	王斌会
责任编辑	王斌会
责任印制	刘　攀
责任校对	张静静
装帧设计	董　琪　王泓瑾
封面题字	王　劲
出版发行	西安交通大学出版社(西安市兴庆南路1号 邮政编码710048)
网　　址	http://www.xjtupress.com
电　　话	(029)82668357 82667874(市场营销中心) (029)82668315(总编办)
印　　刷	西安五星印刷有限公司
开　　本	880mm×1240mm　1/32　印张10.875　字数207千字
版次印次	2023年7月第1版　2024年1月第2次印刷
书　　号	ISBN 978-7-5693-2926-1
定　　价	68.00元

如发现印装质量问题，请与本社市场营销中心联系调换。
订购热线：(029)82665248　(029)82667874
投稿热线：(029)82668525　　　　　　　　　　版权所有　侵权必究

为什么我们要读《道德经》

没有高度的文化自信,没有文化的繁荣兴盛,就没有中华民族伟大复兴。那么,文化自信的底气和文化繁荣的根源到底在何处?回溯中华民族五千年文明历史,历代先贤的古老智慧经过漫长岁月的淬炼,成为中华儿女融刻在血液中的宝贵财富,中华优秀传统文化在当代仍然具有强大的生命力和伟大意义。当我们真正了解了中华优秀传统文化,我们就一定会发现,今天的建设和发展,都建立在中国文化基础之上,都深深植根于中华文化的土壤之中。正如党的二十大报告指出:"中华优秀传统文化源远流长、博大精深,是中华文明的智慧结晶,其中蕴含的天下为公、民为邦本、为政以德、革故鼎新、任人唯贤、天人合一、自强不息、厚德载物、讲信修睦、亲仁善邻等，是中国人民在长期生产生活中积累的宇宙观、天下观、社会观、道德观的重要体现，同科学社会主义价值观主张具有高度契合性。"

我们要传承中华优秀传统文化，使其得到创造性转化、创新性发展，推进文化自信自强，铸就社会主义文化新辉煌。

学习《道德经》的必要性：近代中国，西方文化入侵，支撑中华民族几千年发展的传统文化受到怀疑批判，西方文化利用文化资本和产品浸入社会生活的各个方面，影响着国人的生活方式，继而影响着人们的价值观、人生观，国家文化安全受到危害。在此背景下，呼吁社会学习传统文化，弘扬民族精神变得尤为重要。《道德经》作为世界上外文译本总数最多、世界文化名著总销量最高的经典著作之一，毫无疑问是中华优秀传统文化的典型代表。国人学习传统文化对文化环境正本清源、巩固我国文化价值体系、实现民族文化复兴具有重要意义。

学习《道德经》的现实性：《道德经》中蕴含的思想为解决世界性问题提供思路和借鉴。例如，反战思想："夫兵者，不祥之器。"法治理论："天网恢恢，疏而不失。"生态环保问题："人法地，地法天，天法道，道法自然。"教育问题："故善人者，不善人之师；不善人者，善人之资。"为人处世哲学："生而不有，为而不恃，长而不宰。"净化心灵："夫物芸芸，各复归其根。"我们学习《道德经》，体会老子的思想和大智慧，从治国理政、企业管理，到个人修养、为人处世，都能受益无穷。

　　本书为"国家精品在线开放课程""中宣部学习强国推荐课程"——"品读道家智慧"的配套用书，史料证据丰富充实，征古引今，以具体例证辅助理解《道德经》，内容生动形象，便于读者阅读。本书以全新独特视角解读《道德经》，将这本经典"掰开揉碎再重组"，提取《道德经》散落在八十一章里的智慧，仔细研读并加以理解分析，将其总结成一本书、两个字、三件宝、四个不、五形象、六知守、七正道、八纲要、九字诀等九个专题，朗朗上口，便于记忆。这是对"品读道家智慧"慕课内容的总结、展开和深入。具体来说，以专题为主，总结了《道德经》作者其人、成书背景、核心思想；展开论述了道家主要概念，如道、德、虚弱、不争、有无；深入阐释道家思想，构建了全新的《道德经》智慧体系。本书对学习好《道德经》、传承好中国文化，具有重要意义。

目 录

第一章 一本书 ○一

  小 序 ○三

  第一节 老子其人 ○三

  第二节 《老子》其书 一○

第二章 两个字 二三

  小 序 二五

  第一节 道 二六

  第二节 德 四四

第三章 三件宝 五一

  小 序 五三

  第一节 慈，慈故能勇 五五

  第二节 俭，俭故能广 六○

  第三节 谦，不敢为天下先，故能成器长 六六

第四章　四个不　　　　　　　　　　七五

　　小　序　　　　　　　　　　　　　七七
　　第一节　不自见，故明　　　　　　七八
　　第二节　不自是，故彰　　　　　　八六
　　第三节　不自伐，故有功　　　　　九六
　　第四节　不自矜，故长　　　　　一〇一

第五章　五形象　　　　　　　　　一〇五

　　小　序　　　　　　　　　　　　一〇七
　　第一节　天地：自强不息，厚德载物　一〇八
　　第二节　风：大象无形，无有入无间　一二三
　　第三节　水：善利万物而不争　　　一二七
　　第四节　草木：生也柔脆，死也枯槁　一四〇
　　第五节　母：为母则刚，慈故能勇　一四六

第六章　六知守　　　　　　　　　一五三

　　小　序　　　　　　　　　　　　一五五
　　第一节　知雄守雌　　　　　　　一五七
　　第二节　知白守黑　　　　　　　一六四
　　第三节　知荣守辱　　　　　　　一六八
　　第四节　知高守低　　　　　　　一七三
　　第五节　知实守虚　　　　　　　一七八
　　第六节　知死守生　　　　　　　一八三

第七章　七正道　　　　　　　　　一九一

小　序　　　　　　　　　　　　一九三
第一节　致虚极，守静笃　　　　一九四
第二节　虚其心，实其腹　　　　二〇二
第三节　弱其志，强其骨　　　　二〇七
第四节　挫其锐，解其纷　　　　二一三
第五节　和其光，同其尘　　　　二一九
第六节　曲则全，枉则直　　　　二二二
第七节　为无为，味无味　　　　二三一

第八章　八纲要　　　　　　　　　二四一

小　序　　　　　　　　　　　　二四三
第一节　利而不害　　　　　　　二四五
第二节　为而不争　　　　　　　二五〇
第三节　生而不有　　　　　　　二五八
第四节　为而不恃　　　　　　　二六二
第五节　长而不宰　　　　　　　二六六
第六节　廉而不刿　　　　　　　二七〇
第七节　直而不肆　　　　　　　二七四
第八节　光而不耀　　　　　　　二七七

第九章　九字诀　　　　　　　　　二八三

小　序　　　　　　　　　　　　二八五
第一节　清　　　　　　　　　　二八六

第二节	虚	二九〇
第三节	卑	二九五
第四节	弱	三〇二
第五节	冲	三〇七
第六节	反	三一〇
第七节	常	三一六
第八节	明	三二三
第九节	无	三二八

参考文献 　　　　　　　　　　　三三六

第一章 一本书

小　序

研究一本经典，第一步，要了解作者。《道德经》的作者老子的职业背景是什么？这本书的写作背景又是什么？关于老子本人，历史上流传着许多玄乎其玄的说法，本章则以《史记》作为依据来介绍老子其人。第二步，要了解这本书。《道德经》这本书有哪些版本？我们如何选择适合自己的版本？书名《道德经》的来源是什么？这本书是写给谁的？如何阅读《道德经》？本章将逐一解答这些问题。

第一节　老子其人

关于老子的传说，数不胜数，有说其母亲怀胎八十一年，老子生下来就须发尽白；有说老子活了一百岁、二百岁，甚至五百岁，出关以后得道成仙；有说老子是三个人共用的名字，诸如此类，众说纷纭。因缺少一手史料，老子的真实身份也几乎成为"千古之谜"。本书基于司马迁《史记·老子韩非列传》，介绍老子其人。

老子者，楚苦县厉乡曲仁里人也，姓李氏，名耳，字聃，周守藏室之史也。

孔子适周，将问礼于老子。老子曰："子所言者，其人与骨皆已朽矣，独其言在耳。且君子得其时则驾，不得其时则蓬累而行。吾闻之，良贾深藏若虚，君子盛德容貌若愚。去子之骄气与多欲，态色与淫志，是皆无益于子之身。吾所以告子，若是而已。"孔子去，谓弟子曰："鸟，吾知其能飞；鱼，吾知其能游；兽，吾知其能走。走者可以为罔，游者可以为纶，飞者可以为矰。至于龙，吾不能知其乘风云而上天。吾今日见老子，其犹龙邪！"

老子修道德，其学以自隐无名为务。居周久之，见周之衰，乃遂去。至关，关令尹喜曰："子将隐矣，强为我著书。"于是老子乃著书上下篇，言道德之意五千余言而去，莫知其所终。

或曰：老莱子亦楚人也，著书十五篇，言道家之用，与孔子同时云。

盖老子百有六十余岁，或言二百余岁，以其修道而养寿也。自孔子死之后百二十九年，而史记周太史儋见秦献公曰："始秦与周合，合五百岁而离，离七十岁而霸王者出焉。"或曰儋即老子，或曰非也，世莫知其然否。老子，隐君子也。老子之子名宗，宗为魏将，封于段干。宗子注，注子宫，宫玄孙假，假仕于汉孝文帝。而假之子解为胶西王昂太傅，因家于齐焉。

世之学老子者则绌儒学，儒学亦绌老子。"道不同不相为谋"，岂谓是邪？李耳无为自化，清静自正。

短短五百余字讲述了老子其人之概貌，其书之渊源，其道之要旨。首先指出有关老子的最重要的三个信息：籍贯，楚国苦县厉乡曲仁里人；姓名，李耳，字聃；职业，周朝掌管藏书室的史官。

接着讲述了孔子和老子的交集。孔子前往周都，向老子请教礼的学问，老子说："你所说的礼，倡导它的人和骨头都已经腐烂了，只有他的言论还在。况且君子时运来了就驾着车出去做官，生不逢时，就像蓬草一样随风飘转。我听说，善于经商的人把货物隐藏起来，好像什么东西也没有，君子具有高尚的品德，外表像愚钝的人。抛弃您的骄气和过多的欲望，抛弃您做作的情态神色和过大的志向，这些对于您自身都是没有好处的。我能告诉您的，就这些罢了。"孔子离去以后，对弟子们说："鸟，我知道它能飞；鱼，我知道它能游；兽，我知道它能跑。会跑的可以织网捕获它，会游的可制成丝线去钓它，会飞的可以用箭去射它。至于龙，我就不知道该怎么办了，它是驾着风而飞腾升天的。我今天见到的老子，大概就是龙吧！"

然后论述了《道德经》的成书渊源，老子的学说以隐匿声迹、不求闻达为宗旨。老子在周都住了很久，见周朝衰微了，于是就离开周都，到了函谷关。关令尹喜对他说："您就要隐居了，勉力为我们写一本书吧。"于是老子就撰写了《道德经》，分上下两篇，阐述了道德的本意，共五千多字，然后才离去，没有人知道他的下落。

最后用"无为自化，清静自正"八个字来概括老子思想的要旨：无为而治，百姓自然趋于"化"；清静不扰，百姓自然会归于"正"。

研究每一本经典，首要问题便是了解该书的作者。第一，作者的职业背景，老子的工作是什么？职业背景与老子著书之间的关系是什么？第二，写作背景，老子为何著书？为谁著书？在什么情况下著书？了解这两个方面，对《道德经》的学习和研究有着重要的辅助作用。

第一，老子其人。老子为什么叫老子？"子"原本是周朝的爵位，表示对天子所属公卿的尊称，春秋时期礼崩乐坏，等级秩序不再严明，"子"的用途便逐渐扩大，成为有道德、有学问的男子的尊称，如孔子、韩非子，当然，老子的"子"也是尊称。而关于"老"，却有不同的说法，一种说法认为老子姓李，春秋时期的通用语言是"雅言"，相当于现在的普通话，而在"雅言"中，"李"的发音与"老"较为相近，"李子"经过人们口口相传慢慢变成"老子"。另外一种说法就与老子的离奇传说有关，其母怀胎八十一年生下老子，他刚出生就像一个老人，须发尽白，满脸皱纹，母亲惊诧："天哪,这就是我的老子。"由于缺少一手史料,这一说法只是传说。无论真相是怎样的,毋庸置疑的是,"老"和"子",在中华文化中都代表着智慧和境界,也就是说,老子这两个字都有尊敬的意味,可见老子自古以来在人们心中的地位之高。家有一老如有一宝,历尽沧桑的老人将他一生的智慧写进《道德经》里,成为我们民族至今受益无穷的精神财富。

司马迁在《史记》中明确指出老子的职业——"周守藏室之史",守藏史,是周朝的官职,掌管国家的图书典籍,属于史官。形象一点来说,这一官职在现代相当于图书馆的馆长、档案馆的馆长,以及天文台的台长。老子的职业对他的思想主张形成有很大影响。首先,印刷术发明之前,古人以书写、镂刻和铸造的方式记录文字,镂刻和铸造较为罕见,一般用于祭祀、占卜等场合,而书写虽然较为简单,但是书写材料如竹简、绢帛也是难得之物,所以一两本书在当时都是难得之物,不像现在的纸质书、电子书唾手可得。当时有书的人少之又少,老子作为守藏史掌管天下图书,有得天独厚的便利条件,他可以看到别人接触不到的文章典籍,因而积累了极为深厚的知识储备。其次,守藏史掌管国家档案,这一点更为重要。档案是再现历史真实面貌的原始文献,老子因其"档案馆馆长"的身份,接触朝代更迭的真相、历史事件的来龙去脉,从古今成败存亡中总结历史经验教训,达到对事物本质的深刻认识。如同班固在《汉书》中说:"道家者流,盖出于史官。历记成败、存亡、祸福、古今之道。然后知秉要执本，清虚以自守，卑弱以自持，此君人南面之术也。"档案因其原始性、真实性而具有价值，是比图书更加珍贵的资料，所以老子在知识渊博的基础上，能够于历史发展中反复检验知识，相较于只能在图书典籍中获取知识的人，老子通过档案增长了见识。知识渊博的人可能很多，能够翻阅档案的人也有不少，但是同时拥有广博知识和深刻见识的人，少之又少。再次，老子所在守藏室存放天文资料。春秋时期占卜之术盛行，无事不占卜，所以战争、祭祀等重要事件的卜辞预言都在藏书范围之内。老子重复对比预言与现实的走向，上知天文下知地理，他是最接近历史发展规律的人。老子皓首穷经，受人敬仰，所以这样一位智者，成为大家争相拜访请教的对象，不管是平民百姓，还是为官从政者，遇到问题都来请教老子，从生活智慧、治国之道，到天地规律、宇宙本原，老子都做出了回答。因而，我们认为《道德经》是老子对众人问题的答案加以概括总结、提炼升华，采用对话体将自己的哲学思想留给后世。《道德经》独树一帜的成书背景和特点使其成为我国的"众经之王"。

南怀瑾先生有个比喻，绝妙地阐释了道家的思想：道家是药店，如果不生病，一生也可以不必去理会它，要是一生病，就非自动找上门去不可。道家像是药店，当国家或者民族生病，当统治者的法令政策出了问题，就必须要去道家经典中寻求药方，就像那些慕名而来拜访请教老子问题的人，也是为了解决各种各样的问题。老子在档案典籍中看惯了帝王将相穷奢极欲而为百姓带来的灾难,病态的社会,病态的统治者,他看得太多了,久病成医,对于老子来说是"久看病成医"。

第二,写作背景。老子为何著书?为谁著书?在什么情况下著书?春秋末年,烽烟四起,天下大乱。老子一生守着的图书典籍因战乱丢失,没有人比老子更懂得这些资料的重要性,周王室衰微,藏书不在了,老子留下的理由也没有了。他要走了,骑着他的青牛,出关隐居。从这里其实可以看出那个时代的可悲,人间就像炼狱场,智慧被暴力践踏,人性被战争泯灭。老子认为他的哲学已经救不了世人,时代必然会顺应历史规律而结束,所以他走了。

著名的"青牛出关图"就是说老子骑着青牛,欲出函谷关。守关的官员尹喜也非普通人,他夜观天象,见紫气如龙,从东而来,便知有圣人将至,果然见老子骑青牛经过。彼时老子名满天下,尹喜慕名崇拜已久,得知老子即将出关隐居,便央求老子将毕生智慧著书,流传百世。老子答应了,在函谷关,一笔一笔写下王朝兴衰,百姓祸福,宇宙本原,万物规律,刻下了他的毕生心血——道。老子是矛盾的综合体,为何这么说?看多了污浊和罪恶,总是有些"冷酷"的。老子信奉自然而然的无为之道,所以没有像孔子奔走游说,他知道"明知不可为而为之",最后还是不可为。他知道大厦将倾,无力回天,所以他要走。但是看到山河满目疮痍,百姓流离失所,他还是没有按捺住恻隐怜悯之心,答应关令尹喜的请求,留下了他给那个时代开的最后一剂"药方"。老子是遗世独立的圣人，也是慈悲为怀的凡人，他是那个时代一闪而过的流星，留下无尽的智慧光芒，照亮了千年之后的我们。

了解老子之后，才会知道《道德经》的问世与流传是多么伟大的一件事。中华民族是有历史底蕴的，中华文化处处是千年智慧，这些宝贵财富是我们民族复兴，国家繁盛源源不断的动力和底气。

第二节　《老子》其书

《老子》，也称《道德经》。关于《道德经》这本书，可以从以下四个问题开始了解：第一，《道德经》有哪些版本？第二，《道德经》为什么要叫《道德经》？第三，《道德经》这本书的定位是什么？第四，如何阅读《道德经》？

第一个问题，关于《道德经》的版本。《道德经》是春秋时期老子所作，作于何处？或刻于竹简，或书于绢帛。竹简、绢帛是我国历史上用来书写的材料，使用时间长，都是造纸术发明之前就开始使用的书写材料。没有便利的印刷技术，因此人们要了解老子的思想，就只能依靠传阅、抄写，在这个过程中难免有抄错、抄漏、改动的情况，这也导致流传至今的《道德经》版本众多且差别较大。

为其做注解者，更是数不胜数，其中包括唐玄宗李隆基、宋徽宗赵佶、明太祖朱元璋、清世祖爱新觉罗·福临等四位皇帝，可见《道德经》在中国传统文化中的地位之高、魅力之大。这些版本中，目前影响力较大的重要版本有马王堆帛书甲乙本、郭店楚简本、河上公本、王弼本。

1973年长沙马王堆汉墓，出土了帛书《老子》两种抄本，命名为《老子甲本》《老子乙本》，合称为帛书《老子》。其中甲本字体近隶书，不避汉高祖刘邦讳，推测抄写于汉朝之前。乙本字体为隶书，讳"邦"为"国"，但不避汉惠帝刘盈和汉文帝刘恒讳，故学术界推测抄写于汉文帝时期。帛书《老子》未有明显分章标记，却将《老子》分为《道经》和《德经》两个部分，不同于通行本"道在前德在后"的排列方式，帛书《老子》采用了《德经》在前，《道经》在后的顺序。作为保存最完整的版本，帛书本证明了《老子》古籍截然不同的流传渊源，提供了更加多样化的研究方向，为通行本的校对和完善提供了宝贵的资料。

1993年，湖北荆门郭店楚墓（入葬时间为公元前4世纪中期至公元前3世纪初）出土了竹简本《老子》，距离《老子》成书只有两百年左右，是迄今为止年代最早的《老子》传抄本，所以它失真最少，也最为接近原本。但是因为年代久远，墓葬数次被盗，出土时竹简已然散乱残损，故我们无法从中窥见《老子》全貌。经过整理，该简本共两千零四十六字，约为传世本五分之二，绝大部分文句与今本相近或相同，不分《德经》和《道经》，而是长短、形制不同的三组，被命名为甲、乙、丙组。郭店楚简本中有明显的分章、断句标记，章节排列与今本几乎完全不同。郭店楚简本《老子》的出土，可以核对补充通行本《老子》的内容、章节、断句等，使其更为完善，虽然无法完全揭开老子其人其书的神秘面纱，但是对于研究学习道家思想，具有不可估量的价值。

从帛书本和楚简本中可以确定的是，《老子》原文中并未分章，是后人在注解老子思想之时，按照某种标准做了分章。通行本中，《老子道德经河上公章句》是最早的《道德经》注本，其中直言书名为《道德经》，将其分为八十一章，每一章均有二字标题，由此学界部分观点认为《道德经》书名统一、分八十一章，始于河上公。河上公此人是真正的隐士，其真正姓名、生卒年、家乡等详细信息至今仍不可考。《老子道德经河上公章句》因其着重修身练气，是道家思想宗教化的一个重要标志，其思想多为后世道教继承发扬。

现代《道德经》通行本，是魏晋玄学创始人王弼所注，采用《道经》在前、《德经》在后的排列方式，分为八十一章。王弼《老子注》，言简意赅，逻辑清晰，注重哲学思考，从宇宙本体和世界本原到治国理政，王弼注解最为贴近现实，被后世推崇。唐代之后的《道德经》注本大多数以王弼为宗，此版本流传广、影响大。同时，王弼本浅显易懂，行文流畅，朗朗上口，对于初学者来说，是非常适合的选择。

第二个问题，关于《道德经》的书名。按照先秦典籍命名的习惯,老子著书应该就叫作《老子》,如《墨子》《庄子》《韩非子》。早期典籍如《战国策》引用老子书中观点时直接标注"老子曰",《庄子》表述为"老聃曰",韩非子《解老喻老》涉及原文就称"故曰",并未出现书名,《史记》也是直言"老子",可见《道德经》成书以及早期流传时并没有固定的名称,而是按照惯例称为《老子》。经历了相当漫长的阶段,这五千余字的书才统一命名为《道德经》。关于《道德经》以"道德"二字命名,司马迁《史记》云:"于是老子乃著书上下篇,言道德之意五千余言而去。"即老子的整个思想体系是以"道德"为核心的,虽未考证命名者是何人,但是汉朝之后的史料皆有引用《道德经》为《老子》书名,学界认为汉初黄老道家思想的复兴是《道德经》书名由来的重要原因,至少可以确定,自西汉河上公注本出现开始,《道德经》一名已然出现。

既然"道"和"德"都是老子思想的核心,那么为何要称"道德经",而非"德道经"呢?郭店楚简本《老子》并未分篇,而帛书《老子》分上下两篇,《德经》在前、《道经》在后。可见除了书名之外,上下篇的顺序也是后人所定。道藏本《老子》中有南宋董思靖的《道德真经集解》,引《七略》证明《道德经》的篇章为刘向定著。谢守灏在《混元圣纪》也称引《七略》:"刘向定著二篇,八十一章。上经第一,三十七章;下经第二,四十四章。"所以自刘向开始,"官定本"开始使用《道经》在前《德经》在后的排列顺序,为《道德经》版本统一定型起到关键作用。《道德经》全书五千余字,"道字重复出现了七十余次,"德"字重复出现了四十余次。虽然不能因为出现频率来规定"道"和"德"谁在前的问题,但是重复次数在某种程度上可以说明二者的重要性。老子《道德经》的本意是要教给人修道得道的方法,他的"道"是宇宙本原,是万物运动的规律,也是人生的信仰,是老子理论体系的至高点。当"道"从形而上的哲学层面落实到人可以效仿的现实规则,这时就可以称为"德"。所以说,"修德"是"得道"的基础,而"道"是"德"升华的终极目标。本书第二章将详细介绍"道"和"德"的含义,以及二者关系。

第三个问题,关于《道德经》的定位。换句话说,这本书是给谁看的。这本书采用对话体的形式,总结概括了老子对别人请教问题的回答。所以,了解了前来请教老子的都是什么人,就能找到老子著书的目的。通读《道德经》可以发现,老子面对的人可归为士、王、圣三类。

第一类人——士,这个阶层在西周就出现了。在政治层面上,他们是国家政治的参与者,居于卿大夫与庶民之间,处于贵族的最底层,几乎与庶人相接。在文化层面上,士是文人知识分子的统称,他们学习知识,传播文化,代表着智慧,属于社会的精英群体。春秋末年,礼崩乐坏,伴随着等级制度的瓦解,士阶层失去生活保障,同时诸侯争霸对"软实力"有一定需求,使得他们凭借智慧优势一度"走俏",平民阶级也希望通过学习文化知识实现阶级跃进,士阶层实力崛起。老子拥有智慧，不少士慕名而来请教。《道德经》第十五章，老子说善于做士的人应该拥有这样的品格："古之善为士者，微妙玄通，深不可识。夫唯不可识，故强为之容。豫焉若冬涉川，犹兮若畏四邻，俨兮其若容，涣兮若冰之将释，敦兮其若朴，旷兮其若谷，混兮其若浊。"善于做领导的人一定是谨慎小心、严肃严谨、温暖温柔、厚道淳朴、旷达宽容、和光同尘。《道德经》第六十八章，老子劝告士人不能耀武扬威，善为士者不武。士人不能凭着自己的知识、地位就盛气凌人、不可一世，越是有智慧的领导人越是谦虚平和。第四十一章，老子按照境界格局将士做了分类："上士闻道，勤而行之；中士闻道，若存若亡；下士闻道，大笑之，不笑不足以为道。"所以最有智慧的做法，就是听到了正确的大道便及时去行动。

第二类人——王，国家最高的统治者，也是老子劝诫最多的人。老子重视王的地位，第二十五章将王与道和天地并列，充满人文色彩。"故道大，天大，地大，王亦大。域中有四大，而王居其一焉。"老子在此肯定了王对于一个国家发展的重要意义，希望侯王能够坚守大道。有人会怀疑诸侯王来请教老子的故事情节，是否为杜撰。其实通读《道德经》之后就会发现，很多章节都是老子与侯王交流，对侯王提出建议的场景。第三十二章有："侯王若能守之，万物将自宾。"第三十七章有："侯王若能守之，万物将自化。"老子给坐在他对面的诸侯王讲了一个道理，侯王要是能够坚守朴实无华的道,万物百姓都能够自然安定,就会服从跟随他。第三十九章"侯王"出现了三次,老子想要劝告他们:"侯王无以贵高将恐蹶。"做王的人一定要懂得"贵以贱为本,高以下为基"的道理,要时常用"孤寡不谷"提醒自己,否则国家就难以治理,侯王也会面临被推翻的下场。

第三类人——圣,圣的繁体字是"聖",在"王"上边加个"耳"和"口",圣人就是听得进别人的意见又会说话的"王"。老子认为的圣人就是一个好的领导者,是"士"和"王"应该努力的方向和目标。所以老子多次提到圣人,第二章有:"是以圣人处无为之事,行不言之教,万物作焉而不辞,生而不有,为而不恃,功成而弗居。"第七章有:"是以圣人后其身而身先,外其身而身存。"第八十一章有:"圣人之道,为而不争。"《道德经》经常用天地的形象来说明人应当效法天地之道,几乎每一次讲完天道之后,紧接着就是圣人之道,例如,第五章:"天地不仁,以万物为刍狗;圣人不仁,以百姓为刍狗。"第八十一章:"天之道,利而不害。圣人之道,为而不争。"这说明老子认为圣人的所作所为最为接近天道,是每一个人、每一个领导者都应该学习的榜样和努力的目标。

士、王、圣是老子交谈的对象,由此可以推断《道德经》并不是所谓的"弱者哲学",而是关于领导学本质的经典,老子给各类各级的为官者讲治国之道、为官之道、人生之道。如果说半部《论语》治天下,那么四分之一《道德经》就可以治天下。老子著书的目的是希望每一个领导者,每一个人都能成为得道之人,成为圣人。《道德经》中的智慧俯拾皆是,翻开这本经典的同时就是充实自我,提高修养的开始。

第四个问题,关于如何阅读《道德经》。阅读每一本书都有不同的方法和技巧,《道德经》也不例外,读这本经典,要从以下四个方面入手:序言、目录、正文、重点。

第一,序言。一本书的序言会交代成书背景、论证方式及创新之处等。《道德经》的序言就在第一章。"道可道,非常道;名可名,非常名。"很多人翻开《道德经》看到第一句话,觉得晦涩难懂,然后就合上了,其实第一句话就介绍了这本书的传道方式。"道可道,非常道;名可名,非常名。"即可以言说的道,便不是恒常的道;可以定义命名的名,也不是恒常的名。这两句话之间是有因果关系的,"道可道,非常道"是因为"名可名,非常名"。可以说出来的道就不是规律性的道,因为语言作为表达工具是有局限性、片面性的。道本身是无限的,说出来就有限了;道本身是变幻莫测的,说出来就具象化了。相比于西方哲学更加注重求真的结果,中国哲学更加突出悟道的过程,老子传道的方式就是将哲学理念寄托于具体的形象,引导读者从形象中领悟他的思想。讲自强不息、厚德载物,老子就寄托于天地;讲柔弱胜刚强,老子寄托于草木;讲善利不争,老子说上善若水;讲大象无形,老子寄托于风。诸如此类,老子善于将高高在上的哲学拉回到人间,用生动的形象,使人们更容易理解他传达的大道，这是他独特的传道方式。

那么老子的创新之处体现在哪里？"无，名天地之始；有，名万物之母。故常无，欲以观其妙；常有，欲以观其徼。此两者同出而异名，同谓之玄，玄之又玄，众妙之门。"任何事物都有"有"和"无"两个方面，老子在认识到"有无相生"的同时，创造性、突破性地提出，"无"才是更为根本、更为重要的。人有肉体，也有精神，肉体是"有"，精神是"无"，如果没有了"无"，那就是一具行尸走肉。风，大象无形，但是力量无尽，摧枯拉朽。中国文化中也处处体现"无"的作用，如音乐"大音希声"，绘画"无画处皆成妙境"，园林设计讲究"风花雪月"的虚景。"无"的作用在生活中处处体现，也是老子哲学体系中的核心概念，老子认为在"有"和"无"这对矛盾中，"无"是主要矛盾，却常常被人忽视。

第二，目录。《道德经》第二章："故有无相生，难易相成，长短相较，高下相倾，音声相和，前后相随。"第一章老子提出世界本原是"无"，以及"有""无"这对范畴的关系，以此思路引出认识万物的重要方法——辩证法。万事万物相比较而存在，相对立而发展，有正必有反，有黑必有白。所以第二章的六对矛盾便是《道德经》的目录。有无相生，要认识无形之物的重要性，第十一章有："有之以为利，无之以为用。"难易相成，难和易是相比较而存在的，第六十三章有："天下难事必作于易。"长短相较，得到与失去的利害关系也是相比较存在的，第五十八章有："祸兮福之所倚，福兮祸之所伏。"高下相倾、善于处下、注重根基，第三十九章有："贵以贱为本，高以下为基。"音声相和，像山谷一样善于容纳不同，才能达成和谐状态，第十五章有："旷兮其若谷。"前后相随，把利益放在后面才能站到前面，第六十六章有："欲先民，必以身后之。"第五十一章有："生而不有，为而不恃，长而不宰，是谓玄德。"这六对矛盾是老子反者道之动的辩证思想的具体运用，每一对都蕴含着深刻的思想智慧，既可作为目录，也可以说是提纲。这六对矛盾都能够在后文中找到与之对应的内容，这也是"以经解经"方法的应用。

　　第三，正文。《道德经》第一章是序言，第二章是目录，那么第三章自然而然就是正文的开始吗？不是。老子哲学思想的核心概念是"道"，所以首章肯定是要介绍"道"。反观《道德经》第三章，已经开始落实到统治者具体应当怎么做，怎么治国，不宜作为正文的开篇。通读全文，只有第二十五章可以放在正文首章的位置："有物混成，先天地生，寂兮寥兮，独立不改，周行而不殆，可以为天下母。吾不知其名，字之曰道，强为之名曰大。大曰逝，逝曰远，远曰反。故道大，天大，地大，王亦大。域中有四大，而王居其一焉。人法地，地法天，天法道，道法自然。"首先，道是宇宙的本原，它在天地之前就存在了，无边无际，不可名状。它有自己的运动规律，从不以外物意志为转移，不能被创造，也不能被消灭，它是独立自由的，是永不停息的。老子说他也不知道它的名字，既然要传授给世人,那就勉强称其为"道"吧。因为道的运动无休无止,离开原有的位置渐行渐远,但最终一定又会回来。道、天、地、王都重要。宇宙之中有四种最重要的事物,而王只是其中之一。人要效法学习大地的精神,厚德载物,也要效法学习天的精神,要自强不息。天地按照道的规律运行并生成万物,而道,却永远是它自然而然的状态。第二十五章介绍了"道"的三个层面:宇宙本原——"可以为天下母";万物运动的规律——"独立不改,周行而不殆";人生的信仰——"人法地,地法天,天法道,道法自然。"所以第二十五章应作为正文的第一章,从这一章开始阅读能够更深入、直接地理解老子的"道"。

第四,老子强调的重点。老子希望世人领会的思想,都会用不同的方法进行强调,以表示重要性。

第一种方法是首尾呼应。例如,《道德经》第八章强调不争的重要性,"上善若水,水善利万物而不争,处众人之所恶,故几于道。居善地;心善渊;与善仁;言善信;正善治;事善能;动善时。夫唯不争,故无尤。"第二十二章强调"曲则全"的处事方式:"曲则全,枉则直,洼则盈,敝则新,少则得,多则惑。是以圣人抱一,为天下式:不自见故明,不自是故彰,不自伐故有功,不自矜故长。夫唯不争,故天下莫能与之争。古之所谓曲则全者,岂虚言哉!诚全而归之。"

第二种方法是正反对比,将两种截然相反的行为所产生的后果加以比较，高下立判，突出重点。例如，第二十二章有："不自见故明，不自是故彰，不自伐故有功，不自矜故长。"第二十四章就提出："自见者不明，自是者不彰，自伐者无功，自矜者不长。"以此强调不自见、不自是、不自伐、不自矜的重要性。再如，第六十七章："我有三宝，持而保之。一曰慈，二曰俭，三曰不敢为天下先。慈，故能勇；俭，故能广；不敢为天下先，故能成器长。今舍慈且勇，舍俭且广，舍后且先，死矣！"如果做到了"慈、俭、不敢为天下先"，就能勇敢担当、长久成长，相反，如果做不到，那么结果就是"死"。

第三种方法是重复强调，即重要的事情说三遍。例如，周恩来总理认为《道德经》中最有价值的十二个字"生而不有，为而不恃，长而不宰"就分别出现在第二章、第十章、第三十四章、第五十一章、第七十七章，并非排版错误，而是老子有意识地重复，以达到使人重视的目的。

以上是学习《道德经》必须要了解的几个问题。选择合适的版本，了解《道德经》书名的由来，以及老子独特的论证方式，就可以开始《道德经》的学习了。人们了解老子博大精深的哲学思想最为直接的途径是学习《道德经》，掌握了正确的方法之后，将会从这本经典中获取源源不断的精神动力，得到为人处世的智慧启发，受益无穷。

第二章　两个字

小　序

　　《史记》有云："老子乃著书上下篇，言道德之意五千余言而去。"《道德经》又名《老子五千言》，全文共五千余字，皆言"道德"之意，"道""德"二字是全文的核心。自老子开道德之先河至今，道德仍是中华文化的脊梁，是传统精神的核心，是修身齐家治国平天下不可缺少的支撑。

　　老子的道德观与现在的道德观最大也是最根本的不同在于，老子的"道"和"德"是各有本质的，而并非完全等同的。所以本章以"两个字"命名，而非"一个词"。相较于老子的道德，如今的道德概念内涵缩小了很多，也简单了很多。道德已发展为社会意识形态的一部分，是人们共同生活及其行为的准则和规范。不可否认，道德概念的精确化和实用化代表着时代的进步和发展，但某种程度上，也是对原始道德的狭隘化和片面化。所以，了解老子的道德观能够充盈丰富道德的含义，助推中华优秀传统文化在当代焕发生机。

第一节 道

道,是老子哲学体系中的至高核心,具有天道、人道两个层面的含义。天道主要包括宇宙的本原、万物运动的规律、人生的信仰;人道包括为人的方向目标、规则境界、边界底线。天道以规律的形式作用于人道。

一、天道

（一）宇宙的本原

例1

【第四章原文】道冲而用之或不盈。渊兮似万物之宗。挫其锐,解其纷,和其光,同其尘。湛兮似或存,吾不知谁之子,象帝之先。

【译文】道是阴阳二者相互中和,其作用无穷无尽,其渊深、渊博好像万物的宗主。它锋芒不外露,解除纷扰,在光明之处便与光融合,在尘垢之处便与尘垢同一。其深远幽暗好像无处不在。我不知它从何而来,在象帝之前便已存在。

【第四十二章原文（节选）】道生一，一生二，二生三，三生万物。

【译文】道即阴阳二者的统一，一中蕴含着阴阳两个方面，阴阳二者参与到一起相互作用形成万事万物。

【第五十一章原文（节选）】道生之，德畜之，物形之，势成之。是以万物莫不尊道而贵德。道之尊，德之贵，夫莫之命而常自然。故道生之，德畜之：长之、育之、亭之、毒之、养之、覆之。

【译文】道生成万物，德蓄养万物，万物有了具体的形状，周围的环境使万物得以成长。道受尊崇，德被珍贵，不妄加干涉而使万物顺应自然。所以道生成万物，德蓄养万物：使万物成长作育，使万物成长成熟，使万物得到养覆保护。

道是宇宙的本原，是生成创造万事万物的根源。第四章有："道冲，而用之或不盈。渊兮，似万物之宗。"第四十二章有："道生一，一生二，二生三，三生万物。"第二十五章有："有物混成，先天地生，寂兮寥兮，独立不改，周行而不殆，可以为天下母。吾不知其名，字之曰道，强为之名曰大。"

老子认为道无边无际，其作用无穷无尽，像是万物的宗主那样渊博，不知道还有什么排在道的前面，只知道道在象帝之前就出现了。象帝这个概念在中国传统文化中是指天帝，即万事万物的主宰，宇宙的本体。大家只看到象帝控制着万事万物，却忽略了象帝之前还有道的存在，所以在老子的概念体系中，道是象帝的创造者，是宇宙真正的本原，是创造万事万物的根源和初始力量。

那么道如何创造万物呢？老子在第四十二章揭示了道生成万物的运行机制：道生一。"一"即太极，是宇宙最初浑然一体的元气，是天地未开、未分阴阳之前的混沌状态。"一"是包含着无限"有"的"无"，看似无形无体，却由于内含阴阳两个方面而充满无限生机，容纳一切可能。"一"的生成意味着阴阳二者由统一和谐状态朝着相反的方向运动，一旦开始便永无停止，所以"一"是万物的生生之源。

既有一，必有二。阴阳两个方面的矛盾使事物朝着相反的方向发展，这时一事物因其本质的变化而成为他事物。一生二，是万物生成的第一次裂变。矛盾是阴阳运动相互作用的根本动力，矛盾不会消失，所以运动永无休止，阴阳二者永远处于一分为二又合二而一的运动变化中，由此产生第二次、第三次裂变，故二生三。三的繁体字是"叄"，魏晋南北朝之前，"叄"与"参"是同体字，所以此句中的"三"可以理解为参与。阴阳两个方面相互参与、相互作用，源源不断地生成、更新万物，形成动态的、和谐的世界，即三生万物。《易传·系辞传》中也有万物生成的过程："是故，易有太极，是生两仪，两仪生四象，四象生八卦，八卦定吉凶，吉凶生大业。"从太极到阴阳两仪，到四象八卦，最终到万物生成，这一过程与《道德经》中从道生一，最终到万物的本质是相似的，浩瀚宇宙间的一切事物、现象都包含着相互依存又相互斗争的两个方面——阴和阳，阴阳间的矛盾运动是一切事物产生和灭亡的根源。

那么，道提供了"一"之后就消失了吗？不，相反，道无时无刻不参与万物生长的过程，第四十一章老子说"道隐无名"，道善于隐藏，我们感觉不到罢了。道在时间上先于万物出现，在空间上是容纳万事万物的存在，它提供了万物生成的可能——"一"，继而阴阳作用，万事万物自然而然地产生、成长、发展、死亡。第五十一章有："道生之，德畜之，物形之，势成之。"道创造万物之后，万物坚定地按照道去做，积蓄德行，物质形体不断成长，能够把握机遇，顺势而为，最终乘势而上。所以，道作为万事万物的本原，也为万事万物发展提供源源不断的动力，参与万物成长发展的全过程却不曾被察觉到，这是由于道的特性——"无"。

老子开篇就说："道可道，非常道。"能够描述出来的道，不是作为规律的道，但是它的确存在，所以勉强给它一个名字叫作道。道到底是什么，老子在第二十一章为我们介绍了它的一些形态和特性："道之为物，惟恍惟惚。惚兮恍兮，其中有象；恍兮惚兮，其中有物。窈兮冥兮，其中有精；其精甚真，其中有信。"道是迷离恍惚、难以觉察的，但迷离恍惚中会有征兆显现、有东西存在。它广博深远，其中有精质，这个精质是非常真实的，是可以验证的。道是至大至小的存在，万物是无法感知琢磨的，但是又因为道中蕴含着生生不息的动力,它参与万事万物生长的全程,我们从各种"端倪"中知道,道的确存在,只是从形态上来说它是"无"。所以"无"是道的其中一个特性,也可用以代称道,老子在第一章中说:"无,名天地之始;有,名万物之母。"第四十章中说:"天下万物生于有,有生于无。"道是老子为宇宙本原而定的代号,道先于天地万物之前而存在,这时一片混沌,迷离恍惚,这种状态就叫作无。而这个"无"并非一切虚无,因为混沌迷离只是阴阳未分的统一状态。当阴阳开始背离,天地初开,群星列阵,万事万物即将产生,这时便称作有。所以有无相生是道生成万物的过程,从无到有的过程,"无"蕴含着无限的"有","有"的初始状态是"无"。

以上,是道作为宇宙本原的含义,它先于宇宙本体而存在,为万事万物的生成提供了可能性,这个可能性中蕴含着阴阳对立的矛盾,这一矛盾为万物产生提供源源不断的动力。这一动力的"始作俑者"便是道,它是推倒第一张多米诺骨牌的初始力量。之后万事万物自然生成、发展、死亡,也是道在不断蓄养、培养、滋养。道无始无终,也无处不在,因为"大象无形,道隐无名",所以我们无法感知它,更无法用语言去描述它。但我们都知道,它的确存在。

(二)万物运动的规律

例2

【第二十五章原文(节选)】有物混成,先天地生,寂兮寥兮,独立不改，周行而不殆，可以为天下母。吾不知其名，字之曰道，强为之名曰大。大曰逝，逝曰远，远曰反。

【译文】有一个混然一体的东西在天地形成之前就存在了。它无声无形，独立运动，永不停息地做着圆周运动，可以作为天地之母。我不知它叫什么名字，将它叫作道，勉强给它起个名叫无边无际的大。它无边无际就要离开原来位置，离开自己原来的位置，渐行渐远，渐行渐远最后又会回到自己的出发点。

【第二章原文（节选）】天下皆知美之为美，斯恶已；皆知善之为善，斯不善已。故有无相生，难易相成，长短相较，高下相倾，音声相和，前后相随。

【译文】天下都知道美是什么，丑自然就存在了；都知道什么是善，一定也知道什么是不善。所以，有和无相待而生，难和易相待而成，长和短相待而显，高和下相待而倾倚，音和声相待而和谐，前和后相待而顺序相随。

【第四十章原文（节选）】反者，道之动；弱者，道之用。天下万物生于有，有生于无。

【译文】道向与之相反的方向运动；柔弱是道的作用的体现。有和无是天下万物生成的根源。

【第十六章原文】夫物芸芸，各复归其根。归根曰静，是谓复命。复命曰常，知常曰明。

【译文】万事万物纷纷芸芸，各自返回它的本根。返回到它的本根就是清静，清静就能使生命复归而再次续命。复命续命就是自然，认识了自然规律就叫作明智。

道是宇宙的本原，道生一，一生二，二生三，三生万物。当道从无生有，为万事万物的产生提供初始动力之后，万物便开始自由生长。当然，道也没有消失，它以规律的形式参与万事万物生成、发展、灭亡的过程，道作为本质隐藏于纷繁复杂的表象之下而不被人感知。"其精甚真，其中有信。"虽然捉摸不透，但是这一规律是可以验证的。那么道作为规律，具有怎样的特性？第四十章有"反者，道之动"，反有两层含义：第一，相反，即相反相成，矛盾的对立和统一是事物运动变化的根本动力；第二，返回，事物运动的轨迹仿佛是向出发点的复归。反是道的运动方式，也是老子最根本的思维方式。

首先，相反相成是《道德经》中最常见的辩证思想，其内容是丰富而深刻的。老子揭示了世间万物的本质是矛盾双方的对立统一，如阴阳、美丑、善恶、有无、难易、长短、高下、音声、前后、黑白、祸福、刚柔、损益、强弱、大小、生死、智愚、胜败、巧拙、轻重、进退、攻守、荣辱等，这些矛盾的双方相反相成，既相互依存又相互斗争，合则生分则死。往往对立面其中一方的作用被大家看到，另外一面却容易被忽略，所以老子把这一面强调出来，思维方式就达到了更高的水平，如《道德经》第二章的"有无相生，难易相成，长短相较，高下相倾，音声相和，前后相随"，第四十一章的"明道若昧，进道若退，夷道若。上德若谷，大白若辱，广德若不足，建德若偷，质真若渝。大方无隅，大器晚成，大音希声，大象无形。道隐无名"，第四十五章的"大成若缺""大盈若冲""大直若屈""大巧若拙""大辩若讷"等都是反者道之动的例证。老子以此劝告我们，要善于从相反的角度和立场看问题，更要善于将矛盾双方结合起来以解决问题。

矛盾双方的对立体现在相互斗争，此消彼长，而矛盾的统一体现在矛盾双方的相互转化，即物极必反，事物朝着相反的方向发展。第五十八章有："祸兮福之所倚，福兮祸之所伏。孰知其极？其无正？正复为奇，善复为妖。人之迷，其日固久。"塞翁失马焉知非福？这世间其实没有确定的标准，祸福相依，亦正亦邪，善恶也是一念之间。所以人们必然会被这些变化而迷惑，原因就是没有看清对立面的转换。毛泽东在《关于正确处理人民内部矛盾的问题》中便引用此句："在一定条件下，坏的东西可以引出好的结果，好的东西也可以引出坏的结果。老子在二千多年以前就说过：'祸兮福所倚，福兮祸所伏。'"

如果能够看透本质，就可以利用对立面转化的规则去达成目的，正如《道德经》第三十六章所讲："将欲歙之，必固张之；将欲弱之，必固强之；将欲废之，必固兴之；将欲夺之，必固与之，是谓微明。"想要收敛、合上，首先要打开、张开；想要减弱、削弱，则需先让它感觉强大；想要彻底废掉，则需让它登极高而跌极重；想要得到，则需先给予。这是物极必反的规则，也是微妙难察的智慧。第五十五章有个词语叫"物壮则老"，意为事物发展强盛到极致的时候，就是开始衰弱的时候，水满则溢，月满则亏。当我们意识到发展即将超过限度，就要小心事态向另一个极端发展，所以大成若缺，大盈若冲，人生最完满的状态就是花未全开月未满圆。

反是相反，事物在对立中统一，相互依存又相互斗争，是双方不断向对立面转换的过程。这一过程永无休止，便呈现了道作为规律的运动轨迹。《道德经》第二十五章描述了这一运动过程："寂兮寥兮，独立不改，周行而不殆，可以为天下母。吾不知其名，字之曰道，强为之名曰大。大曰逝，逝曰远，远曰反。"

道的运动不受外物左右，它有自己的轨道和规律，做圆周运动，永不停息。因为道蕴含着阴阳对立的矛盾，这二者的力量此消彼长，推动事物的运动和变化。当其中一方的实力更强时，事物就朝着这一方运动，当实力发展到极点便开始衰落，另一方则开始强大，于是事物开始朝着另一方运动。这一过程我们可以理解为"拔河"，绳子的两端是事物内部固有的矛盾对立双方，一开始势均力敌，故而目标处于正中央，二者矛盾对立必然引起实力消长，目标朝着实力强劲的一方运动，当这一方强大到极点必将精疲力竭，于是目标便朝着另一方运动，当目标运动到正中央，回到了出发点，看似是复归，但是它已经历了一轮矛盾博弈。

任何事物的发展，包括生命都是看似向出发点的复归，正如《道德经》第十六章所说"夫物芸芸，各复归其根"。草木在秋天凋零枯萎，冬天被雪覆盖，来年春天再次发芽新生，一年一年皆是如此。等它反复不了的时候，那就是结束了。落叶归根，人也各归其根。道家学者都不认为死亡是生命的结束，而是另一种开始。庄子认为从生到死不过是自然之"气"随着四季的变化而变化，所以死亡并不是绝对意义上的终结，而是自然的循环变化。我们经常说人来源于尘土，复归于尘土。人死后变成鬼，"鬼"并没有贬义，是归、归去的意思。生者为过客，死者为归人，死了就是回家了，复归于原来的地方。复归是为了更好地回归，因为终点是另一种起点，这中间是我们恢复元气，重新生长的过程。"乱花渐欲迷人眼"，老子说我们要在万物从生到死的复归中看清楚事物的本质规律，这也是道作为规律的运行轨迹。

以上是道作为万物运动规律的含义。反者道之动意味着万事万物都蕴含着阴阳对立的矛盾，矛盾双方相反相成，也相互转化，这一运动过程永不停息，呈现出"圆周运动"的趋势。而看似向出发点复归的运动，实质上是螺旋式上升、波浪式前进的发展。道作为规律，是万物井然有序运动、变化、发展过程中的根本原因，"知常曰明",我们要透过现象找到本质性的规律,按照规律做事,这才是明智的表现。

(三)人生的信仰

例3

【第二十三章原文(节选)】故从事于道者,道者同于道,德者同于德,失者同于失。同于道者,道亦乐得之;同于德者,德亦乐得之;同于失者,失亦乐得之。

【译文】所以说,遵从道的人,会成为同道中人;遵从德的人会是同德之人,而失道失德之人,也会物以类聚凑到一起的。遵从道的人,道也乐得与之相伴;喜欢德的人,德也乐得与之相伴;而失道失德之人,各种损失也乐得与之相伴。

【第二十五章原文(节选)】故道大,天大,地大,王亦大。域中有四大,而王居其一焉。人法地,地法天,天法道,道法自然。

【译文】所以道重大,天重大,地重大,王也重大。宇宙之中有四种重大的东西,而王是其中之一。所以,人要效法学习大地的精神,要厚德载物;人也要效法学习天的精神,要自强不息;人也应效法天道,敬畏天道;道效法自己本来就该是的样子。

【第六十二章原文】道者万物之奥,善人之宝,不善人之所保。

美言可以市，尊行可以加人。人之不善，何弃之有！故立天子，置三公，虽有拱璧以先驷马，不如坐进此道。古之所以贵此道者何？不曰以求得，有罪以免邪？故为天下贵。

【译文】道是万事万物的奥妙所在，是善良的人珍贵的宝贝，是不善的人得以拯救的保障。说好的话、正确的话可以得到人们的尊重，美好的品行可以增加人的尊贵。品行不善的人，为什么就要把他抛弃掉？所以设立天子，设置三公，用珍贵的玉璧在前、驷马在后的礼仪来进奉，都不如静坐修道。为什么自古至今都把道看得这么珍贵呢？不就是说，按照道去做，我们所希望的就能得到，我们的过错就能改正免除吗？所以被天下人所珍视。

道是宇宙的本原，它生成了包括人在内的万事万物，它以规律的形式参与万物运动变化和发展过程，因而万事万物都必然遵守道的规律，自然也包括人类，这是道之所以能够作为人生信仰的渊源。在人生哲学的层面上，儒家将人装进三纲五常的框架中、法家侧重人对法制的服从和遵守、墨家则将人置于兼爱的社会关系网中，这三家分别从政治、法律、社会方向探讨人行为的合理性，认为人人奉行三纲五常、遵守法律或者爱别人，便可以塑造一个理想社会。这是儒、法、墨三家的价值体系，各有特色，它们规定了人应该"怎么做"，但是却都没有回答，人"为什么"要遵守这些既定规则。这个问题，老子给出了答案——人类规则只是宇宙规则的映射。

《道德经》第二十五章有："人法地，地法天，天法道，道法自然。"前九个字，很多人凭直觉将其理解为：人效法地，地效法天，天效法道，但是这样的逻辑是有问题的，在老子的哲学体系中，天、地并无前后次序之别，也就没有谁应该效法谁的关系。其实，这句话是一种搭天梯的语法，主语都是人，即人法地、法天、法道、法自然。

人法地，人要效法大地的精神，大地的精神是什么？中国人一提到地，就会说——大地，这个"大"字就代表着我们对地的敬畏和感恩。多少沉重的东西都压在这大地上，但它都能够担当、承载起来。所以不管哪一个思想流派，概括起大地的精神都少不了四个字——厚德载物。大地的担当与承载就是它对我们最宽厚的品德。人要效法学习大地的精神，厚德载物。中国的长辈教导晚辈的时候，常用两句话：第一句话，你做人要厚道；第二句话，你做人要地道，这两句话其实都是厚德载物。

地法天，我们了解大地的品德，也要效法学习天的精神。天的精神多种多样，哪一个是最主要的呢？天体的运动是内部阴阳两种力量相互作用的结果，所以叫自强；地球自转公转日夜不停，不断地进取，不断地努力，所以叫不息。天最主要的精神也可概括为四个字——自强不息。很多人疑惑，道家思想不是强调"不争"吗？会强调自强不息的进取精神吗？事实上，"不争"强调的是不违背自然的态度，并非消极怠工。《道德经》第六十四章有："合抱之木，生于毫末，九尺之台，起于累土，千里之行，始于足下。"所以，老子希望人能够效法天的精神，自强不息。

天法道，人也应该效法天道，敬畏天道。联合国曾统计过世界上有宗教信仰的人约为全球总人口的三分之二，而中国宗教信仰人数只占我国人口的十四分之一。所以有人就抨击说中国人没有信仰，灵魂在飘荡。但是，中国人的信仰不就是"天道"这两个字吗？天道，落到心里就叫作良知。中国人最为重视自己的良心，《庄子》中有："绝迹易，无行地难。"抹掉现实中的痕迹很简单，但是抹去心里的痕迹却难，因为人在做，天在看。《道德经》第七十三章有："天网恢恢，疏而不失。"现在也说天网恢恢，疏而不漏。信仰是心中的精神支柱，是做事的标准和根据，天道就是中国人的信仰，所以中国人做事都讲究"不亏心"，不违背天道，不违背心里的良知。

道法自然，道本该如此，自然而然。在老子的哲学体系中，道是宇宙的本原和万物运动的规律，人类生活在宇宙间，是万物的一部分，所以应当遵守道的规律。这一完整的秩序不需要外力干预，本该如此，自然而然。老子将道完整的运行机制一环一环展现给人们，使人明白道的规律是什么，以及人为何要遵守规律。所以"人法地，地法天，天法道"，加起来就是"道法自然"。

老子鼓励大家都要了解道、坚守道，因为道不会亏待得道者，在第二十三章讲："同于道者，道亦乐得之。"有一个词叫同道中人，大家都向往道，喜欢与得道者相处，那么我们的精神境界就会逐渐提高，就会向着大道靠拢。道会使好人变得更好，也会教化坏人，《道德经》第六十二章有："道者万物之奥，善人之宝，不善人之所保。"道是万物奥妙之所在，所以它是良善之人珍贵的信仰，也是不善之人得以拯救的保障，使走错路的人重新回到正道上来。作为统治者，更应该恪守大道，老子在第三十七章劝告侯王："道常无为而无不为。侯王若能守之，万物将自化。"如此才能治理好一个国家，百姓才能自然而然地化育成长。

二、人道

老子说"知常曰明"，也说"不知常，妄作，凶"。能够认识规律，坚定地按照道去做就是明智，如果不了解规律就贸然行事，最后一定会失败。所以道不仅是形而上的哲学，也与人间现实息息相关。人要了解道，并坚定地按照道去做。如何了解道呢？老子在第一章开篇就说："道可道，非常道。"道无法用语言解读，因为道是无限的，语言是片面的，道是变幻莫测的，语言却是确定的。前文说过，道也是老子为宇宙本原和万物运动的规律勉强命名的一个代号，为了方便向世人传授，那么老子为什么要用"道"这个字来命名，而不是其他的字？"道"字历史悠久，最早见于甲骨文，本义为道路。《周易·履卦》中有："九二，履道坦坦，幽人贞吉。"《诗经·小雅》中有："周道如砥，其直如矢。"在"道"字诸多衍生意出现之前，几乎都指本意"道路"。所以，老子用生活中最常见不过的道路形象来承载道的哲学意义，俗话说，读万卷书不如行万里路，行万里路不如阅人无数，阅人无数不如名师指路，名师指路不如自己来悟。中国传统文化的精髓在于悟道，各有各的领悟，如人饮水，冷暖自知。道路，在生活中随处可见，也必不可少，人走在道路上难免会碰到很多问题，解决好面临的问题便可安稳行走于大道。

人走在道上，面临的第一个问题是什么？方向和目标。无论什么道路，要解决的首要问题都是方向和目标，没有方向就会迷路，没有目标就叫作流浪。

习近平总书记在庆祝中国共产党成立九十五周年大会上明确提出了"四个自信"，放在首位的就是"道路自信"，只有对未来发展方向充满自信，坚定走中国特色社会主义道路，才能进行后续的努力，"道路自信"是实现其他成就的根本保证。

英国哲学家培根曾经说过知识就是力量，这句话本身是没有问题的，积累知识确实能够使人丰富思想，提高能力，但是这句话少了前提，就是用在正道上的知识才有力量。春秋战国时期，诸侯大肆招揽门客，这些人接受多样的教育，是那个时代知识的象征，但是这些知识被用于争霸，用于挑起战争，老子在第五十七章警告道："民多利器，国家滋昏，人多伎巧，奇物滋起。"如果智慧不用在正道上，那么人们越有知识，国家就越混乱。第六十五章也说："古之善为道者，非以明民，将以愚之。民之难治，以其智多。"所以抨击老子"愚民"就是忽视了老子提出这一观点的社会背景。知识不用在正道上，就会引起社会动荡。如今社会上的"高智商犯罪"也是这样，这些犯罪者具有较高的文化程度，拥有足够的专业知识和技能，但是总走一些旁门左道，最终亲手葬送自己的前途。

走在学习的道上就要先确立学业有成、报效国家的方向目标；走在工作的道上就要先确立兢兢业业、提升自我的方向目标；走在婚姻的道上就要先确立一心一意、白头偕老的方向目标。总之，走在任何道路上，首要问题就是确定方向和目标。

正确的方向和目标找到了，第二个问题是什么呢？古往今来，走道都属于交通，交通就有规则，有的是右侧通行，有的是左侧通行，但无论是哪种方式都要遵守规则，只有这样才能有秩序地通行。中国人解决问题之前经常会说："咱们划出道来。"什么叫划出道来？就是制定双方都认可的规则。如果每个人都遵守规则那么很多悲剧就完全可以避免。

老子在第二十章说："人之所畏，不可不畏。"别人都敬畏遵守的规则也必定要遵守。当然在遵守规则的基础上，走道也得走出境界来。路窄的时候侧一下身，让别人也通过，而不是"走别人的路，让别人无路可走"。遇到走路不方便的人，耐心一些，谦让一分钟也未尝不可。路上有人摔倒了就帮把手扶一下，人与人之间的温情就在这一来一回中慢慢滋生。所以，人走在道上，第二个问题就是——规则和境界，走道必须要遵守规则，在遵守规则的前提下要互帮互助，提高自己的境界。

人走在道上，面临的第三个问题是什么呢？想要安全到达终点，就必须要小心可能出现的危险。所以务必小心翼翼关注道的边界，只要是道就有边界，边界之外往往就是深渊，越过边界就可能进入歧途。甲骨文的"道"字是四通八达的大路中间站了一个人，是"行"加"人"的组合字，人站立在道路边界里边，所以越过边界就是对道的违背，就会面临不可预知的危险。明知道是边界就不能再往前闯了，即要有红线思维，知道红线、底线在哪里，不要去触碰它，才能确保无忧。

老子在第四十四章中说："知足不辱，知止不殆，可以长久。""足"就是满足，"止"就是停止，知道满足和停止，知道不能越过边界，才能保全自己。隋朝的大儒王通，号文中子，他是著名诗人王勃的爷爷，关于他的历史记载并不多，所以很少有人知道他。但是他的弟子和友人，每一个都是赫赫有名的人物，如魏徵、李靖、房玄龄等。王通开创"止学"，传授道家思想在为人处世方面的启示，虽《止学》一书已失传，但他所推行的"止"的思想仍使众多人受益。如杨虎城将军，把他的公寓命名为"止园"。有大成就的人，无一不懂得知足知止的重要性。所以走道面临的第三个问题——边界和底线，跨过边界越过底线往往就会坠入深渊，所以想要安稳地到达目的地，就必然要注重边界和底线。

总之，人道部分三个至关重要的问题是方向目标、规则境界、边界底线，处理好这三个问题才能安稳地到达终点而不陷入危险。

以上是老子哲学体系中的重中之重——道，道的两个层面的含义的概括。作为宇宙本原的道，是天道，是形而上层面的哲学，是老子的"玄之又玄"，但老子并未将道无止境地拔高到缥缈虚无的程度，他的哲学一直都是贴近现实生活的，天道以规律的形式作用于人道。他不仅告诉人们要怎么做，还为这一规则寻找了依据和根源，即向人们解释为什么要这样做。老子从宏观宇宙透视现实人间，为形而上的概念寻找到更深刻的现实依托，即下里巴人，也将人生的信仰上升到更高的层面，即阳春白雪。如此一来，好处有二：一是人们依据实践更容易理解道的概念；二是人们敬畏天道便会更加严格践行人道。老子是大俗大雅之人，不落下乘也不高高在上，他心怀浪漫宇宙，也珍惜人间日常。

第二节　德

　　道作为宇宙本原，是万物生成的初始力量，在此之后，道并未消失不见，而是内化于万物，使万物显现出不同的属性和功能，老子将道的显现称为"德"。所以，德是道的分化与显现，修德是得道的基础，道是德升华的终极目标。道在前德在后，一切才能顺理成章。

例1

【第二十一章原文（节选）】孔德之容，惟道是从。

【译文】有大德气质和形象的人，会坚定地按照大道来行事。

【第三十八章原文（节选）】上德不德，是以有德；下德不失德，是以无德。上德无为而无以为，下德为之而有以为；上仁为之而无以为；上义为之而有以为；上礼为之而莫之应，则攘臂而扔之。故失道而后德，失德而后仁，失仁而后义，失义而后礼。

【译文】具备上德的人不表现为外在的有德，实际上是有德；具备下德的人表现为外在的不离失道，实际是没有德的。上德之人顺应自然无心作为，下德之人顺应自然而有心作为。上仁之人要有所作为却没有回应他，于是就扬着胳膊强引别人。所以，失去了道而后才有德，失去了德而后才有仁，失去了仁而后才有义，失去了义而后才有礼。

【第五十一章原文（节选）】道生之，德畜之，物形之，势成之。是以万物莫不尊道而贵德。道之尊，德之贵，夫莫之命而常自然。故道生之，德畜之：长之、育之、亭之、毒之、养之、覆之。

【译文】道生成万物，德蓄养万物，万物有了具体的形状，周围的环境使万物得以成长。道受尊崇，德被珍贵，不妄加干涉而使万物顺应自然。所以道生成万物，德蓄养万物：使万物成长作育，使万物成长成熟，使万物得到养覆保护。

前文提出，道和德都是《道德经》的核心概念，《道德经》中"道"字重复出现了七十余次，"德"字重复出现了四十余次，虽然无法据此推断出道比德更为根本，但某种程度上也能证明二者在老子心中的重要性。道是宇宙本原，是万物运动的规律，也是人生的信仰，是老子理论体系的至高点。老子教化世人坚守大道，如何坚守？当道从形而上的哲学层面落实到人可以效仿的现实规则，这时就可以称之为德。所以，"修德"是"得道"的基础，而道是德升华的终极目标。

"德"字历史悠久，最早见于商代甲骨文，与"道"字的古字形偏旁一样，也是"彳"，即"行"，所以德也与走道有关。再看"德"字右边的部分，最上边的"十"字，意为十字路口、岔路口，走到路口就意味着面临选择。"十"下边不是"四"，而是甲骨文的"目"，象形眼睛，遇到十字路口时一定要擦亮眼睛，盯着前边的道。"目"的下边是"一""心"，走道的时候不仅要用眼睛来判断是正道还是歧路，而且做好选择之后就要一心一意遵循大道，坚守大道。汉字是表意文字，将"德"字一笔一笔拆解开来，就会得到文字创立之初的本意，所以德就是一心按照道去做，遵循大道就是有德，违背大道就是无德。

如果觉得拆解汉字作为论据仍然不够充足，那么就回归经典文本，看看老子如何表述道和德的关系。《道德经》第二十一章首句就是："孔德之容，惟道是从。"德是随着道为转移而运动的，有大德气质和形象的人，会坚定地按照大道来行事。这是老子的态度。显而易见，道更为根本，德是随着道而运动变化的。

德仅位于道之下，道是宇宙万物的本原，当道生成万物之后，德又扮演什么角色呢？《道德经》第五十一章有："道生之，德畜之，物形之，势成之。"道生成万物，德蓄养万物，万物有了具体的形状，周围的环境使万物得以成长。一事物之所以成为其本身，是因为它具有与他事物不同的特性，就像树木具有树木的特性，人有人的特性。道作为宇宙本原，促使万物生成后，道并未消失不见，而是内化于树木，内化于人，使得树木、人显现出不同的属性和功能，道内化于万物，万物分有了道。老子将道的显现称为德，所以我们可以理解为，德是道的分化与显现。道在前德在后，一切才能顺理成章，后人将《老子》命名为《道德经》也是有依据的。

德蓄养万物，那么万物也应该积德，就是坚定地按照道去做。德就像水，万物就像水面上的船，积累的水越多，船在水上才能更自由、更长久。如果德行积累不够，任何船只都会"搁浅"，就像庄子在《逍遥游》中说："且夫水积也不厚，则其负大舟也无力。"朱熹写过一首《观书有感》："昨夜江边春水生，艨艟巨舰一毛轻。向来枉费推移力，此日中流自在行。"水涨船高，平日推不动的大船随着水量增多就会自然航行。读书多了以后，思想就会更加自由，人生又何尝不是如此。按照道做事，就是积德，德行积累越来越多，人生的机会就越来越多，做任何事都会无往而不利，就像第五十九章所说："重积德则无不克。"

何为有德？老子将最高的德行称为"玄德"，在第五十一章讲："生而不有，为而不恃，长而不宰，是谓玄德。"最高的德行就像道一样，创造万事万物却不将其占为私有，有了成就却不将其作为倚仗、凭借甚至勒索的手段，对外物有帮助和恩德却不以此为理由主宰、命令他人，这是最高的德行，是统治者应当具有的品格。此外，道是万物运动的规律，按照规律去做就是有德。第六十五章有："常知稽式，是谓玄德。玄德深矣，远矣，与物反矣，然后乃至大顺。"事物内部的阴阳相互作用是运动变化的根本原因，认识到万事万物的对立统一规律，并将其运用到治国理政中，这是最深刻的智慧和最高的德行，国家必将长治久安。所以，了解规律并且遵守规律，也是玄德。

有玄德，就有上德，自然也有下德，老子继续按照境界进行分类，第三十八章有："上德不德，是以有德；下德不失德，是以无德。上德无为而无以为，下德为之而有以为。"老子区别了"上德"和"下德"：具备上德的人不对外表现自己有德，认为自己无为，只是顺应自然；具备下德的人，不愿意失去自己的德行，虽然顺应自然，但是有意为之。上德之人做了有德之事也并未放在心上，只觉得是自然而然，而下德之人会耿耿于怀自己的成就，做了有德之事却放不下，有意为之，以换取有德的名声。从结果上来说，二者都做了有德之事，所以都是有德之人，但是从动机上来说，上德无意为之，下德故意为之，这就显现出了境界高低、格局大小，因而区分为上德和下德。

老子认为最能代表上德的形象就是山谷，第四十一章有"上德若谷"，最高的德行应该像山谷一样，容纳草木溪流，善于处下，汇聚生机，因此呈现出欣欣向荣的景象。有智慧的领导者应该像山谷一般，虚怀若谷，善于处下，这才是有德的表现。王弼在《老子注》中解释"德"字："德者，得也。"按照道去做，就是有德，有德就会得到大家的支持和信任，得道多助，失道寡助。评价历史上的帝王，明君就是有德之君，开创盛世，国泰民安；昏君就是失德之君，百姓流离，山河破碎，衡量其有德或是无德，最根本的标准就是道，其是否按照道去做。

道是德的根本标准，但是现今"道德"一词却几乎完全倾向于"德"，而没有体现出"道"，这意味着衡量一个人是否有德的标准，可以是利益相关，可以是职业背景，甚至可以是心情好坏。当德把道完全"吃掉"的时候，那么道德就毫无约束力。例如，地铁上的座位纠纷，有人认为应该根据年龄，年轻人给老年人让座，也有人认为必须考虑身体状况，健康的人要给身体不适的人让座，那么一旦出现纠纷，我们要如何衡量双方的道德？机动车与电动车发生碰撞，有人认为哪一方违规就哪一方担责，也有人认为开车的人经济水平高于骑电动车的人所以要多担责。这些道德争端产生的原因就是失去了根本客观的标准——道。

现代社会最为公平最为客观的标准就是法律，试想，如果法律和道德混为一谈，如果法律也要顾及人情，那么结果会如何？2018年的"张扣×案"是法律与人情发生尖锐冲突的典型。关于这起案件的讨论经久不息，有人认为张扣×手段残忍，非法剥夺他人性命必然要受到法律制裁，也有人认为张扣×为母复仇情有可原。伦理道德与法制的冲突自古就存在，但是法律作为维护社会公平正义的武器，是不能被个人感情左右的，因为主观因素一旦干扰到它，将造成无比严重的后果。一个时代如果动摇了最高的客观标准，那么社会就会失序，陷入混乱，就像春秋战国礼乐崩坏，也并不是危言耸听。

法律就是大家共同画出来的道，是公认的规则，知道什么是正道，就要坚定地去做，这才是有德。道和德的先后顺序是不容动摇的，如今坚定实行依法治国的基本方略，就是要以公正客观的道来衡量人的行为，依法治国的重要性越来越凸显，也是现代文明对道与德关系的思考。道是宇宙的本原、万物运动的规律、人生的信仰，德作为道的分化和显现，实在不能与道同一而论。最大的德，只是"几于道"，接近于道罢了。道与德的内涵会随着时代的进步和发展逐渐丰富完善，但其中唯一颠扑不破的关系就是：道在前，德在后，才能自然而然、顺理成章。

第三章 三件宝

小 序

第一章介绍了《道德经》这本书是对话体，士、王、圣三类人来请教老子如何修身、齐家、治国、平天下，老子将回答加以总结整理成书。有些事实会令我们感到惊奇，中国的老子、孔子，古希腊的苏格拉底、柏拉图，这些伟人都是同时代人。他们虽然处于不同国家，却处于同一个历史时期，在这一时期，通行的书只有一种文体，就是对话体。《论语》就是对话体的典型，是孔子弟子及再传弟子整理编撰，记录坐在对面的是什么人，提了什么问题，老师怎么回答，所以读起来一目了然。古希腊哲学家苏格拉底的学生柏拉图，写了一本对话录，就是记载当时苏格拉底跟学生之间的互动，对问题的回答。《道德经》是对话体最早的形式，是对面坐的人提出问题，老子给予回答。

所以解读这本书也有一个前提，始终要感觉到这是在回答对方的问题，有针对性地解释回答，这样我们才能正确理解。那么"三件宝"是回答什么问题呢？对面坐的人请教老子关于道和德的事，老子给他讲半天，他听不懂，于是提出要求，都说大道至简，能不能把思想概括得简单点？说得通俗一点，让他也能听得明白。大家自然会有疑问，笔者如何得知现场情形？是不是笔者自圆其说的杜撰？

解读《道德经》最权威的方法是以经解经，先看一下老子提出"三件宝"的原文出处，《道德经》第六十七章："天下皆谓我道大，似不肖。夫唯大，故似不肖。若肖，久矣其细也夫。我有三宝，持而保之。一曰慈，二曰俭，三曰不敢为天下先。慈，故能勇；俭，故能广；不敢为天下先，故能成器长。今舍慈且勇，舍俭且广，舍后且先，死矣！夫慈，以战则胜，以守则固，天将救之，以慈卫之。"

"天下皆谓我道大，似不肖。"意思是说不仅是坐在对面的你，天下人都认为我把这个道讲得太大、太宽泛了，听不懂。老子就给他打比方，这样做虽然不能证明问题，但是可以帮助人理解问题。老子说，道就像风一样，大象无形。对面人说不像。老子又说，道就像水一样，大道氾兮，其可左右。对面人还说不像。"夫唯大，故似不肖"，正因为老子把这个道讲得这么大，拿什么给他打比方，他都说不肖，所以老子就感慨，假如真的要是像的话，久矣其细也夫！假如真的说出道像什么，那么就一定把道说小了，"道可道，非常道"，能够说出来的道，就不是规律性的道。如果说道像一条大河，这个比喻要像的话，道在我们脑海中就是支流的形象了。所以要用打比方的形式解释道，若真像的话才麻烦了，肯定是把道说得太小、太细了。

那怎么办？老子说，我也不跟你讲那么多了，把我的思想概括到简单得不能再简单就只剩下三个方面。"我有三宝，持而保之"，这三宝是什么呢？一曰慈，二曰俭，三曰不敢为天下先。下面我们分节来细谈。

第一节　慈，慈故能勇

我们常说："女本柔弱，为母则刚。"这句话其实就是慈故能勇在生活中最常见的表现。生理结构决定了女性大都具有柔弱似水的特点。一旦身份转变，从少女变成母亲，那么女性就拥有无法战胜的强大力量。为什么呢？是因为她有了要保护的人，宁愿付出生命也要去守护的人。因为慈悲，所以勇敢，这就是慈母情怀，是慈的力量。

例1

【第六十七章原文（节选）】我有三宝，持而保之。一曰慈，二曰俭，三曰不敢为天下先。慈，故能勇；俭，故能广；不敢为天下先，故能成器长。今舍慈且勇，舍俭且广，舍后且先，死矣！夫慈，以战则胜，以守则固。天将救之，以慈卫之。

【译文】我有三件最珍贵的宝物，值得永久保持。一个是慈，一个是俭，一个是不敢为天下先。有了慈母的情怀，才能真正勇敢；节俭才能长久持续地发展；遇到利益不争先，懂得先人后己，才能成器、成长。现在的人舍弃慈母的情怀而炫耀勇武，舍弃节俭还奢求长久持续的发展，遇到利益争先恐后、一点都不退让，这是自寻死路！拥有慈母的情怀，自然是攻无不克，守无不固。如果天要拯救谁的话，一定是以慈母的情怀来守卫。

前文说过，老子向提问的人概括他的思想，将为人处世之道、为官之道、治国之道等，凝练表达为三件宝物。解读一定要把三宝里边的这几个字和后面的语句连接上，即一曰慈，慈故能勇；二曰俭，俭故能广；三曰不敢为天下先，故能成器长。

本节先来说说第一件宝——慈。慈是指什么？指的是慈母的情怀！一个人有了慈母情怀，就有了勇敢的理由和不可战胜的力量。杭州的"最美妈妈"吴菊萍，她买菜回来的时候，看见三岁的小女孩从十楼窗口往下掉，她急忙跑过去，伸开左手硬生生接住了小女孩。小女孩基本没有严重伤势，吴菊萍的手臂却因此粉碎性骨折，终生拿不了重物。曾经有网友计算过，当时吴菊萍所受的力，相当于接住了近七百斤的重物，而吴菊萍奔向孩子的速度更是打破世界速跑记录。新加坡的电视台曾做了这个实验，请短跑冠军，从吴菊萍的起跑点冲刺去接阳台上落下的与孩子同样重的物体,却无一成功。为什么?母亲的仁慈是这惊人力量的源泉,是母爱的本能激发了巨大潜能,这无法估量的速度其实是母爱的速度。

所以做领导,做家长,有了这种慈母的情怀,才能有真正的担当和勇敢。一曰慈,慈故能勇,如果单独解释这个慈就麻烦。慈母有时候也唠里唠叨,有时也无原则地爱,不是说慈母多败儿吗?可是《道德经》为什么把这个慈放到第一位?是因为坐这个位置的人,必须有慈母的情怀,才能有真正的担当、勇敢。没有慈母情怀的领导干部,一出事就把人民给出卖了,一出事就把自己的部下当替罪羊推到前面,那他就不配坐这个位置。

慈的重要性体现在哪儿?老子在后边就举出了反面例子——舍慈且勇,根本没有慈母情怀,还到处炫耀自己的勇敢。我们现在也能看到这种情况。比如有人酒驾了,还拍个视频张扬炫耀:我醉驾你来抓我呀!这就叫舍慈且勇。没有慈母情怀与担当,炫耀自己无赖似的勇敢,这叫莽夫,没出息。领导者要是这样,下属跟着他随时都有危险。这种无法让人安心的领导者,有谁愿意跟随呢?

所以领导者、统治者更应当有慈母情怀,面临事情的时候,就会攻无不克,战无不胜。领导者拥有了这种情怀,大象无形,力量无尽。真正遇到困难时,因为他勇于担当,属下也会勇于承担。"天将救之,以慈卫之。"如果天要拯救人民,拯救一个团队团体,一定是让有慈母情怀的领导来守护,因为他本身就有这样一种无穷无尽的力量。所以，有慈母情怀的领导者、统治者才会将国家治理得愈加强盛。

例2

【第十八章原文】大道废，有仁义；慧智出，有大伪；六亲不和，有孝慈；国家昏乱，有忠臣。

【译文】大道荒废了，就有人站出来提倡仁和义；智慧、谋略、心机被推崇，就会有大奸大伪；六亲不和睦了，才会看出慈父孝子；国家昏乱之时，才会看出谁忠谁奸！

【第十九章原文（节选）】绝仁弃义，民复孝慈。
【译文】弃绝空谈仁义，人民就可以恢复孝慈之本性。

有慈母情怀才是真正的勇敢，那么如何拥有这种情怀呢？老子讲道和德，这两个字是有顺序的，因为按照老子的理论，有道的时候，就可以不用管德，道没有了就得提倡德了，德没有了就得用法，这是一个历史发展的进程。因为老子在当时就已经看出来：大道废，有仁义。大道没有了，大家就开始提倡仁义了。道家对儒家的仁义之说还是有看法的，但不是完全反对。有道的时候就不需要德，有德的时候就不需要法。韩非子讲中古敬于仁义，即春秋时大家还讲仁义，战国时代大家都敬于气力，就开始用法了，谁力量强，谁孔武有力，那天下就是谁的。古希腊诗人将人类时代分为黄金时代、白银时代、青铜时代等，认为越是亘古越是美好。老子也有相似的观念，以前有道的时候不需要仁义、法，"大道废，有仁义，慧智出，有大伪"，大道被废止了，大家开始提倡仁义，孔孟的仁义不行了，韩非子就提倡法。

有智慧本来是挺好的，可是有的人有了智慧，就开始琢磨别人了，成了最大的伪君子，如历史上的王莽，后人都感慨，"周公恐惧流言日，王莽谦恭未篡时。向使当初身便死，一生真伪复谁知。"现在我们说周公吐哺，天下归心，当时很多人认为他是抢周成王的位置，他是奸臣，假使当大家都骂他的时候，他不在了，谁知道他是忠是奸；王莽未篡位的时候，礼贤下士，所有的事情都做得非常妥当，结果篡完权大家才知道他是一个什么样的人。这就是老子讲问题的方式，他说任何一件事情都有它的两面性，不能说这件事情绝对好，或者绝对不好。

下边讲的跟我们日常的关联比较密切——六亲不和，有孝慈。如果大家在家里对长辈很好，对父母很好，都很孝敬，就没必要再强调孝了。就像我们经常说的：这是我应该做的，我们都应该这样。为什么提倡孝？为什么提倡慈？因为有的人不是慈父慈母，有的人不是孝子，乱了套，家里父母、夫妇、兄弟，六亲不和，才提倡孝慈。老子认为春秋乱世，无道失序已久。针对这种现象应该怎么办？鼓励大家敬老爱幼？老子说，绝不能这么做。老子是无为的倡导者，他认为孝慈是人的本性，他在十九章，用了"民复孝慈"，这个复就是回归、恢复的意思。人原本就有孝慈品质，这是人的本性，如果政令太多，则会起到反作用，因为这样会让大家觉得孝慈做起来很难，太高了。"绝仁弃义，民复孝慈"，人们做到孝慈了但不自知，孝慈本就是日常应该做的事情，大家都应该这样做，不这样做才不正常。

第十八章、十九章，前后呼应，只有六亲不和的时候才要提倡重视孝慈，但是统治者们往往忽略了这样一个道理，孝慈是人的本性，敬老爱幼、尊亲爱子这是人们本该做的，一旦过度干预，就会起到反作用。这是老子无为思想的重要体现，孝慈是人的本性，是人本该做的，不受外界要求控制。父母慈爱子女，子女孝敬父母，慈的力量会感染每一个人，家庭和睦，才能净化社会风气。

第二节　俭，俭故能广

"一粥一饭，当思来处不易；半丝半缕，恒念物力维艰。"节约是中华民族的传统美德。就像法国启蒙思想家孟德斯鸠所说，奢侈总是跟随着淫乱，淫乱总是跟随着奢侈。老子反对奢靡的生活状态，因为奢侈生活意味着永不满足的贪婪之心，意味着无穷尽的欲望深渊，侈则多欲，多欲则危。天下之事，常成于勤俭而败于奢靡，只有节俭、节约才能长久持续发展。艰难困苦，玉汝于成，人是如此，国家也是如此，国家形成节约的良好风气，才会长久持续地发展。

例1

【第五十九章原文】治人事天莫若啬。夫唯啬，是谓早服。早服谓之重积德，重积德则无不克，无不克则莫知其极，莫知其极，可以有国。有国之母，可以长久。是谓深根固柢，长生久视之道。

【译文】治理人民要顺应天理，莫过于节俭节制。只有节俭节制，才能早得道。早得道就是不断地积德，不断地积德就没有什么是克服不了的，没有什么克服不了就不知道它的力量有多强大。不知道其力量有多强大，就可以掌管国家。掌握了治国的根本，就可以长久存在。这是可以把根扎深、扎牢固，长久存在的道。

上节我们说到老子的三件宝物，第一件是"慈"，接下来说说第二件宝物——"俭"。先来看看关于这件宝物的原文出处，《道德经》第六十七章："二曰俭，……俭，故能广；……舍俭且广，舍后且先，死矣！"老子对人了解得非常深刻，太阳底下都有阴影，哪个民族的文化没有弱点？我们也有，我们的弱点是好面子，好虚荣，好攀比。所以公开的场合，一旦监督不力，就会有奢靡之风、浪费之风。没有节俭节制，却有奢靡之风、浪费之风，那就没办法"广"，"广"

就是长久持续。

一个人浪费糟蹋的是自己的福分,一个国家浪费糟蹋的是国家的福分。若家庭没培养出节俭、节制之风,家庭就没有办法长久持续地发展,所以要勤俭持家。若一个国家的人民没有培养出节俭节制之风,而是奢靡浪费,这个国家就没有办法长久持续地发展。所以二曰俭,俭故能广。想要长久持续地发展,就要培养节俭、节制之风。无论是个人、家庭还是国家,道理都是一样的。

毛泽东同志,把节约做到了极致。他的一件睡衣,整整穿了二十年,破了补,补了又破,反复多次,到1971年实在穿不了只能"退役"时,已经补了七十多个补丁。毛泽东穿的袜子也是补丁摞补丁。毛泽东作为一国领袖,却在生活上如此节俭,我们有什么理由浪费呢?

毛泽东同志在中华人民共和国成立的时候,就说贪污和浪费是极大的犯罪。因为奢侈会破坏人们的心灵纯质,获得愈多,就愈贪婪,就想要更多,永远不满足,最终堕入欲望的深渊。司马光说:"侈则多欲,君子多欲则念慕富贵,枉道速祸。"就是说,奢侈的生活会激发人的欲望,当人的欲望越来越多,想要的越来越多,就会不择手段,这样便将自己置于危险之中。人生就是两种生活态度,一种是做加法,不断地叠加,不断地累积,有了还想再有,多了还想更多。另外一种是做减法,要节俭节制,有的时候人们的欲望减少一分,幸福也就多一分。这两种人生态度也是相辅相成的。可是人们往往更注重第一种。所以本章就强调做减法的重要性。

《道德经》第五十九章的核心就讲"节俭节制"四个字，讲节俭节制对一个国家、对社会的重要意义。一开始就讲"治人事天"，领导这个国家的人民要顺应天理，什么事情最顺应天理呢？"莫若啬"。《道德经》中这个"啬"，译成节俭节制，"夫唯啬，是谓早服"，"早服"就是早得道。懂得节俭节制的人，就可以早得道。

早服谓之重积德，"重"就是不断。懂得节俭节制就是在不断地积累自己的品德，积累自己的德行。《道德经》中的道和德要分开理解，按照道去做，就是有德，不断地按照道去做，就是不断地积德。"重积德"就是不断地积德，所以早得道，一直坚定地按照这个去做，就是不断地积累自己的德性，积累自己的品德。人就像一条船，积的德就像水，水积累得多，船才能自由地航行。不管船多大，没有水就会搁浅，发挥不了船的作用。"重积德则无不克"，按照节俭节制的方式去做事情，没有什么困难是克服不了的。因为节俭节制磨炼的是人的思想品德、人的意志和面对困难的无所畏惧的态度。

《明代史话》中记载朱元璋称帝以后，宫室器用，一从朴素，饮食衣服，皆有常供，唯恐过奢，伤财害民。他经常告诫臣下牢记历代君主奢侈纵欲、祸国殃民的教训，还以节俭治国，认为奢侈终会导致败亡。他说："'节俭'二字非徒治天下者当守，治家者亦宜守之。"无论是治国者还是治家者都要保持节俭的美德。"重积德则无不克",克就是克服,"无不克则莫知其极",这个东西力量这么强大,没有什么东西是它克服不了的,人们不知道它的力量有多么强大,对一个人是这样,对一个国家更是如此。"莫知其极,可以有国。"这话是给谁讲的?是给统治者、领导者讲的,只有领导人民培养出一种节俭节制之风,国家才能长久地存在,长久地发展。领导者、统治者以身作则,领导团队、领导人民培养出节俭节制之风,面临困难时,大家也都有信心去克服。

有国之母,可以长久,"母"就是根本。节俭节制是立国、国家长久持续发展的根本。浪费粮食的现状不容忽视,而世界上每天都有人在饿死,浪费能符合天道、天理吗?违背天理,自然一定会惩罚人类,而人类也无话可讲。所以一个人浪费,糟蹋的是自己的福分;一个国家浪费,糟蹋的是国家的福分,这对国家的根本有所损伤。

有个"雁过拔毛"的故事,是讲隋炀帝要装饰车驾,需要大量的羽毛,于是一级一级下达命令,要求老百姓上供羽毛。一时间,全天下几乎看不到有羽毛的动物。听说一棵非常高的树上住着一只鹤,人们就想爬上去抓这只鹤。但是这棵树只有树干没有多余的树枝,爬不上去。就有人拿来斧头要砍树,鹤知道人们要砍树,害怕树倒下,自己的孩子便保不住了,于是鹤就把自己的毛拔了。而人们看到这番景象,为了迎合皇帝,称"天子造羽仪,鸟兽自献羽毛",说是鹤主动拔毛进贡,是祥瑞之兆。像隋炀帝这样为了维持奢靡铺张的生活，满足自己的私欲，臣子送礼就给升官，导致地方官员搜刮百姓，民不聊生，最终也是落得悲惨下场。

国家培养出节俭节制之风，才能长久发展。这样做叫什么？叫深根固柢或者根深蒂固，这才是长生久视之道。对人来讲是如此，可以让生命更为长久，因为一个人节制节俭，不放纵自己的欲望，也是一种养生之道，得以长久地存在，长久地发展，得以长寿，对国家来讲也是如此，节制才能发展长久。《道德经》强调做减法，对世界有着非常重要的影响。中国人有一个优良的传统，讲勤俭持家，讲勤俭治国，这是我们文化中非常重要的方面。但是很少在哪一本著作中把勤俭节约强调到这样的高度。

例2

【第二十九章原文（节选）】是以圣人去甚，去奢，去泰。

【译文】所以圣人要去掉过分的方式，去掉奢靡行为，去除极端的做法。

俭故能广，节俭才能长久持续发展。那么与此相对，提倡节俭，自然就反对奢靡之风，反对穷奢极欲。中国人会精通中庸之道，最大的智慧就是不走极端。一个有智慧有修养的人会去掉过分和极端。"泰"就是骄狂，"去泰"就是去掉自己过分骄狂的东西。西晋时期的官员王济，生活十分奢侈，丽服玉食，挥金如土。《世说新语》

中记载，一次王济在家宴请晋武帝司马炎，侍候的婢女足有一百多人，她们用手托举着餐盘供人食用。晋武帝觉得其中一道菜，烤乳猪十分美味，与平时吃到的不同，就好奇地询问王济，王济答道："这是用人乳喂养长大，又用人乳蒸煮的。"可见他的生活奢靡到什么地步。晋武帝一听非常不高兴，拂袖而去。

奢侈是民族衰弱的起点。对于个人来说，奢靡本来就不是一件好事，奢靡就是一种骄狂过分的表现，太偏颇、太过分、太奢靡，到最后会给自己惹下无尽的祸端，所以要把这些东西去掉，才能趋于均衡。圣人讲一个好的统治者，先要节制自己，不要走极端，也要带领这个国家的人民培养出恰到好处的节俭节制之风。

所以不仅儒家讲中庸，《道德经》里讲的抱一为天下式，就是两者相互中和、全面来看问题的思维方式。"去甚，去奢，去泰"，别走极端，适可而止，恰到好处，以中为用。老子反对奢靡的生活状态，也是反对极端的一种表现，只有节俭节约才能长久持续发展，奢侈生活意味着永不满足的贪婪之心，意味着无穷尽的欲望深渊。

第三节　谦，不敢为天下先，故能成器长

老子的不敢为天下先，不是让我们没有担当、唯唯诺诺地让步，

而是在承担与付出之后，能够放下对荣誉的执念，急流勇退，这是对自身的保全。圣人后其身而身先，外其身而身存。只有危难之际挺身而出、功成之后全身而退的人，才会被人认可信服。而想把功名利益死死攥在手中的人，只会事与愿违。"欲上民，必以言下之；欲先民，必以身后之。"有智慧的领导者一定懂得谦让，把个人利益放在最后，把大家的利益放在前头，因为不争，所以天下没有人能与之相争。

例1

【第六十六章原文】江海所以能为百谷王者，以其善下之，故能为百谷王。是以欲上民，必以言下之；欲先民，必以身后之。是以圣人处上而民不重，处前而民不害。是以天下乐推而不厌。以其不争，故天下莫能与之争。

【译文】江海之所以能成为百川之王，是因为善于处下，所以能成为百川之王。所以要想站在上面领导好人民，必须在言语上懂得谦逊；要想站在前面领导好人民，必须要把自己的利益放在后面。所以圣人在上面领导大家而大家没有感到沉重的负担，在前面领导大家而大家没有感受到伤害。所以天下人都乐于拥戴他而不会感觉厌倦。因为他不争，所以天下没有人能与他争。

其实《道德经》第六十六章和第六十七章应该是同一章的内容，

其本质核心都是相同的。懂得先人后己，懂得从别人的角度和立场考虑问题，不要私欲膨胀，不要以自我为中心。这样才能够不断地进步，不断地成长，终成大器。因为人们都不喜欢只考虑自己私利的人。只关注自己的利益，不把别人放在眼里，一点不考虑别人的人，不会得到人们的支持，也就封死了自己前进成长的路。所以不敢为天下先，才能不断进步，不断成长，终成大器。

《易经》有六十四卦，谦卦就是其中之一。谦卦中，上卦为地，下卦为山，即地下有山。山本高大，但居于地下，不显示出自己的高大。这是德行极高之人才能做到的，自己有能力、有本事，却自觉把自己放得很低。最特殊的是，谦卦是六十四卦中唯一每个爻都是吉的卦，所以我们可以从《易经》——中华民族最古老的智慧中悟出，谦卑是最有益的为人处世之道。

本书第一章介绍过如何读好《道德经》，其中有一点是老子对重要内容的强调。所以读《道德经》的时候能感觉到老子的重点思想是什么。因为他在书里不断地强调自己的重点，一种强调的方法是重复，另一种强调的方法是首尾照应，开头把这个意思说出来，最后结尾再强调一下，第八章、第二十二章都用了这种方法。第三种强调的方式是正反对比，先是论证正面积极性，言犹未尽，再反过来说，如果不这么做会有什么危险。

人本来应该按照道的方式来做，要慈、俭、不敢为天下先。不敢为天下先，也可以概括为两个字——谦让，或者概括为一个字——

谦。三宝即慈、俭、谦。看见有人不按照道的方式做，老子就从反面来说这样的恶果。舍慈且勇，没有情怀与担当，炫耀自己无赖似的勇敢，没出息。舍俭且广，没有节俭节制，还奢求长久持续地发展，不可能。舍后且先，遇到好处、利益，争先恐后，一点都不肯让，甚至不该自己的也抢，死矣。

　　《西游记》第一回有这样一句话："争名夺利几时休？早起迟眠不自由！"就是说人在江湖身不由己，要是想要地位、名利这些东西，肯定要牺牲些什么，或者是自己的健康、自己的自由时间，更有甚者要出卖灵魂和人格。但是古往今来对这些东西趋之若鹜者不计其数，而春秋战国时期却有人避之不及，这个人就是斗子文。楚国的斗子文政绩突出，楚成王时常要给他一些赏赐。一到这时候，斗子文就逃走，等成王不赏赐了他再回来。有人对斗子文说："人生谁不求富，你何必逃富呢？"斗子文说："从政是为了庇护老百姓，很多老百姓还那么穷，我去求富，是用百姓的怨恨来自封，那不是找死吗！我逃的是死，不是逃富。"子文为官清廉，遇到赏赐没有争抢，反而是避之不及，因为他清楚地知道，得到那些财富地位的同时，消磨的是老百姓的爱戴与信任。

　　《道德经》的很多话是针对那些领导者、统治者讲的，老子认为领导者、统治者越是处于高位，就越要谦逊、善于处下。为什么呢？首先从结果来看，大江大海为什么成为大江大海，因为善于处下，不辞小溪流，也能团结一切可以团结的力量，所以能成为百谷王。百川终到海,细流汇江河。以其善下之,地势低,善于处下,故能为百谷王。老子拿江海举例子,让大家有一个形象的感知,接着就开始讲如何处下。"是以欲上民,必以言下之。"要想站在上面领导好下面的人,就要在语言上懂得谦逊、谦让,做领导者不能居高临下,盛气凌人,不可一世。现在很多影视剧中,侯王、皇帝都自称"孤""寡人",其实就是为了提醒自己要重视人民的力量,因为人民才是权力的来源与根基。"欲先民,必以身后之。"想要在人前做领导,就必须要把利益放在人后。没有人能够鱼和熊掌兼得,"既要又要还要"的人最愚蠢,想要把所有利益都握在手中的人,最终什么都得不到。

所以"舍得"这个词体现了中华文化的博大精深,对于领导者来说,舍弃掉利益,却得到人民的信服,短暂而微小的失去又算得了什么?善于处下才能真正居上,"不敢为天下先",才能成器、成长。

例2

【第七章原文】天长地久。天地所以能长且久者,以其不自生,故能长生。是以圣人后其身而身先,外其身而身存。非以其无私邪?故能成其私。

【译文】天地长长久久啊!天地之所以能长长久久,就是因为天地不自私,不是只为了自己的生存,所以能长久啊!所以有智慧的领导者总是把自己的利益放在后面,这样才被大家乐推而不厌,乐于接受他们的领导;不贪身外之物,才让自己有更好的存在状态。天地和效法天地的圣人,不就是因为他们没有私心,所以才更好地成就了他们被人尊敬、平安无事的私心吗?

【第八十一章原文(节选)】圣人不积,既以为人,己愈有;既以与人,己愈多。天之道,利而不害;圣人之道,为而不争。

【译文】圣人不积累私藏,帮助别人的越多,自己越是充足;给予别人的越多,自己越是感觉获得的多。天道,利万物而不伤害;圣人之道,做好事情却不为自己争名夺利。

其实《道德经》从第七章开始,直到第九章都在讲不争。有智慧的人总是进退有度,而有的人知进而不知退,知争而不知让。老子作为思想家,他认为争和不争,进和退,强和弱,它们都是阴阳的两个方面,都具有相等的力量。大家在日常生活中看到的是争、进、强,却容易忽略另一个方面,不争、退和弱。老子在《道德经》中很少提及激进争抢和强势,最为强调不争、退、弱的力量。《道德经》第七、八、九等三章把谦让之道讲得非常明晰。

第七章分两个部分,第一部分讲天道,以天地为形象,为什么人对天地有敬畏之心,认为天长地久?正是因为天地并不以自己的私利为目标,而是为万事万物提供生存条件,阳光雨露和土壤,任其自由生长。我们对天地有什么回报？几乎没有。所以老子拿天地告诉大家不争谦让的道理，天地正因为其不自私，不求回报，才得到了大家的敬畏、敬仰。大家对天地有敬畏，就有了天长地久的期待。因为天地对人的恩德无限，出于感恩所以人们期望天长地久。

　　第二部分就讲人道，也就是人应该遵守的规则——效法天道。天地是这样无私，圣人也是如此。他们帮助别人却不争抢，正因为这样无私反而成就了自己的"私心"，这个私心就是每个人潜意识都希望得到长久的纪念和敬畏，圣人也是如此。一个人如果只考虑自己的私利，他就永远不会被大家认可。天无私覆，地无私载，天地是公平无私的，人应该效法天道。一个有境界、有智慧的人也要像天地一样无私谦让。这里要强调，"不敢为天下先"不是没有担当和责任感，更不是缩头乌龟，而是懂得谦让，懂得把自己的利益放在后面，懂得先人后己，这样才能得到大家的信服和尊重。出于感恩，大家自然会推举这样的人，这些人能更好地成器成长。就像之前鸿星尔克、贵人鸟这些国货品牌，自己本身面临很多经营困难，但面对河南洪灾，捐款数目却超过那些在中国赚得盆满钵满的企业。鸿星尔克的负责人说，创业初期仓库被洪水淹过，造成很大损失，自己被雨淋过，所以想为别人撑伞。这样的格局和境界是十分难得的，人们纷纷去抢购这些国货产品，其库存一销而空，网友调侃道："没有货就算了，你寄个吊牌过来，衣服我自己缝。"中国人的温良是刻在骨子里的。

外其身而身存，用成语讲就是置之度外。人一旦有了地位权力，就会遇到很多的诱惑。这些诱惑就像鱼饵一样，咬了鱼饵咬了钩，再挣脱可就困难了。电视剧《人民的名义》，因其反腐力度之大前所未有，受到广泛关注。第一集就有一个非常令人震惊的场景，反贪局在赵德汉家中，查获他贪污所得的两亿多元现金，这些钞票堆满了墙壁，塞满冰箱，摆满整张床。最为戏剧性的是，赵德汉本人住在一栋破旧的居民楼里，反贪人员来的时候他正吃着一碗炸酱面，水龙头滴着水，下面用盆接着。赵德汉每天骑自行车上下班，每月瞒着老婆给乡下老母寄出三百元生活费。谁能想象这位"贫民"处长，竟是位"亿万富翁"？他敢贪不敢花，可见贪官内心的纠结。有第一次受贿就有第二次，赵德汉面对诱惑无法自拔，最终身陷囹圄，堕入深渊。所以想要"成其私"，想要长长久久地保全自己，就必须"无私"，必须舍弃不该得的利益。

不仅不能争，老子进一步说，想要成为圣人、得道者，就要给予，要奉献。习近平主席访问非洲时就引用了《道德经》第八十一章："既以为人，己愈有；既以与人，己愈多。"人们在帮助别人的同时，可收获别人的信任与认同，也获得自我的满足感与成就感。相反，如果只一味地为自己积累，就会逐渐活成一座孤岛。

"不敢为天下先"的谦让思想与"善利万物而不争""生而不有，为而不恃，长而不宰""功成而弗居""衣养万物而不为主"，这些散在其他章节的语句遥相呼应，穿成了一串珍珠。看清楚了《道德经》这本书真正的逻辑，也就看清了这本书的核心。这些思想如果成为我们生活中的座右铭，那么对我们的人生格局、境界、思维方式都会有很大的启发和帮助。

第四章 四个不

小　序

老子告诉人们他有"三件宝"，一曰慈，二曰俭，三曰不敢为天下先。只要按照这"三件宝"来做，就能成为一个好的领导者，一个有智慧的人。正反对比是老子重要的论证方法，他不仅告诉人们要做什么，也告诉人们，什么东西需要坚决避免。本章是老子告诫人们的四个不：不自见——不炫耀；不自是——不固执；不自伐——不攻击他人以抬高自己；不自矜——不骄矜。只要时刻提醒自己这四个不，我们就能远离危险。

其实，历史上的很多智者，他们的思想达到高点的时候，往往都是相互重合的。《论语》中有："子绝四，毋意，毋必，毋固，毋我。"即孔子坚决杜绝了四种弊病：凭空猜测，主观武断，固执己见，自以为是。《金刚经》篇幅不长，但是出现"无我相，无人相，无众生相，无寿者相"的地方约有二十处。要想成佛必须去除"我相、人相、众生相、寿者相"，即去除自我之心、邪恶之心、固执之心、差别之心，希望每个人都能去除这些虚相，提高觉悟。

可见，儒释道三家虽然表达方式有所不同，但是讲的意思几乎是相同的，而且都是以"四"为一个标志。他们在总结出这些为人处事的智慧时，有些思想表现出惊人的一致，也就是说这些是智者们共同想要传达给人们的思想和智慧，值得我们认真地学习、领悟。

第一节　不自见，故明

古人云，君子之心事，天青日白，不可使人不知；君子之才华，玉韫珠藏，不可使人易知。真正的君子内心明朗，落落大方，懂得低调行事的道理，才华和实力不会轻易向世人展现，即光而不耀。这就是老子所说的"自见者不明""不自见故明"，炫耀显露自我都不是明智的做法，炫耀更容易暴露自己的缺点而使自己陷入争端和危险之中。有智慧的人好像蒙尘之珠，胸中有丘壑，腹内有乾坤，只是不轻易显现罢了。

例1

【第二十二章原文（节选）】不自见故明。

【译文】不自我表现所以明智。

【第二十四章原文（节选）】自见者不明。

【译文】喜欢自我表现的人是不明智的。

不自我表现，切不可有了一点成就、一点本事，就自以为是，固执己见，否则会阻挡自己前进的道路。所以不自见故明，不自是故彰，不自以为是，做的事情才能够更好地彰显。"见"，同"现"，表现，显露，此处引申为炫耀。前两年流行网络炫富，有些人把自己的车子、房子拿出来晒，这样的攀比行为实在是幼稚可笑。《增广贤文》中有"客不离货，财不露白"，这句话的意思是说，在外旅行的人不能随便离开自己的行李，随身携带的钱财不要在人前轻易显露，即现在常说的一个词——财不外露。赚到一点钱就到处炫耀，这样的人是浅薄的，很容易引起别人的厌烦，同时这样的行为也将自己暴露在危险的处境中。防人之心不可无，招摇过市，炫耀财富可能会引起不怀好意之人觊觎。

魏晋时期的石崇，是炫富榜上赫赫有名的人物。他凭借祖荫仕途顺风顺水，在荆州当官时一手遮天，借官职便利劫掠商人财物，剥削百姓。石崇醉生梦死，挥金如土，生活安逸奢侈。他喜欢炫耀钱财，经常与皇帝的舅父王恺比富。有一次王恺找来皇帝帮忙，司马炎给了王恺一株高大的珊瑚树，却不想石崇随手打碎了这株珊瑚，拿来很多更为高大美丽的珊瑚。石崇拥有比国库还要富足的财物，自然惹人眼红，其中就有赵王司马伦的部下孙秀，二人因石崇的美妾起了争执，石崇最终被孙秀杀死。石崇本就是挥霍不义之财，还大肆炫耀，更是引人嫉妒。所以说炫富有风险。

除了炫耀财富，还有人"好为人师"，总爱炫耀卖弄自己的学识，认为自己知识渊博，无所不知。老子在第八十一章中说："知者不博，博者不知。"智慧的人不认为自己博学也不炫耀自己的学识，自认为渊博的人则没有智慧。明智的人从不说自己博学，为什么？一旦自视过高，认为自己无所不知，那么就没有人来提意见，没有人愿意来帮助他，人家会想，已经这么厉害的人并不需要别人的帮助。久而久之，他便会被人孤立，看不惯的还会来攻击。相反，"一桶不满半桶摇"，浅薄的人总是洋洋自得，自以为无所不知、无所不能，其实他们无一精通。渊博的人总感到学海无涯，学无止境，总是谦虚地说："我唯一知道的事情是自己一无所知。"牛顿就是如此，他评价自己说，自己只不过是一个大海边拾到几只贝壳的孩子，而真理的大海他还未曾接触。

陆游在《老学庵笔记》中，用肃王和沈元用的故事也讲了这样的道理。肃王和沈元用一起出使北方，寄住在燕山的愍忠寺。空闲时一同游览寺院，偶然发现一块唐朝遗留的石碑，文辞非常优美，共有三千多个字。沈元用记忆力很强，于是将碑文朗诵两遍。肃王边听边走，好像全不在意的样子。元用回到住宿的地方，想要炫耀才能，就拿笔将文章默写下来，记不起来的地方就空着，一共缺了十四个字。肃王看后，拿笔把所缺的字全部补上，又将元用四五个错误的地方予以修正,改完将笔放下,和别人谈其他的事,脸上没有半点骄矜之色。沈元用既惊讶又佩服。所以真正明智的人,通常谨言慎行,沉稳低调。一个真正有学问的人,会隐藏自己的才华,不会轻易向世人炫耀,只有在需要的时候才会闪闪发光。如果不明白这个道理,往往在卖弄自己学问的时候,就会成为一个人人嘲笑和抨击的"出头鸟",最后落个灰溜溜的下场。

关于知识,关于学问,知道就是知道,不知道就是不知道,这才是真正聪明的做法,实事求是地做学问。抱着谦虚的心态接纳别人的意见,兼听则明,偏听则暗,老是固执己见,一意孤行,这不是有智慧的表现。

例2

【第二章原文(节选)】是以圣人处无为之事,行不言之教,万物作焉而不辞,生而不有,为而不恃,功成而弗居。夫唯弗居,是以不去。

【译文】所以圣人行事,顺乎自然,崇尚无为,实行不言的教诲。顺应万物自然的生长而不加干预,创造万物而不占有,施泽万物而不将这当成是倚仗、凭借的手段,有了功劳而不居功自傲。正因为他不居功自傲,所以他的功德永存不灭。

《道德经》里很少有重复的话,可是有的话在第二章、第十章、

第五十一章都重复出现,那就是"生而不有,为而不恃,长而不宰",这十二个字是《道德经》中重复出现的内容,是老子翻来覆去想要告诉人们的道理。仔细品读就会发现,这十二个字中隐含着"不自见"的道理。此处"功成而弗居",也是一个道理。

先说一个故事,一九三九年周恩来回绍兴,见到一个老朋友——《战旗》杂志的主编曹天风。他们聊起《道德经》,周恩来问了曹天风一个问题:《道德经》里边最精彩的部分是什么?周恩来认为《道德经》里边最精彩的部分,就是"生而不有,为而不恃,长而不宰"这十二个字。"生而不有",可以理解为从无到有的创造,不管创造了多少,都不要将其视为私有。天地创造了万事万物,又为人们提供生存繁衍的条件,阳光、雨露、土壤,却从不用占有、垄断的态度来对待万物。"为而不恃",恃就是倚仗凭借,不管我们对别人有多好,多有恩德,都不要把这个当作一种倚仗、凭借甚至勒索的手段。我们给别人的好处,就把它忘了吧,别人对我们的好处,我们要懂得感恩。"长而不宰",做家长也罢,做官长也罢,都不要认为自己能掌握主宰儿女、属下的命运,一旦有这样的想法做法,恐怕就要反目成仇。周恩来去世之后,连骨灰都不留下,撒在江河大地。他用实际行动践行了"生而不有,为而不恃,长而不宰"。这十二个字在不同章都有出现,不是排版错了,而是老子他觉得这句话太重要了,在有意识地强调。

《道德经》第二章说,有了功劳,有了作为,不要居功自傲,功成而弗居。历史上有的人有了功劳之后,居功自傲,最后的下场很糟糕。唐朝侯君集,在"玄武门之变"中立了很大功劳,做过李世民的兵部尚书（国防部部长）。但是征讨高昌的时候,他将很多战利品都据为已有。李世民念及旧情,没有把他处理得太严厉,只是撤了职。但侯君集却很不满,觉得他的功劳很大,没有他李世民就上不了台,因此愤愤不平,跟太子李承乾合谋兵变,最后连命都送掉了。老子这样一个老者,将自己的智慧凝练在《道德经》中,时刻在提醒那些居功自傲的人——功成而弗居。对我们大家也是一样,我们有了一点成就,和别人见面就说自己的功劳有多大,对别人的恩德有多广,越说大家越反感;若不讲,做的事情都摆在那儿,别人反而会宣传。不居功自傲,不四处宣扬,反而存在得更长久,这些道理相信很多人都能理解,但是却不容易应用到生活中。每个人都习惯正向思维,站在自己的角度,站在自己的立场,把问题说得清清楚楚、头头是道。人们大都不习惯站在相反的角度、别人的立场换位思考,看同样一个问题,不同角度会发现完全不同的意义,这就是逆向思维的重要性。

圣人做事情都顺其自然,奉行无为的信念,实行不言的教诲。顺应万物自然的生长而不加干预,创造万物而不占有,施泽万物而不将其当成倚仗、凭借的手段,有了功劳而不居功自傲。正因为圣人不居功自傲,从不向世人炫耀自己的功德,所以他的功德永存世人心中。这正是"圣人无常心"的表现,即圣人没有固执的心,从不固执己见，不自见，故明。

例3

【第九章原文】持而盈之，不如其已。揣而棁之，不可长保。金玉满堂，莫之能守。富贵而骄，自遗其咎。功遂身退，天之道。

【译文】求盈求满又想把持，不如适可而止、恰到好处；把锥子锤打得极为锐利不能长久保持。积得金玉满堂也没办法长久守住。炫富炫贵骄狂放纵，会给自己留下无尽祸殃。功成而懂得不居功自傲的道理，才符合天道天理。

木秀于林，风必摧之。自我表现、自我炫耀的人不会有什么好下场，那应该怎么做呢？老子告诉我们，要学习上天的品德，功成身退。一个人锋芒太外露，凡事不懂得委婉迂回、谦让圆润，结局不会好。有的人恃才傲物，有的人恃贵而骄，有的人恃位而武，耀武扬威，这些其实都是一种过满的、没有智慧的表现。有的人炫耀财富，可是古人讲过宁贫勿富，很多时候，其实处在贫的状态，或者说"适中"的状态，比大富大贵安全得多。古往今来，"金玉满堂，莫之能守"已是常态，中国历史上有"五世而斩定律"，富不过五代，更有甚者富不过三代。为什么？

富贵而骄。用我们现在的词讲很明确，叫炫富炫贵。这不就是富贵而骄吗？骄纵骄横，自遗其咎，会给自己留下无尽的祸殃。有的父母认为给儿女留钱越多越好，但是林则徐有句话说得好："子孙若如我，留钱做什么？贤而多财，财损其志；子孙不如我，留钱做什么？愚而多财，益增其过。"子孙有出息，留的财富容易损害他的志向，子孙愚笨，更不能留钱，只能让他做更多错事。曾国藩家训中也曾说过："儿子若贤，则不靠宦囊，亦能自觅衣饭；儿子若不肖，则多积一钱，渠将多造一孽，后来淫佚作恶，必且大玷家声。"儿女贤能的话可以自力更生，养活自己，要是他们能力不足，给他留的财富过多，他无法掌握，徒增祸患。再如，现在小孩一拧水龙头热水就出来了，他以为这是理所当然的，他不知道热水怎么来的，但是如果拧水龙头没有热水他就觉得不对。富贵形成的文化氛围，不炫耀一下岂不可惜！富贵而骄，这一炫耀留下了无尽的祸殃，自遗其咎。

最后老子告诉人们，任何事情、任何成就都不是炫耀的资本，应该怎么做呢？功成身退，天之道。《道德经》里边讲的最高的道就是自然之道，本该如此，自然而然。一个人做事情成功了应该怎么样呢？功成身退，赶快跑？不是的，老子的"退"就是不居功自傲，以经解经，用《道德经》本身的解释，第二章有"功成而弗居"，功劳越大，越淡然处之。一个人有一点功劳，若一见面还没等别人说，自己马上先说，大家就会反感，这就是人性。一个人功劳越大的时候，越应该跟平常人一样，就像郭子仪那样，打了胜仗之后，皇帝给他升官赏赐他都不要，只有把这些东西都忘掉，才能有好的结果。

春秋战国时期，鲁国有个大夫叫孟之反，鲁哀公十一年（公元前484年），齐国跟鲁国有一场战役，结果那场战役鲁国大败，在兵败的时候，孟之反殿后，保护军队撤退。当军队败走的时候，他还继续抵抗敌军，掩护己军撤退。他是一个勇敢的人，也因此受到人们的称赞。但是孟之反不邀功，等回到鲁国时，刚入城门他就用鞭子抽打自己的马，谦虚地说："不是我胆敢在后面掩护，是我的战马跑不动啊！"他意思是告诉别人，自己其实没什么功劳。有功劳而不炫耀，居功不自傲，这是一种美德，就连孔子也十分赞叹。相反，很多人做事之前都很功利，做一点小事也要表现给别人看，别人没看见就主动邀功请赏，生怕自己的功劳被埋没了。事实上，越是内心空虚，没有能力的人越喜欢夸大自己的功劳。其实就算自己有了天大的功劳，自己一说，一炫耀就变得微不足道了。而且夸大自己的功劳的同时是贬低别人，必然会让别人感到不舒服，久而久之还会处处树敌。真正的智者和强者，不会炫耀自己的能力和功劳。老子努力把他从人生以及政治斗争中概括出来的智慧，通过各种各样的形象传达给大家。

第二节　不自是，故彰

庄子说："吾生也有涯，而知也无涯。"世界上未知的东西太多，承认自己无知并不可耻，相反这是很多人都不具有的优良品质——谦逊。承认自己的无知是智慧的开端，这使人们清楚界定自我能力，远离不符合实际的膨胀欲望。认识到自己的不足是进步的开始，正如老子在第七十一章中所言："知不知，上。"不自以为是，所以美德彰显。

例1

【第二十二章原文（节选）】不自是故彰。

【译文】不自以为是所以彰显美德。

【第二十四章原文（节选）】自是者不彰。

【译文】喜欢自以为是的人不能彰显美德。

自以为是的人无法彰显美德，因为这样的人唯我独尊，不会尊重他人，一意孤行，固执己见只会成为偏执的人，而偏执的人无法正确看待问题，终会被身边人排斥，落得惨败的下场。"自是者不彰"听起来好像是泛泛之谈，实际上这都是历史的经验教训的总结。历史上这样的人比比皆是，他们可不仅仅是被人讨厌，因为自我的固执、自以为是，付出惨痛代价的人不在少数，因为骄傲自大，最后功败垂成。

东汉末年的名士祢衡，年少时就记忆力惊人，善写文章，长于辩论。他虽然才气过人,但是性格狂傲异常,轻视别人,动辄写文章辱骂旁人。因为性格原因他得罪了朝廷上下,没人愿意举荐他。后来在孔融的推荐下,祢衡才见到了曹操。但是,祢衡的老毛病又犯了,他看不上曹操,还把曹操臭骂了一顿,后来在击鼓之时让曹操在众人面前出丑。曹操气急,但不想落得杀害贤才的恶名,便不好加害于他。于是,曹操把祢衡推荐给了度量小的刘表,借刀杀人。祢衡更是看不上刘表,时常讥讽刘表无能。刘表气得想杀人,但也不愿意背负恶名,就把他打发到江夏太守黄祖那去了。黄祖一开始十分敬重祢衡的才华,但是他依旧张狂嚣张,竟在众人面前诋毁黄祖是个糟老头子。黄祖一介武夫可不如曹操、刘表二人那么沉得住气,他立刻下令杀掉祢衡,祢衡死时年仅二十六岁。这便是祢衡骄傲自大,自以为是的下场。

再比如项羽,力拔山兮气盖世,却刚愎自用,不听良言,最后落得一个自刎乌江的下场。很多人不也替他惋惜吗?如果能够听取别人的意见,那么江东子弟多才俊,卷土重来未可知。历史上这类事例很多,值得我们警醒。

例2

【第七十一章原文】知不知,上;不知知,病。夫唯病病,是以不病。圣人不病,以其病病,是以不病。

【译文】知道自己有所不知,这是有智慧的;不知道却自以为知道,这就是思想上出了问题。把缺点当作缺点,这样才能没有缺点。得道圣人没有缺点,正是因为他把缺点当作缺点,所以才能没有缺点。

这一章,可以说是中国历史上最有智慧的一段绕口令,比相声演员用来练贯口的绕口令更富有思想与智慧,只用了"知"和"病"两个字,就构成了这一段非常有智慧的语言。"知不知,上",我们知道自己不知道,知道自己的认识有局限,知道很多问题我们认识不到位、不清楚,有缺点,需要弥补,需要充电,需要学习,这是最有智慧的。

后来庄子在《秋水》篇用富有哲理的语言把这个道理说得很明白。秋天发大水的时候,河伯就以为自己这个地方就是天下最大的,两岸和水中洲岛之间不辨牛马之时,以为天下之美尽在己,后来流到了大海,见到了北海若,发现自己太渺小了。北海若却说自己在天下所占的位置,也就是像一粒米那样,这就叫知不知。知道自己不足,才能不断进步。不懂装懂,本来不知道,却认为自己什么都知道,自高自大,盛气凌人,这是思想上的大病。怎样让病得以痊愈呢?认识到自己的不足,了解自己的缺点,取长补短,向别人学习,谦逊努力。知道自己的问题,不断修正,不断弥补,不断进步,这样病不就治好了吗?

《论语》里边有:"知之为知之,不知为不知,是知也。"知道就是知道，不知道就是不知道，这是智慧。对一个有智慧的人，特别是对于领导者、统治者来讲，周边有人阿谀奉承，如果这个时候还能保持清醒的头脑，那就是一个有智慧的、好的领导者和统治者。"圣人不病"，一个好的领导者、有智慧的人在认知方面没有病，为什么说他没有缺点？因为他知道自己的问题在什么地方，知道哪个地方是自己所不擅长的，就像刘邦承认自己谋划不如张良，领兵不如韩信，他知道他的不足，但是他可以借人之力，知人善用，这反而成了一个长项。

一个人浑身是铁，能打多少钉，要懂得用人之力，懂得借别人的智慧，就像现在很多大企业都有自己的智库、智囊一样。历史上很多杰出的人都懂得这个道理，比如曾国藩手下就有不少谋士，很多问题不是他一个人想出来的，都是集众人之力。其实个人的认知、视野都是非常有限的，若了解这一点就不会把自己当作一个完人，坦率承认自己的不足这没有什么可丢脸的，人非圣贤，孰能无过！即便是圣贤，也有自己认知的局限。满招损、谦受益，只有不断学习，才能不断进步，不断成长。

苏轼在文学上颇为自信，据说苏轼有一次去拜访王安石，见王安石题的一首《咏菊》诗中有"西风昨夜过园林，吹落黄花满地金"的句子，不由得暗笑当朝宰相连基本常识也不懂，认为菊花是草本植物，花瓣只会枯干不会飘落。于是，他就在王安石的诗句下面题了"秋花不比春花落，说于诗人仔细吟"。王安石回家后见到苏轼的题句，心里暗笑苏轼对事物观察得不仔细、不全面。后来苏轼被贬为黄州团练副使，在黄州住了将近一年，到了重九天气，连日大风。一天，风息后，苏轼邀请他的好友陈季常到后园赏菊。只见菊花纷纷落下，满地铺金。这时他想起给王安石续诗的事来，不禁目瞪口呆，半晌无语，恍然悔悟到自己错了。

《道德经》第七十一章虽然很短，但是意蕴深长，道理深刻。人们都应做有上等智慧的人，要"知不知"，而不要做"不知知"的人。

"知不知，上；不知知，病。夫唯病病，是以不病。圣人不病，以其病病。"这段绕口令既可以当作一种思想上的"体操"，也可以当作一种练表达能力的嘴皮子上的"体操"，一举两得，何乐而不为。不自以为是，意味着知道自己有所欠缺，这是明智的做法。相反，认为自己无所不知，自视清高便无法听取他人意见，一意孤行最终只会落得悲惨下场。

例3

【第二十章原文（节选）】众人皆有余，而我独若遗。我愚人之心也哉！沌沌兮！俗人昭昭，我独昏昏；俗人察察，我独闷闷。澹兮其若海，飂兮若无止。众人皆有以，而我独顽似鄙。我独异于人，而贵食母。

【译文】众人都有可夸耀的地方，可我却感到自己有那么多的不足。我是多么愚笨啊！世俗中人都明察秋毫、斤斤计较，而我总是闷声不响、吃亏似无所知，淡定从容就像平静的大海，力量无尽就像无形的长风。俗人都好像知其所以，而我却似冥顽鄙陋的乡下人。我总和这些人不一样啊，我把奉养大道看作是最珍贵的行为。

前文讲到自以为是的人无法彰显美德，反而会为骄傲自大付出深重代价，因此落得悲惨下场。那么老子认为明智的人，应当是怎样的呢？《道德经》第二十章就给出了答案——在他人认为自己有余力之时仍觉自我不足，在他人精明计较的时候仍不声不响，像一个顽固又糊涂的乡下人。这是老子的自画像，或者说是老子对所有得道者的画像。

众人皆有余，大家都觉得东西很多，都好像有剩余一样，而我独若亏。很多版本注明为"遗"，但为"亏"更好，即缺少，只有我好像不足一样。每个人都觉得自己不得了，好为人师，我却不行，我到哪都只能向别人学。聪明人是这样，到哪都听人讲，讲完之后不明白，问一下，请教一下，每次都有进步。现实中也是这样，人们总会有意无意帮助弱者，如果承认自己无知、不如人，那么对方有可能在背后嘲笑，但会认为这样的人对他没有威胁，帮助一下也无妨。

有的人在别人讨论问题的时候习惯性打断，认为自己懂得多，想往外输出，而真正聪明的有智慧的人只会向人请教，不断进步，这又是一个鲜明的比较。"我愚人之心也哉"，我这人就是这样愚笨！

我这人就是这样不开窍！自己调侃自己，开自己的玩笑，其实是冷眼看世界。我就是这样混沌，没有分别之心，我不去分辨外物有什么不同。这些平常人、俗人，他们认为自己很聪明，无所不知，以其昏昏，使人昭昭。有道之人却是这样迷迷糊糊，不是很精明的样子。"俗人察察，我独闷闷。""闷闷"就是朴素的样子、淳朴的样子。精明的人什么事情都能明察秋毫，不吃一点亏。所以钱锺书讲，人有时候对小的东西度量得太准确，就失之大矣。锱铢必较必失之尺寸，一点小事都很计较的人，看不准远大的东西，为人敦厚朴素，吃点亏没什么。"众人皆有以，而我独顽似鄙。"大家都有归宿，大家都觉得自己有故事，都觉得自己聪明，这个"以"包含很多，自以为是、自以为有归宿、自以为活得很好，可是我还是坚持我这个样子，在别人看来好像很粗俗的样子，不高雅。很多人自命清高，要知道高雅是要从内心散发出来的。如果一个人的内心本真是自由的状态，那么他就不屑于伪装出高洁、与众不同的样子。

我独异于人，而贵食母，我跟大家唯一的不同在于我是按照道来做的。《道德经》在讲述高尚、伟大的事情时，都会带着母亲的形象，再也没有一本经典像这本书一样，把母亲的地位拔高到如此境界。"食母"就代表守道，此处用母亲的母代表道。大家都把这些细枝末节的东西当作自己追逐的目标，我呢，却是按照道来做的。这就是得道者的共同点，按照道来做。那些伪善伪饰叫余食赘形，剩余的饭、多余的肉，装成那个样子也没有什么用。历史上有很多在当时被认为跟时代格格不入的人，独异于人的人，只是跟很多人追逐的目标不一样，那是因为他境界不同，把世界看得很清楚，表面上是愚，实际上是大智若愚，所以独异于人。

大家熟悉的两个人，一个是庄子，一个是嵇康，都是跟当时的很多人追逐的目标不一样。楚威王派使者来找庄子，让他去楚国为相，庄子不去，他就给使者讲故事，说你看见那个龟了吗？楚国有大龟活了三千多年，然后被逮到杀掉了，蒙上红布，放那祭祀。你看乌龟在泥塘里边打滚，曳尾于泥中，你想做哪一个？使者当然说他要做第二个，别看在泥塘里边打滚很脏，但是它还活着。庄子说，那你回去吧。庄子认为在当时那种条件下去做官，就等于把自己的命给搭上了，也没有自由，所以他不干，他所追求的状态跟很多人都不一样。所以庄子这个人，他的精神境界是独异于人的，而他的落脚点都归于一个字——道。为什么大家认为道家真正的代表人物就老子和庄子两个人，因为这两个人跟其他人追求的不一样，恰恰使他们的人生有更广阔的空间，可以得到更高意义上的愉悦。人可以悦智，可以悦心，也可以悦神，到了更高境界的时候，他自然显得与众不同。

魏晋南北朝的嵇康，他的精神境界和追求的目标是什么？先从庄子说起。庄子讲，鲁王得到了一只大鸟，这大鸟太漂亮，鲁王把他关到金笼子里边给它喂好吃的，一看这鸟不高兴，给它来个乐队奏乐，结果把这鸟吓死了。然后庄子就讲，这是把自己喜欢的强加在别人身上，对于鸟来讲，它所喜欢的不是金笼子、美食、音乐，而是自由。嵇康在《与山巨源绝交书》也讲了一个故事，跟鲁王养鸟的道理是一样的。美丽的鹿，它喜欢什么？是在田野森林中自由地奔跑，还是在竞技场供人取乐？饰以金镳，喂以饱腹，把它关到金笼子里边，给它喂肉，戴上金铃铛，但它不高兴，不喜欢，因为它丧失了自由，丧失了本性。欲思其长林丰草也，它想要的不过是森林和一片草原而已。庄子和嵇康讲的道理都是一样的，有的人认为自己很聪明，认为自己有归宿，认为自己有余，但是真正得道的人也许跟他们正相反，觉得自己有缺，觉得自己没有归宿，更加自由自在，可能别人觉得自己愚蠢粗鄙，但是自己却感到很快乐。为什么？因为得道之人是按照自然之道在做人、做事。按照道去做的人，道也会成就他，他会不停地进步，可谓同于道者道亦乐得之，同于德者德亦乐得之。

奇怪的是，得道者总是一副貌似很惨的样子，老子认为自己像个乡下人，在这一点上，孔子跟老子有一拼。据《史记·孔子世家》记载：孔子在郑国与弟子们走散了，自己独立于外城东门口，子贡向人打听老师下落时，别人这样描绘孔子的形象，"其颡似尧，其项类皋陶，其肩类子产，然自腰以下不及禹三寸，累累若丧家之狗"。孔子听说后，很开心地笑了，别人说他长得像圣贤的地方，他一概没承认，却唯独高高兴兴地接受了那句"累累若丧家之狗"的形容。

老子作为一个得道之人，真的像外在表现的这样不堪，一无是处吗？当然不是！他与众人相比，之所以会有那么大的所谓差距，真正的原因在于最后这句交底的话——"我独异于人，而贵食母"。"食母"是生命能量之源，与第三章的"虚其心，实其腹"、第十二章的"为腹不为目"遥相呼应，老子在此向世人展示的是得道者与众不同的价值观——重视内在的精神世界。得道之人是这样的形象，从不固执己见，从不自以为是，承认自己有所不知，永远觉得自己有所不足。这样的人看起来混沌愚笨，表面上不谙世事，与世俗格格不入，实则胸中有沟壑，腹内有乾坤。大智若愚便是如此，承认自己无知才是智慧的开始。

第三节　不自伐，故有功

《礼记》中有："君子不以其所能者病人，不以人之所不能者愧人。"意思是，真正的君子不因为自己能做到的事情责备别人，也不因为旁人做不到的事而使人惭愧。反之，以其所能者病人、以人之所不能者愧人的，便是自伐者。他们通过贬损攻击他人的方式抬高自己，想从别人的尴尬出丑中找到优越感，获得对方认同。这种行为是没有功德的，只会适得其反、被人排斥。每个人都渴望得到他人认可，所以我们更倾向于寻找平易近人、鼓励自己的朋友。

不做自伐者，低调处事，与他人和平相处，这样功德总会彰显出来，别人也自然而然认可其成就。

例1

【第二十二章原文（节选）】不自伐故有功。

【译文】不攻击别人以抬高自己所以功德无量。

【第二十四章原文（节选）】自伐者无功。

【译文】喜欢吹嘘自己攻击别人的人是不会有真正功德的。

明代理学家陈龙正有句名言："君子有二恶：嫉人所能，恶也；形人所不能，恶也。"意思是，真正的君子不应该嫉妒别人的才能，更不能张扬攻击别人的缺点。现在很多人的口头禅就是："哎，你说的不对，应该是这样子……"他们习惯性反驳别人的一切观点，认为只有自己掌握了真理。这种心态也很好理解，渴望得到别人的关注和认同，通过攻击贬损别人的方式来抬高自己，但是效果往往适得其反。认为天下真理只掌握在自己一个人手中，将自己的快乐和成就感建立在他人的尴尬之上的人，没有真正的功德。真正有道的人是不这样做的，就像伏尔泰所说："我不认同你的观点，但我捍卫你说话的权利。"日常生活中，即使你十分反对别人的观点，也要充分理解对方的立场，为对方留足体面的余地。避免成为"社交讨厌鬼"，可以这样说："你说的很有道理，而且……"既表达了自己的观点，也不会让对方难堪。

喜欢攻击别人抬高自己的人，往往搬起石头砸自己的脚。比如电视剧《铁齿铜牙纪晓岚》中的故事，有一次乾隆君臣一行人下江南畅游西湖，路上乾隆总会让大家即兴作诗，纪晓岚文学素养极高，一路上在皇帝面前出尽了风头，作为死对头的和珅非常嫉妒。到了湖心，水面上尽是红莲绿叶，水中的青蛙接连跳向荷叶中，看到这样的景象，闷闷不乐的和珅灵机一动，想到了捉弄纪晓岚的法子，他指着刚刚跳起的青蛙对纪晓岚说，"出水蛤蟆穿绿袄"，纪晓岚当时的官职是侍郎，穿着绿色的官服，所以和珅把纪晓岚比作蛤蟆。乾隆和其他大臣都听懂了和珅的嘲讽，看向纪晓岚捂嘴笑起来。但是纪晓岚微微一笑，对和珅说："你看，落汤螃蟹罩红袍啊，是吧和大人。"和珅时任尚书，穿着红色的官袍。纪晓岚的反击也是湖中景色，应情应景，讥讽和珅像螃蟹一样横行霸道。众人听完大笑不止，和珅面红耳赤。和珅这样不怀好意，通过贬损别人以抬高自己是没有功德的，最终只会被人嘲笑，自讨没趣。

其实从心理学的角度来看，嫉妒、诋毁他人是内心极度自卑的表现。每个人都渴望得到别人的认同，正常的途径是提高自己的水平，而有的人之所以走上"踩别人抬自己"这种歪路，正是因为他无法通过正常的途径来获取自信。具有成熟人格的人不会这样做，因为他知道人无完人，同样也知道人各有所长。那么，如果真的遇到别人的攻击该怎样正确对待呢？老子在第四十一章告诉人们答案。

例2

【第四十一章原文（节选）】上士闻道，勤而行之；中士闻道，若存若亡；下士闻道，大笑之，不笑不足以为道。

【译文】上等的士听到道，就会努力去实行；中等的士听到道，将信将疑；下等的士听到道，大声嘲笑，不被嘲笑，就不足以成为道了。

前文强调过，《道德经》是对面人请教问题，老子给予的回答。有人问，怎样来判断"士"这个阶层的境界、水平的高低呢？老子是用他们对待道的态度来评价的，其中就包含对待攻击讽刺的态度区别。境界高、水平高的人，听到了真理就立马执行，勤而行之，坚定不移地按照它去做，知行合一。中等境界的人呢？"中士闻道，若存若亡"，将信将疑，他想去按照道去做，但是容易怀疑犹豫，将信将疑，迟迟疑疑，犹犹豫豫，执行力不够。境界最低的、最差的人怎么样？"下士闻道，大笑之"，嘲笑。人家说什么，制定什么样的制度规则，他都嘲笑，讲什么他都觉得不对，但是又提不出建设性意见，为了嘲笑而嘲笑。别人给他讲道理，他还嘲笑，甚至羞辱人家。那遇到这种人怎么办呢？老子说，让他笑吧，别当回事，不笑不足以为道,有人嘲笑这是正常的,要跟这些人计较,那就把自己的生命全都浪费了。

境界的差别、格局的差别、心胸的差别在什么地方呢?就在对待攻击者的时候。孟子是中华民族非常了不得的一个人,但是孟子的书里有一种感觉:年轻人,气势太盛。例如,孟子对当时名气很大的墨子、杨朱的评价,孟子说墨子这个人兼爱,没有差别,那置父亲于何地?没有把对父亲的爱凸显出来,是无父也;杨朱"拔一毛而利天下,吾不为也"(原意是让他损害自己的生命、身体去换天下,他不干,强调自己的生命重要),孟子就说杨朱是无君,心中没有君主。"无父无君禽兽也",也就是说杨朱和墨子两个人是禽兽。但是,老子对待这类人的态度是"不笑不足以为道",这种明月清风般的态度、格局是令人佩服的,是道家的智慧与境界的体现。

拿众人对待道的态度去看境界,"上士闻道,勤而行之"。坐而论道,不如实践去做。"道"字的写法,首是头脑、思维,走之旁就是行,所以道本身就是一个知行统一的概念。"中士闻道,若存若亡",境界稍微低一点的人,犹犹豫豫不坚定,不能坚持按照道去做。"下士闻道,大笑之",水平更低一级的人呢,就只会嘲笑讽刺了。但是没关系,走自己的路,让他笑去吧。

《道德经》第四十一章有个成语"大白若辱",第二十八章有个"知白守黑",都是一个道理,白就是内心的光明信念与远大的抱负，内心是白的就能忍受很多的屈辱和黑暗。为什么？能屈能伸，俗话说能大能小是龙，能大不能小就是虫。别人要是嘲笑就让他们笑吧，这些嘲笑和侮辱也是追逐道的过程中必须要经历的。

第四节　不自矜，故长

矜，意为骄矜自负。自矜者认为自己是娇贵的温室花朵、易碎的宝石美玉，顾影自怜，因此任何事情都不主动去做、去承担，害怕对自己有所损伤。可想而知，当离开舒适圈，大风大浪袭来之际，他们就毫无还手之力。宝剑锋从磨砺出，梅花香自苦寒来，任何进步和成功都是在一个又一个困难和挑战中，不断努力，不断修炼才能达成的。

例1

【第二十二章原文（节选）】不自矜故长。

【译文】不骄矜自负、自夸，所以能不断成长。

【第二十四章原文（节选）】自矜者不长。

【译文】喜欢自负自夸的人难以成长。

电影《喜剧之王》中的男主角尹天仇，是一个跑龙套的小演员，但他热爱自己的工作，对喜剧情有独钟。不过虽然他一直努力在钻研演戏的理论，但他却没什么天分，而且人太死板固执，一次在片场因为表演欲望太强烈，闯了大祸，被导演大骂一场赶出了片场。在回家途中他想拿一个盒饭当午餐，却被人辱骂，说他命比蚂蚁还轻贱。诸如此类的不公平待遇还有很多，但他从来没有放弃。在这部电影里尹天仇常说一句话："其实我是个演员。"这句话当中包含着许多辛酸与无奈，自己的演技没有得到认可，反而经常被嘲笑是一名"死跑龙套的"，面对这些他依然坚持对喜剧表演的热爱，最终成为电影巨星。

有一个比喻，非常恰当，说人生其实都是在黑房子里边洗衣服，一片漆黑的时候什么也看不见，没有人知道洗干净了没有，但是你只要一直在洗，亮灯的那天总会有收获。现在很多当红演员，都是从小角色做起的。试想，要是他们一开始就矫情骄矜，觉得自己有能力，不演配角，不从底层做起又怎么会一点点积累经验，更不可能有最后的成功。就像《喜剧之王》的经典台词：虽然现在前面一片漆黑，但天亮之后会很美的。

事实上，总有一些人唯我独尊，故作姿态，把自己过度保护起来，自己把自己看得太重，什么不是米其林餐厅不吃，不是好酒不喝。自己把自己太当回事儿一定会引起别人的反感和厌恶。英国著名戏剧家、诺贝尔文学奖获得者萧伯纳，一天下午漫步在莫斯科街头，遇到一位聪明伶俐的小女孩，闲来无事便与她玩了很长时间。告别时，萧伯纳对小女孩说："回去告诉你妈妈，今天同你玩的是世界著名大文豪萧伯纳。"小女孩看了萧伯纳一眼，学着大人的口气说："回去告诉你妈妈，今天同你玩的是莫斯科小女孩安妮娜。"萧伯纳一时语塞。后来，他常回忆起这件事，小女孩教会了他平等。

自负自大的人唯我独尊，看不起任何人，更不屑于向别人学习，如此怎会有进步和成长？比如三国时期的许攸，总想躺在功劳簿上吃老本。虽然他帮助曹操打赢了官渡之战，但是也不能飘飘然啊。许攸自恃功高，屡次轻慢曹操，不分场合直呼曹操小名，还说："阿瞒，没有我，你得不到冀州。"任何帝王将相听别人叫他小名能高兴吗？许攸还嚣张地到处炫耀战功，官渡之战都是因为他才赢的，合着曹操什么事儿都没做？这把曹操的地位尊严置于何处？曹操不杀许攸才怪。自矜者不长，对于许攸，也可以说自矜者活不长。

例2

【第三十九章原文（节选）】不欲琭琭如玉、珞珞如石。

【译文】得道的人不愿像华美的玉，而愿效仿坚硬的铺路石。

骄矜的人总觉得自己是易碎的美玉，但是聪明的领导者更应该做坚硬的石头，能够放下身段放低姿态为别人铺路。"琭琭"就是华美，不必让自己那么华美如玉，这只是外表。而应该怎么样？珞珞如石,就像坚硬的石头一样。为什么？石头能铺路,是基础、根本。按照这个原则来要求自己,把自己当成坚硬的石头,给大家提供更多的便利,大家会对其称赞和感恩。华美的玉,看似高贵,除了观赏之外,其实没有什么太大的用处。所以做人应该处其实,不居其华,处其厚,不居其薄。珞珞如石,善于处下,坚硬、坚持,才是有道的表现。

现在人工智能技术发展得非常迅速,有家科技公司名为"珞石",造出来的机器人也叫"珞石机器人"。珞石公司的创始人说:"公司的名字灵感来源于《道德经》'不欲琭琭如玉、珞珞如石',代表了珞石科技对产品品质的追求,要将产品质量做到坚若磐石,经得起工业生产的考验,经得起严苛工况的挑战,能够为用户带来最大的价值。"正是因为坚持这样的信念并不断努力,该公司短短两年就已成长为国内顶尖的工业机器人控制系统与六轴工业机器人的供应商,获得中关村高新技术企业、最具投资价值企业、入选2022年《财富》中国最具社会影响力的创业公司等荣誉。

好的领导者,更应该有这样的品质,像坚硬的石头一样为众人铺路,善于处下,人们看到其付出才会跟着干。

对于领导者来说,一心为老百姓着想,老百姓自然看得到他的付出,必然尊重、服从他。对于我们每个人来说,都要做坚硬的石头,勇于面对磨砺和困难,风雨过后才能见彩虹,不自矜,故长。

第五章　五形象

小　序

　　刘禹锡的诗中有这样两句："常恨言语浅，不如人意深。"意思是常常遗憾自己语言贫瘠，无法表达深刻的思想。我们正在使用的汉字是世界上最古老的表意文字，是如此的博大精深、内涵丰富，但是有时候我们还是觉得无法精准确切地表达当下所思所想。老子的哲学思想是自强不息，是上善若水，是大象无形，是柔弱胜刚强，是有无相生……千变万化、深意无穷，又怎么用语言描述呢？所以，老子在《道德经》中选取了生活中的形象，用形象来承载他深刻又伟大的思想。本书选取《道德经》中经典的五个形象——天地、水、风、草木、母亲，以剖析这些形象分别承载的精神意义。

　　老子没有故弄玄虚，没有用玄之又玄的晦涩语言，把他的哲学思想拔高到曲高和寡、让人勿近的程度，反而是选取人们生活中常见的形象，使人更加容易地体会他的深意。老子是大俗大雅之人，从宏观宇宙透视现实人间，为形而上的哲学概念寻找客观依托，告诉人们，看似深不可测的道，其实存在于日常生活的各个角落。

第一节 天地：自强不息，厚德载物

有人也许会问，天和地不是两个形象吗，这怎么放在一起了？其实在《道德经》里，天和地是成对出现的。道作为本原生成创造万物，然后天地奉行道的规律养育滋润万物。天地在老子这里，是从"无"到"有"的过程，是连接"道"与"万物"的纽带，天道和地道是自然规律，是包括人在内的万物都必然遵守的规律。所以天地具有的品德，是每个人都应当学习的，更是好的领导者应该具备的。

例1

【第五章原文】天地不仁，以万物为刍狗；圣人不仁，以百姓为刍狗。天地之间，其犹橐龠乎？虚而不屈，动而愈出。多言数穷，不如守中。

【译文】天地无所偏爱，将万物像刍狗一样平等看待；圣人没有偏私，对百姓像刍狗一样平等看待。天地就像一个大风箱，因其中间虚静才能鼓出风，越动鼓出的风越多。政令繁多会招致败亡，不如保持虚静才能恰如其分。

【第七十九章原文（节选）】天道无亲，常与善人。

【译文】天道没有偏私，只是把规律给予善于此道的人。

读《道德经》第五章要了解几个生僻字。"刍"，就是草，刍狗就是草扎的狗，原来是用来祭祀的，祭祀之前大家对它很尊重，祭祀之后就扔在那儿没人管了。"橐"，就是风箱，一般是木质的，中间是空的，绑上鸡毛，拉的时候就鼓出风，助火燃烧；还有一种是用皮囊作的，也是用来鼓风。"龠"，是一种管乐器，形状像笛子，中间虚空，这里老子用来指橐的输风管。这一章就拿草扎的狗，拿橐龠来做形象比喻。第五章引起争议比较大的是"不仁"，很多人曲解了"不仁""刍狗"的真正含义，认为老子心毒冷漠，把百姓看作猪狗、野草。很多人都在讲仁爱，老子却说"天地不仁，以万物为刍狗"，这岂非"心毒"吗？这其实是一种误解。这句话一般的解释是天地没有仁爱之心，万事万物在他的眼里就像草扎的狗一样。这个解释容易引起误解。首先，要了解"不仁"的概念。不仁，有两个含义：一个是残暴，比如说这人不仁义。《孟子》中有："道二，仁与不仁而已矣。暴其民甚，则身弑国亡；不甚，则身危国削。"其中的"不仁"就是残忍，对人民残暴。不仁的第二个含义是冷漠，不关心，麻木不仁。老子用的就是第二个含义，天地根本不关心人世间的事。什么意思？不要以为遇见苦难时祈求老天庇护，天就会"罩"着你。天地是不会帮助任何人的，一切都要靠自己。

严复翻译的《天演论》的核心观点是自然界的生物是不断进化的，人类也是，这一切的原则就是物竞天择。万物为了生存而竞争，自然做出选择。不要以为天会关照谁，天道酬勤，要靠自己。《道德经》第五章就是表达这个道理，天地对人世间的事情不关心，万事万物在它的眼里都是平等的，可谓"天地不仁，以万物为刍狗"。很多人说如果不仁就能成为圣人的话，那对犯罪行为都无动于衷，就算练成圣人了？这完全是理解上的错误。这里的不仁，是指平等。圣人对万事万物都是平等的，好的领导者、家长也应该是这样，让下属、子女自己去奋斗，让他们自己去努力，不要认为谁的能力弱，就一定要去帮他，这就叫有偏私。万事万物都是一样的，一律公平，没有偏私。所以道家讲的"不仁"是大仁。

举例来说，社会上出现的"碰瓷"事件，其实是源于这样一条规则：发生"车撞人"的交通事故之后，行人没有过错的话，机动车一方承担赔偿责任；机动车一方没有过错的，仍要承担不超过百分之十的赔偿责任。这条规则隐藏着"我弱我有理"的逻辑：行人不一定穷，但开汽车的一定富。所以不管发生什么事情，开车的都要赔钱。正是本着这样的逻辑，碰瓷现象才时有发生，甚至出现了职业"碰瓷"的人。"弱者们"尝到了甜头，越来越不把规则放在眼里，理所当然地认为，所有的规则都会对他们网开一面，最终酿成大祸。这就是偏私不公的后果，所以说，大爱似无情，这样的天地不仁难道不是一件好事吗？

其实很多家庭也是这样，哪个儿女最弱，父母就关心哪个、帮助哪个，最后弱势的儿女接受偏爱成为习惯，觉得理所当然，反正也不会饿死，就不愿意自己努力。而其他的子女也会觉得父母偏心，心里出现嫌隙，偏激一点的则会酿成大祸。美国曾经发生过一起因父母偏心而引发的谋杀案。犯罪男孩才十四岁，有个八岁的弟弟，弟弟性格活泼、加之身体较弱，更受父母偏爱。圣诞节的时候，父母送给哥哥一台吸尘器作为圣诞礼物，让他在家打扫卫生，却带着弟弟，高高兴兴地去迪士尼庆祝节日了。这样的区别对待数不胜数，男孩不善言辞也不与父母交流，却暗自怀恨在心，某一天趁父亲上班的机会，一枪打死了正在熟睡中的妈妈和弟弟。这样骨肉相残的惨案是完全不应该发生的，生活中这样极端的例子可能不多，但父母的爱一旦倾斜，无论是被偏爱的，还是不受宠的，都在受伤害。

天地没有偏私，平等对待万事万物，不去私自照顾哪一方，就像太阳一样，光芒照耀各处。2021年我们国家彻底消除了绝对贫困，这是人类历史上规模最大、力度最强、惠及人口最多的脱贫攻坚战。我们党和国家在扶贫的时候，强调物质和精神双扶贫，更注重为贫困人口创造就业机会，让他们依靠自己的双手创造美好生活。这一点非常好，要是一味地物质扶贫，给他们送钱，就会养出来一群躺在政府怀抱里的懒汉。自然界也是如此，再强大的动物都有弱点，比如老虎害怕山雀的粪便，再弱小的动物都有自己独特的生存本领，比如壁虎可以断尾保全生命，这就是天地赋予的公平。所以一个好的领导人应该效法天地，仁爱之心不是有偏私，不是只关心弱者。这里就凸显出《道德经》讲的圣人与儒家的不一样，道家讲的圣人是一个有智慧的领导者，老子认为这种人太难得了，一个好的领导人能做到对万事万物公平。

有人会问，《道德经》第五章说天地不仁，为什么在第七十九章有："天道无亲，常与善人。"这是天地偏爱好人吗？并不是。虽然天道无亲，但是结果是什么样？肯努力的人，做好事的人，就得到了好的回报。一个人做好人最大的回报是什么？就是让你成为好人，这就是最大的回报。不是说善有善报，你自然而然成为一个好人，在道家观念中，这就是最大的一种回报。万物都是有因有果，并不是天"罩"着你、帮助你。我们总会说善有善报，恶有恶报，但是没有见老天偏爱好人，反而很多好人生活坎坷，而坏人却逍遥法外，暂时得不到惩罚，所以很多人都不再相信因果报应。但《道德经》把这个讲到更高的一个程度，你自然而然成为一个善人，免去了很多的祸端祸殃，获得内心安宁，这已经是最大的回报了。福虽未至，祸已远离。明朝关学代表人物冯从吾先生有"三好"之说，"做个好人，存点好心，行些好事。"这就是符合天道的，成为一个好人本身就是最大的回报。

《道德经》第五章讲"天地不仁，以万物为刍狗"，就是说一个好的领导者应该这样，"圣人不仁，以百姓为刍狗"，就应该公平，无偏私，制定规则法令时谁都不能有例外。韩非子按照老子思想，在原来法家的"法""术""势"前边加上了"道"和"理"。我们现在用的"道理"这个词，最早就是韩非子讲的，老子的"道"，具体事物的"理"。韩非子认为，法令制定之后，所有人都不例外，都无所偏私，也就是道的规则制定好了，大家一律平等。还有，制定规则之后最忌讳朝令夕改，乱世用重典，别有所谓的"仁义"，制定之后又觉得太过残酷，最后法律就没有威慑力。中国的抗疫成绩在世界上有目共睹，可谓十分亮眼，虽然人口密集，但是伤亡损失远远少于某些发达国家。正是因为党和政府判断准确，反应迅速，全国人民令行禁止，才能有效控制疫情的蔓延。而某些西方国家，打着自由民主的旗号反对隔离，不戴口罩，肆意聚集，互相扯皮，导致疫情肆虐，人民伤亡。所以说我们国家的雷霆手段，体现的是菩萨心肠。

例2

【第七章原文】天长地久。天地所以能长且久者，以其不自生，故能长生。是以圣人后其身而身先，外其身而身存。非以其无私邪？故能成其私。

【译文】天地长长久久啊！天地之所以能长长久久，就是因为天地不自私、不只是为了自己的生存，所以能长久啊！所以有智慧的领导者总是把自己的利益放在后面，这样才被大家乐推而不厌，乐于接受他们的领导；不贪身外之物，才让自己有更好的存在状态。

天地和效法天地的圣人，不就是因为他们没有私心嘛，所以才更好地成就了他们的被人尊敬、平安无事的私心吗？

【第五十一章原文（节选）】生而不有，为而不恃，长而不宰，是谓玄德。

【译文】养育万物而不占为己有，化作万物却不把这当成是凭借、倚仗，作万物之长而不主宰，这就叫作玄德。

【第九章原文（节选）】功遂身退，天之道。
【译文】功成而不居功自傲，才符合天道天理。

【第八十一章原文】天之道，利而不害；圣人之道，为而不争。

【译文】天道，利万物而不伤害；圣人之道，做好事情却不为自己争名夺利。

老子在《道德经》中常用天地之道引出人道，比如《道德经》最后一章的结尾："天之道，利而不害；圣人之道，为而不争。"第七章也是这样。天长地久，是我们常用的美好祝愿，为什么人们都希望天地长久存在呢？正是因为天地无私，给予万物生存成长的条件，却不要求任何回报，人们自然感念天地的恩情，希望天地能够永远存在。老子认为有智慧的领导者也应该如此，效法天道，付出却不争抢，如此才能得到人民敬畏、信服，这才是长久之道。要想长久，就要如天地一般舍弃自己的私心。人一旦有了地位权力，就会面临很多诱惑。这些诱惑就像鱼饵一样，咬了鱼饵咬了钩，再挣脱可就困难了。所以谁能把这些不该得的利益置之度外，谁才能最后有更好的生存状态、更远大的前途。"羊续悬鱼"的故事就体现了这个道理。后汉羊续做南阳太守时，憎恶权豪之家的奢靡之风。当地人打听到他喜欢吃鱼，就给他送来了活鱼，但是羊续却将鱼悬挂在庭院中，丝毫未动。等到人们再次来给他送鱼时，羊续就指着院里的枯鱼，告诫人们不要再来给他送礼。人们奇怪，他既然喜欢吃鱼，为什么不收下？其实道理很简单，今天收下活鱼，明天就能收下金银，最终身家性命都会因为一条鱼而搭进去，那以后想吃鱼也都吃不成了。为了能长久地吃鱼，不能要别人的鱼，这不就是"以其无私，故能成其私"吗？为了能更好地吃鱼，就不能要非法途径得来的利益。《道德经》不讲大道理，它只是告诉大家，要懂得从长远的角度来看问题，不贪眼前不该得的利益，才能有大的出息，有好的前途。在西安，好几个地方的石碑都刻着《道德经》第七章。比如有一个商场，门口立着两块石碑，一块刻的是李世民的《百字文》，另一块刻着《道德经》的第七章。

　　《道德经》第五十一章中"生而不有、为而不恃、长而不宰"这三个成语是形容天地对万物的恩德，也是周恩来认定的《道德经》中最核心的内容。天地如此，生养万物，不把它当作自己的私有产品，只为万事万物无偿地提供阳光、雨露、土壤、空气等，不求回报。人要效法天地，把事情做成功了应该怎么样呢？功成身退，这个退就是不居功自傲，就像天地一样，平常从未在我们生活中找存在感，就像郭子仪那样，平定安史之乱以后，拒绝皇帝的提拔和赏赐。但是历史上很多人居功自傲，功高盖主而不自知，结果被杀了还不知道怎么死的。年羹尧才气凌厉，恃宠而骄，借着军功买卖官职，还顶撞皇帝，最终被赐死。所以，不懂功成身退的天道，一旦居功自傲，行为超越边界，便会身败名裂。

天地无私是道家无为思想的一个重要方面，这是天道的表现，是好的领导者必备的品质，也是每个人应当学习的方向。

例3

【第二十三章原文（节选）】希言自然。故飘风不终朝，骤雨不终日。孰为此者？天地。天地尚不能久，而况于人乎？

【译文】少说话、不要强行发号施令，这样才是合乎自然的。所以，台风不会狂吹一晨，大暴雨也不会狂下一日。谁造成这狂风暴雨的？是天地啊！天地因狂暴而形成的狂风暴雨都不能长久，何况人类呢？

天地间也会刮风下雨，没有外在力量去控制，自然而然地发生，又自然而然地停止。所以人也要如此，不能终日着急忙慌，听风就是雨。"希"就是珍稀，不要废话连篇，啰里啰嗦，要珍惜自己的话，这才是自然的，希言自然。"飘风不终朝，骤雨不终日。"这两句话非常有诗意，告诉大家整个宇宙的状况是什么样的，飘风、骤雨，大风大雨不会长久持续，就像台风一样，刮过去就停了。"天地尚不能久，而况于人乎？"不是指天地不能长久，而是说天地鼓捣出来的大风大雨，并不能长久地持续。大风大雨是什么？可以理解为天地发脾气了。所以人不能长久处于急躁暴躁的状态，要经常让自己的心绪平和。

《道德经》第三十二章"天地相合以降甘露，民莫之令而自均"，是说天地相互作用产生及时雨，没有人布置它却下得很均匀，这还是老子习惯的表达方式，给个形象，拿天地来说事。因为天地代表自然，代表着本该如此的规律。"天地相合以降甘露"，天属阳，地属阴，天地相合也代表了阴阳相合的意思。天地相合，以降甘露，降下来了甘露雨水。"民莫之令而自均"，并没有人去强行命令它，让它把甘露下到这里，或者下到那里，但它是雨露均匀，这是自然而然的。如果领导者做事朴实、厚道、公平，那么大家自然服从他，这也是一种自然而然的过程，不需要强为。所以不要多说话，希言自然，就像万物雨露均沾一样，自然而然，本来就是这样。老子在《道德经》中喜欢用比喻、类比、格言的方式，让对面的人，让读者能够领会他想要表达的意思，同时将其思想深入浅出地上升到普遍性的理论高度，极具深刻性。

例 4

【第十六章原文（节选）】知常容，容乃公，公乃王，王乃天，天乃道，道乃久。没身不殆。

【译文】认识自然规律的人是宽容的，宽容才会坦然公正，公正才能成为贤明的君王，贤明的君王会效仿天的精神，天按照道的规律运行，符合自然的道才能长久，终生不会遇到危险。

【第二十五章原文（节选）】故道大，天大，地大，王亦大。域中有四大，而王居其一焉。人法地，地法天，天法道，道法自然。

【译文】所以道重大，天重大，地重大，王也重大。宇宙之中有四种重大的东西，而王是其中之一。所以，人要效法学习大地的精神，要厚德载物；人也要效法学习天的精神，要自强不息；人也应效法天道，敬畏天道；道效法自己本来就该是的样子。

通过前边的解读，我们了解到天地公正平等，无私不争，自然而然，所以人也应该效法天地精神，遵循天地之道。人法地，地法天，天法道，道法自然是老子的宇宙秩序，也是人要效法天地精神的原因。《道德经》第十六章是一段连续的推理。"知常容"，你了解事物的规律、规则，很多的事情想通了，就一定会胸怀宽广，能够容纳任何人和事。风吹到墙是过不去的，吹在山谷里就畅通无阻，因为山谷空旷，容得下万物。"容乃公"，能够容人、容事、容言，就能客观对待外物，做事情才公平正义。"公乃王"，公平正义是作为领导者最基本的要求，"王"也可以解释成旺，这样事业才能更加兴旺发达。按照这种方式做事才符合天道，就跟天的精神世界相衔接了。其实世界上的道理已经包含在天地之间。地的道理是什么？厚德载物。天的道理是什么？自强不息。"道乃久"，效法天地精神才是符合天道的，做事情就可以长久、持久。

《管子》中"天之所助，虽小必大；天之所违，虽成必败"是符合天道的。哪怕一开始事情做得很小，但是这个事业会越做越大；不符合这个道理，哪怕是做成了，把事业做得很成功，但也会在瞬间垮塌。顺应天道天理，心里就会坦然坦荡，哪怕自己的事业显得微不足道，但是起码心里安静、安然、安心，这是一生的大事业。我们现在常用的成语"做贼心虚"出自《联灯会要·重显禅师》，讲的是有家富户被盗，捉住了几个人，但不知道谁是真正的小偷。县令陈述古就说，某寺里有一口钟，非常灵验，它能把真正的小偷辨认出来。于是把这口钟迎到县府衙门来祭祀它，把几个嫌疑人引到钟的前面，告诉他们，不是小偷的话摸这钟就没有声音，若是小偷一摸它就会发出声音。陈述古祷告祭祀完了，用帷幕把钟围起来。然后派人偷偷用墨汁涂在钟上，接着带几个嫌疑人一个个地把手伸进那帷幕里去摸钟。摸完之后检验他们的手，其他人每个人手上都有墨迹，只有一个人手上没有。因为他怕钟发出声音，所以没敢去摸。审讯之后手上没有墨迹的这个人就承认了犯罪事实。《庄子·人间世》

中有:"绝迹易,绝行地难。"做了什么事情,把迹象都擦掉很容易,就像小偷戴着手套偷东西一样,所有指纹痕迹都没留下,但是心里的痕迹能去掉吗?人做了坏事后,终日惶惶不安,这便是无法擦掉心中的痕迹。

知常容,容乃公,公乃王,王乃天,天乃道,道乃久。没身不殆。一环扣一环,连续的推理非常有力量。遵守天道便终生不会遇到危险,不会失败,有人说自己这一生没有做成什么惊天动地的大事业,没有取得成功。但是按照天地之道去做,可以厚德载物,也能自强不息,平平安安过一生,不会陷入危险中,这不也是一种成功吗?所以这段推理告诉我们,为什么要遵守规则,为什么要效法天地的品德,因为只有这样才能"没身不殆"。至于要学习天地的什么品德呢?《易传·象传》中有"天行健,君子以自强不息""地势坤,君子以厚德载物"。

《道德经》第二十五章也是连续的推理。"域中有四大",宇宙之中有四件东西最珍贵、最宝贵,是什么呢?"天大,地大,道大,王亦大。"《道德经》里面充满了人文的色彩,把人和天、地、道并列。天大、地大,所以我们首先要敬天畏地。下面这段话是人们耳熟能详的:"人法地,地法天,天法道,道法自然。"前面九个字,是一种搭天梯的语法,出发点都是人。

人法地,人要效法学习大地的精神——厚德载物。大地常常被人称作母亲,就是因为大地养育、承载着一切生灵,为人们提供生存繁衍的场所，也包容着人们的索取与破坏，这是它对人们最宽厚的品德。老子此处以大地的形象，向人们展示厚德载物的品格。厚道的人看起来愚笨，却是最高级的聪明，厚德载物也会带来福报。"春秋五霸"之一的秦穆公，丢失了一匹马，岐山下的三百多个老百姓捕获了这匹马并且把它分吃了。官吏追捕到这些人，准备绳之以法。秦穆公说："有道德的人是不因为牲畜的缘故而伤害人，我听说吃马肉不喝酒会伤身体的。"他不但没有追究这件事，反而请他们喝酒。后来秦穆公攻打晋国，那三百个人听说秦穆公被晋国军队围困，个个拿着武器，为秦穆公拼死作战，用来报答秦穆公当初让他们食马饮酒的恩德。于是，秦穆公打了胜仗，俘获了晋侯，回到秦国。秦穆公万万没想到，几年前的善举竟然拯救了自己的生命。所以做人要厚道，将心比心、厚道待人才能共赢。

地法天，人也要效法学习天的精神——自强不息。老子为何选取天的形象来说明自强不息呢？前文说过，天体运行是内部阴阳矛盾相互作用的结果，而非外部力量的干涉，此为自强；昼夜更替，四季轮转，天体变化永不停歇，此为不息。因此将天作为自强不息的象征，再合适不过。很多人觉得，道家与自强不息这个词连在一起，显得格格不入，道家不是倡导消极无为吗？没错，道家核心思想的确是无为，无为的内涵是"不妄为，不多为，有所不为，顺势而为"，可见无为并不是什么都不做，相反，要做，要做得合乎大道。我们熟知的"千里之行，始于足下"也恰恰出自《道德经》，从细微处做起，自强不息，最终方成大事。

天法道，人要效法道，敬畏道。何为道？道是宇宙的本原、万物运行的规律，落实到人心中便是信仰，也叫良知。儒家对良知做了诸多规定：孟子认为良知是人与生俱来的道德意识，是"恻隐之心""羞恶之心""恭敬之心""是非之心"；在此基础上，王阳明提出良知是"天理之昭明灵觉处"，他为良知增添了天理本体的含义。而老子从未明说，何为信仰，何为良知，以及人应该如何效法大道。他只有一句"天网恢恢，疏而不失"，人们便能明白，其实所谓对天道的信仰，就是人们做人做事的依据。做事依照自己的本性，并尊重外物的本性，自然而然，就是对道的信仰和遵从。

所以，学习《道德经》，学习国学，有一个重要的使命，就是要找回在一次又一次的人为"运动"中，逐渐湮灭掉的我们民族的信仰，天道，天理，良知。"人法地，地法天，天法道，道法自然"，作为人应当学习天地自强不息、厚德载物的品德；而作为领导者更应该奉行天地之道，只有不断进取、自强不息才能为人民、为百姓作出更大的贡献，也只有心胸宽容、海纳百川的领导者才能得到百姓真正的认可和尊重。

第二节　风：大象无形，无有入无间

风是无形的，没有人知道风的颜色、形状，但是每个人都知道它存在。当小雨蒙蒙、柳枝轻摇，我们知道是风，当沙尘翻滚、高楼大厦摇晃，我们也知道是风。风就是如此，大象无形，但力量无尽。老子用风的形象来解释道，道也如此，看不见也摸不着，但它生成创造万物，我们知道它无处不在。有形之物的力量始终有限，无形之物则不然。有无相生，看得见有形力量的同时，更要注重无形的力量，这才是人的精神之源。

例1

【第四十一章原文（节选）】大音希声，大象无形。道隐无名，夫唯道善贷且成。

【译文】最大的声音是听不见的，最大的形象没有形状。道隐藏于事物背后，没有名字。只有道善于帮助万物并成就万物。

没有人见过风，风是什么颜色、什么形状，我们都不知道，但是当柳枝飘动的时候我们知道柳树上有风，当海浪翻滚之时我们知道海面上有风。没人看见过风,难道风是不存在的吗?不是,风不仅存在,而且发挥着巨大的作用。《道德经》拿风的形象强调,做人、做领导不仅要注意有形之物的力量,更要重视无形之物的强大作用,就像风。我们现在常说民风、党风、作风、家风,大象无形,却力量无尽。

舞蹈的"舞"字,是繁体字"無"的同源演变。舞蹈太奇妙了,大家看到的不是舞者的形体,而是形体之外的巨大精神力量。原始人的图腾舞蹈,虽然动作单一,却是族群团结力量、鼓舞激励生命的重要方式。

生活中,我们容易看到"有"的作用,而忽视"无"的作用。老子借用风的形象告诉大家,"有"和"无"这一对矛盾是事物的两个方面,杯子中间是空的,才能盛水;房子中间是空的,人才能住进来。杯子、房子,以及万事万物,无论是有形的部分还是无形的部分,都是不可或缺的。看问题不能只看见"有"的方面,也得看见"无"的方面,这是《道德经》从头至尾强调的重点。

当然,没有形状的事物比较难引起大家的注意,因而常被忽视,比如精神、信仰、品德等。如果一个民族只看见有形的物质财富的作用,看不见无形东西的作用,其结果必然是物质世界越发达,人类的精神家园就越花果飘零。所以,被忽略的无形的东西恰恰是老子重点强调和解释的,老子通过风的形象告诉我们"无"的重要性,往往无形之物最为关键。比如大音希声,白居易《琵琶行》有"此时无声胜有声"，有声的部分固然精彩，可是乐曲中的停顿反而蕴含了更丰富的内容，表达了用声音表达不出来的情感。《扬州画舫录》中记载，有一位说书人叫李天绪，他说到三国"张飞喝断当阳桥"的部分时，大家都等着听到底多大声音才能把桥喝断呢？观众都等着这一声怒喝。但李天绪说书时，把前边铺垫好了，说到张飞喝断当阳桥的关键时候，张开嘴巴，姿势做出来了，却一点声音都没有，正是这无声，大家却觉得确实惊雷鼓震，能够把桥震断。因为这时候不管喊多大声，大家都觉得不够，肯定有比这更大的声音，无声胜有声。除了字面意思的"声"，《道德经》第五章还有"多言数穷，不如守中"的说法。唠叨多了就不起作用了，领导者要注意不要三天一小令、五天一大令折腾人，大家觉得烦，又怎么会遵守？真正有效的一定是平常少讲，关键时候才能掷地有声，令行禁止。

　　用风来说明大象无形是最恰当的。没人看见过风，但通过水面的波纹、麦浪的翻滚、柳梢的摇曳，人们就能知道风是存在的。道，也是无在无不在。庄子说，道看不见，但是无处不在。有人问庄子，道在哪？庄子说，道在瓦片里头，道在稗草里边，道在大小便里边。为什么？因为道生成万物，所有事物都各有其道。道的本质是无，就像风一样，无状之状，无象之象。虽然看不见，但它却真实存在，且力量无尽。不说《道德经》这本书的其他价值，单说它让我们从今天仍在使用的诸多成语出处中了解中国传统文化，以及论证叙述的各种实用方法，它的价值就不可估量。以《道德经》为文本进行学习、化入内心、化入精神世界，大象无形，却力量无尽，永远存在，而这正是文化的作用。

例2

【第三十五章原文】执大象，天下往；往而不害，安平太。乐与饵，过客止。道之出口，淡乎其无味，视之不足见，听之不足闻，用之不足既。

【译文】掌握了大象无形的道，往来于天下。往来者皆不受到伤害，安详、平和、太平。音乐和美食会吸引路人停下脚步。可道呢？却是无声无味、看不见、听不见的，自己用的时候却不知道。

执大象，天下往。大象就是道，掌握了道，了解了规则，做任何事都无往不利，不会受到伤害。但是什么是大象？老子明确表示，大象无形，看不见，找不到，但是无处不在。大象有什么特征呢？老子先用音乐和美食来与道做对比，这二者是对人感官的直接诱惑，吸引人们停下来。而道呢，"道之出口，淡乎其无味"，道与乐和食物不一样，道是淡而无味的。因为大象无形、无味，也无诱惑，所以返璞归真、平平淡淡才是大道的特征啊。这一智慧在生活中处处可见，饮食清淡、少盐少油对人的健康更有益；诗歌讲究清水出芙蓉，天然去雕饰，自然而然；雕塑、书法讲究返璞归真；人也一样，年轻时渴望轰轰烈烈、波澜壮阔，到最后才知道平淡的初心才是最珍贵的。

道就像大象无形的风，弥漫于天地之间，没有味道，看不见，听不到，但是无处不在。《道德经》第四十三章有："天下之至柔，驰骋天下之至坚，无有入无间，吾是以知无为之有益。"天下无形之物唯风最柔，而风却可以攻克天下最为坚硬的东西，可以穿过任何看似没有间隙的地方，这就是大象无形的作用。道隐无名，道就像风一样，虽然在万事万物的背后看不见，但万事万物从产生到灭亡的过程处处都有它参与，它能吹绿万物，也能够摧枯拉朽，作用无比强大。《道德经》这本书对我们中华民族作出的重要贡献是什么？让我们在脚踏实地奋勇前进的过程中，不要把"无"的那一面抛得太远，否则也会走向反面。因此守住虚无，就是守住初心。

第三节　水：善利万物而不争

老子说上善若水，意思是最高境界的善行品德就像水一样涓涓细流，泽被万物。《道德经》中"水"承载的象征意义可以概括为善利、善下、善渊、善仁、善信、善治、善能、善时、善清、善胜这十条。

例 1

【第八章原文】上善若水，水善利万物而不争：处众人之所恶，故几于道，居善地；心善渊；与善仁；言善信；正善治；事善能；动善时。夫唯不争，故无尤。

【译文】最高的智慧和品德就像水一样，水善于利万物而不争，水处于众人最不愿去的地方，这是它最接近道的品性。它处于行善之地；人心也要像深水一样静水流深，要宁静致远，要善于沉淀；与人相处时、给人东西时、对人有恩德时要像水一样平等仁爱；说话也要像潮水一样有"潮信"，讲信用；政治清明像水一样公平公正清廉；为人做事要像水一样有多种多样的本事却又做事专一，奔流向海；处事智慧也像水一样，懂得寻找时机，该动则动，该静则静，该隐则隐，该绕行则绕行。所以像水一样有善利不争的品性，也就没有忧愁烦恼。

如果用四字成语概括中华民族精神，排在前三位的应该是：自强不息、厚德载物和上善若水。2014年11月，APEC（亚太经济合作组织）会议在中国召开，主会场选在了两个地方，一个是雁栖湖，另外一个就是水立方，选这两个地方的目的是非常明确的，就是要利用水的形象，让全世界了解中国人真正的形象、做事的原则、处事的方式方法。这次会议主题是"上善若水，和衷共济"。同年中央电视台有一台文艺晚会，主题也是这八个字。"和衷共济"出自《尚书》，代表着同心协力，克服困难。"上善若水"就出自《道德经》第八章。习近平主席在多次讲话中引用了"上善若水，水善利万物而不争"。这句话的含义是水能滋润万物，润泽万物，在成就其他事物的同时成就了自己。自然界的很多植物都能开花结果，水却不能开花结果，可是没有水，所有生命都是不成立的，无法生存的，单凭这一点，就得承认水善利万物。在中国人眼里，最高的品德就像善利万物的水一样，我们中华民族是一个温和、热爱和平的民族，善于成就别人，同时成就自己。善利万物而不争，这不就是双赢的含义吗？所以水能够代表中华民族的精神。

《道德经》中关于水的智慧和品德有十条，其中第八章就有八条。老子借助最常见的水的形象，把他从战争、政治、人生中领悟的智慧与品德传达给我们。水善利万物，这一点毋庸置疑，人类离开水就无法生存。同时，人类最早的文明几乎都是发源于水边的，如底格里斯河、幼发拉底河的两河流域文明，非洲的尼罗河文明，中国的黄河文明，所以水善利万物，如今有个词就叫"水利"。

《道德经》第八章中关于水的品德有八条，第一条，善利。水善利万物而不争，道家讲的不争是什么含义？老子为什么要借助水来讲不争？因为借助水的形象，大家很容易领悟出不争的含义。第一，有边界。湖有湖畔，河有河堤，海有海岸，水边界就在这，不与其他事物争功，不与其他事物争地。第二，有秩序。水流动的速度虽然很快，但是前后相随，循序渐进，非常有秩序。公共场合的警示标语都是：如有意外，请务必有序离开现场。试想如果发生火灾、地震时，大家都争着抢着往外跑，不仅都出不去，而且极易发生踩踏事故，造成二次伤害。大家把自己的工作做得娴熟的时候，给人的感觉就是从容不迫，有条不紊，忙而不乱，淡定从容。第三，有牺牲。水流的河道底下都是坑坑洼洼的，水怎么才能往前流呢？前面的水把坑坑洼洼填平，后边的水才可以滚滚向前，这不就是前仆后继吗？都不做牺牲，坑永远在，坎永远在，怎么向前流。人类社会不也是如此吗？大家都一点牺牲不肯做，怎么向前发展呢？在我们熟悉的蚂蚁火海逃生中，当蚁窝被围困在大火中时，蚂蚁们会迅速抱团滚成一个球，越滚越大，外层的蚂蚁都烧焦了，但蚂蚁就是以这种方法，使种族得到延续。要是每只蚂蚁都想要争抢活下去的机会，根本抱不成团，覆巢之下无完卵，最终只会毁灭。

　　第二条，善下，善于处下。"处众人之所恶，故几于道，居善地。""居善地"不能理解为水都待在好的地方，现实中它去的是什么地方？又低又脏的地方，大家都不愿意去的地方，水到那干吗去了？行善，把污浊洗净，滋润万物。此处"善"是动词，指行善，做善事。《道德经》第七十八章有："受国之垢，是谓社稷主，受国之不祥，是谓社稷王。"封建社会时期夺得天下的，表面上看是一家一姓，如刘姓、赵姓等，但其实是一个团队，用现在的话说就是一个党派。那什么样的团队、什么样的党派才能夺得天下，坐得江山呢？受国之垢、受国之不祥的团队，愿意做别人不愿做的事情。

用水来打比方，叫作处众人之所恶，像水一样，去往别人不愿意去的地方，去行善。中国共产党的宗旨是全心全意为人民服务，与老子所说的受国之垢、受国之不祥、处众人之所恶，本质上是一样的。我们为什么推崇善下？因为这是获得成功的一个最深的密码。

第三条，心善渊。"心善渊"一般译为让心灵保持渊默宁静。但是老子的深意不止于此，现在经常用一个词来衡量一个人、一个团队，甚至一个党派的未来发展，这个词就叫格局。历史上有些人甚至用它来衡量一个人的未来：这人有格局，别看他现在位置不高，事业不大，以后会有大的发展；那个人的格局太小了，给了他那么高的一个位置，这个位置恐怕会害了他。一个人的格局与位置不相匹配，那位置不就成了一个坑吗？若一个人的格局就像杯子一样，给他再多的水他也装不进去。衡量格局的主要维度是什么呢？视野宽、胸怀广两个方面最重要。

抗战胜利以后，外国学者想研究一下中国人的战争理念和战争哲学。中国人凭什么打赢这场战争的？很多人都认为中国人不是依靠自己获得战争胜利的，而是外力作用的结果，国际力量援助的结果。他们通过毛泽东的《论持久战》来研究，发现结果并非如此。一九三八年《论持久战》一书面世，毛泽东把战争的进程概括为退却、相持、反攻六个字。一开始打不过日本，因为日本是一个统一的国家，中国军阀混战，日本军队装备精良，又处心积虑，中国武器落后，又未做好充足准备所以想一开始把日本挡在国境线外，不可能。要眼光长远,一开始得退却,要保持有生力量。日本进来之后怎么办?他们得寸进尺该怎么办?日本的军队人数又不多,战线一拉长,我们用空间来换时间,双方的力量逐渐持平。一开始日本人得意洋洋,取得一时胜利,但在武汉会战和鄂西会战以后,中日双方力量就逐渐趋于平衡,进入相持阶段。"相持"这个词用得好,咬牙坚持。双方力量相持的时候,只要外来力量推一下帮一下,就可以帮助其中一方获得胜利。因为中国是正义的一方,得到了国际力量的援助,国际舆论的支持,最终获得了胜利。但是一定要注意,外来力量并不是决定力量。

总之,站得高才会开阔视野,才能看清事物的形势与本质。所以我们还是让自己做到视野宽、胸怀广,这样才能有大的格局,才能够做成大的事业。这就是心善渊。

第四条,与善仁。"与"就是给予。我们在给予付出的时候,对别人有好处有恩德的时候,更要注意自己的态度。如果我们的态度是冷漠不仁的,不管我们对别人的好处有多大,恩德有多广,恐怕最后也要反目成仇。不管谁口渴,水的态度都是一样的;不管脸多脏,水都是一视同仁的。

陶渊明和苏轼是中国文化中两个符号性的、代表性的人物。林语堂先生认为,特别是陶渊明,是中国文化最高的典范。陶渊明到底做了什么惊天动地的大事情呢?好像没有。官没做好,回家种田,"草盛豆苗稀",你看这地都种成什么样了?文章诗作几篇,就是中国文化代表人物吗？陶渊明、苏轼他们最好的作品，不是他们的诗，不是他们的文章，不是他们的画，而是他们本身的人格。陶渊明做官的时候，家里没人照料，就请个仆人照料自己的小孩，他告诉自己的儿子，"此亦人子也，亦善遇之"。你是我的儿子，仆人也是别人家的儿子，你不要呼三喝四、指手画脚，你要好好地待他。这种有平等意识的人是非常值得人敬佩的。苏轼不也一样吗？"我上可陪玉皇大帝，下可陪卑田院乞儿"意思是我苏轼跟玉皇大帝在一块，也没觉得自己有什么卑贱，跟这些贩夫走卒、农夫乞丐在一块，我也没觉得自己有什么高贵。像这样的为人处世就属于一种像水的态度，就达到"与善仁"的境界。

第五条，言善信。言善信跟水有什么关系？当然有关系，中国人喜欢拿什么东西作为讲信用的代表和象征呢？潮水。钱塘江潮闻名天下，到农历初一到初五，十五到二十那几天就来了，非常准时。"早知潮有信，嫁与弄潮儿。"这不正是另一种形式上的中国古代女性对男性不讲信用的吐槽？有的人一辈子都没有搞清楚一件事：自己很热情，别人不管求什么事，立马都答应，而有的人脸冷冷的，别人求他半天都不松口，可是为什么到最后别人对那脸冷的人的印象反而比对自己还好，自己不是白忙活了吗？白热情了吗？热情不热情是一回事儿，自己答应人家的很多事到最后都做不成，时间长了，别人就认为这是食言而肥，不讲信用。正如《道德经》第六十三章所说："轻诺，必寡信。"太轻易许诺也是不好的。中国汉字，意蕴深刻，博大精深，说话的"说"字怎么写呢？言字旁加个兑，能兑现的话，我们再去讲，不能兑现的话，不要轻易许诺。这就是"言善信"。

第六条，政善治。水跟政治也有关系？当然有！中国人喜欢用"政清如水"四个字来表达对政府的期许，水代表着公平公正，如人们常说"一碗水要端平"。水代表着激浊扬清，去掉污浊变得清澈，社会应该有这种清廉之风，官场也应该如此，所以顾炎武先生认为，激浊扬清是政治的第一要义。"依法治国"只有四个字，其中两个字的偏旁都是三点水！"法"的三点水代表了公平公正。"法"字古写作"灋"，左边三点水，右边"廌"，即神兽，代表正义，有什么邪恶的东西它就拿角去顶，后来右边改为"去"，去除邪恶，可是三点水偏旁不能动，公平公正，这是它的要义。而且"依法治国"的"治"，大家注意只能用"水治"，不能用"刀制"，依法治国而不是依法"制"国。

第七条，事善能。为什么要学习？因为人本身就是一种学习性的动物，自然界很多动物刚出生就会跑了，学会简单本领就可以谋生。人，十月怀胎，出生后还需要家庭、学校、社会的照顾。哪一个阶段不需要学习、不需要成长？哪怕是从学校出来，进入社会，参加工作也是如此，只要有机会就应该向社会、向书本、向课堂、向实践、向他人不断地学习，增强自己的才干和本事。古人讲"才如箭镞，学如弓弩"，才华就像箭头一样，学习就像弓弩一样，没有弓，把箭头磨得再锋利，也射不出去，无法发挥作用。就像水的用途多种多样，人也应该如此，通过学习掌握各种各样的能力，给人生搭建更广阔的平台，在上面纵横驰骋。价值的"值"字怎么写？单人旁加直立的"直"，人站直了才有价值，没有本事，没有才干，没有能力，为了一点小事卑躬屈膝去求人，活得那么卑微，谁能瞧得上呢？老师也罢，家长也罢，督促小孩学习，就是为了使其增长才干，内心充盈，以后在社会上站直了，才能发挥出更大的价值。

第八条，动善时。水是最会掌握机会的，该静的时候静，在湖里的时候静；该动的时候动，在小溪流里快乐地奔腾；过不去的地方绕过去，用迂回的方式奔向自己的目标。人生也是一样，有很多逾越不了的障碍，懂得迂回才能更好地达到目标。事物发展是螺旋式上升、波浪式前进的，不可能是一条直线。曲成万物，这个世界上根本就没有自然天生的直线，曲线的方式、委婉的方式才是智慧的方式方法。"动善时"是自然之道。雨水是自然现象，春天的时候种子刚发芽，禾苗刚出土，万物刚复苏，一场大雨不就麻烦了吗？所以春雨都是"随风潜入夜，润物细无声"，春风化雨。有一则童话故事讲，有只老虎十分饥饿，碰巧抓到了一只兔子。正当老虎想大饱口福的时候，兔子说话了："老虎先生，你别吃我，有只鹿朝这边来了，它比我更大，你要是抓住了它，一定会有一顿美餐。"老虎有些犹豫，兔子再次鼓动道："快点去吧！不然它可要跑了！"于是老虎转而扑向了鹿，可是它低估了鹿的健壮，最终被锐利的鹿角击退。当老虎回到原地，兔子早已逃走了。机会是不等人的，做任何事情一定要做好充分准备，然后抓住眼前的时机。《鬼谷子》中有："夫事成必合于数，故曰道数与时相偶者也。"想成就事业必定要符合术数，抓住时机。

老子借助水的形象，把水的品德化繁为简，在第八章展示了关于水的八条智慧：善利、善下、善渊、善仁、善信、善治、善能、善时。

例2

【第十五章原文】孰能浊以止？静之徐清。

【译文】怎样能使浑浊停止？静下来沉淀慢慢就清澈了。

纵观《道德经》全书，关于水的智慧还可以再加两条。第九条，善清。《道德经》第十五章是关于士的修养和素质，其中有两句："孰能浊以止？静之徐清。"怎么样才能让污浊停止，变得清澈？"静之徐清"，静下来，安静下来，宁静下来，它就慢慢地变得清澈了。拿一个透明的玻璃杯，装上一杯浑浊的水，不用化学手段的话，怎样让这杯水清澈？别动它，放在那儿让它慢慢地沉淀，过一会儿污浊沉到下面，上面不就清澈了吗？我们的人生不就像装着水的水杯吗？难免落了几粒灰尘，如果总是摇晃它，整杯水就永远都是浑浊的。所以我们要有定力，要学会沉淀。想拥有远大的理想吗？那就"宁静以致远"。

宁静不是要去深山老林里，也不是去寺庙里，而是不管在什么样的环境中都有让心灵沉静下来的本领。就像陶渊明的诗："结庐在人境，而无车马喧。"哪怕身处闹市也不会受到世俗交往的打扰，因为心志高远。湖南省立第一师范学校的档案中记载了毛泽东到闹市去读书的事。毛泽东特意到最喧闹的地方去读书，也就是街上最热闹的地方，譬如说长沙成章街头的菜市场。他每天都坐在那里看书，以培养自己看书的静心、恒心，锻炼自己的意志，使自己在学习时心绪不受外界干扰，在任何时间和场所都可以很好地学习。宁静不在于外界环境，而在于自己的内心。我们生活在一个容易浮躁的时代，但任何人在急躁、暴躁、狂躁的心理状态下，都无法获得智慧。所以我们要学会静，"静之徐清"。读书不仅是让我们安静的好方法，也是让我们获得智慧的方法。《道德经》第四十五章有："清静为天下正。"这是说好的领导者更要学会沉淀，让思路变得清晰，才能让老百姓的生活安宁。

例3

【第七十八章原文】天下莫柔弱于水，而攻坚强者莫之能胜，其无以易之。弱之胜强，柔之胜刚，天下莫不知，莫能行。是以圣人云，受国之垢，是谓社稷主；受国不祥，是为天下王。正言若反。

【译文】天下没有比水更柔弱的了，但攻克坚强的东西却没有能胜过它的，没有什么东西可以代替水。柔弱胜过刚强的道理，天下人都知道，但不能真正做到。所以圣人说：能忍受全国的屈辱，才能做社稷的君主；能承受全国的灾难，才能成为天下的君王。符合正道的话都好像反话一样。

第十条，善胜。很多人认为《道德经》不适合人读，因为老子太过于强调柔弱了，读完之后消磨人的进取心，会让人变得越来越弱，变成弱者。道家讲的弱是这个意思吗？《道德经》第七十八章有"天下莫柔弱于水，而攻坚强者莫之能胜"，即天下有形之物，还有比水更柔弱的东西吗？拿什么容器装就显现出什么形态，随方就圆。但是本质上，"攻坚强者莫之能胜"，水拥有攻克坚强之力的强大力量。所以道家讲的弱，只是让人学会示弱，根本不是让人成为一个弱者。不断地积蓄力量，才能在时机来临之际发挥作用，攻无不克，战无不胜。石头足够坚硬，但水滴石穿，是由于水的坚持。金属也大都坚硬，而水刀是切割金属最主要的工具之一，是由于水流达到一定速度的时候非常锋利。所以道家的弱，是表面上的示弱，不争抢。像水这一类无比柔弱的东西，虽然外表柔弱，但是内部蕴含着无穷的力量，这是道家弱的本质。《道德经》第三十六章清楚、确切地表明老子的态度，"柔弱胜刚强"。为什么强调柔弱，是因为柔弱能够战胜刚强，柔弱是外表，积蓄力量，等待时机，迷惑敌人，攻无不克，战无不胜，这才是本质。柔弱胜刚强，这是一种善于胜利的方式和手段。

《倚天屠龙记》中有："他强任他强，清风拂山岗。他横由他横，明月照大江。"面对能力实力远超自己的强大力量时，要保持冷静，泰然处之。清风无形，却可以穿过最高的山岗；明月无状，却可以将清辉洒在任何角落。因此要如清风明月一般柔软，最终会拥有意想不到的能量。我国抗战时期的游击战十六字诀——"敌进我退，敌驻我扰，敌疲我打，敌退我追"是典型的柔弱胜刚强的例子，在这十六字方针的指导下，我军创造了许多灵活巧妙的独特战法，如麻雀战、地道战、伏击战等。当时敌我双方力量差距悬殊，我军不足以与敌军正面硬刚，但正是这些"柔弱胜刚强"的大智慧，使我们取得了战争的最后胜利。

所以上善若水的含义可概括为十条：善利、善下、善渊、善仁、善信、善治、善能、善时、善清、善胜。上善若水在中国文化里占据着很高的地位，做人要做上善若水的人。理解了上善若水的真正含义，就可以去给别人讲，因为学习传统文化还有一个重要的使命，就是在做学习者的同时还要做传播者，"为往圣继绝学"，传承与发扬优秀传统文化。

第四节　草木：生也柔脆，死也枯槁

　　草木成活时都是柔软脆弱的，死后都是枯槁的。这就像人刚降生之时，婴儿的身体是柔弱的，而人死后身体会变得僵硬。老子拿草木的形象来说明守柔守弱的重要性，争强好斗者只会落得惨败下场，懂得迂回谦逊的人才会越走路越宽。落叶归根是自然规律，也是生命复归的过程，种子扎根尘土以获新生。人也一样，要像草木一样懂得向下扎根，积蓄力量，才能蓬勃向上，有所成就。

例1

　　【第十六章原文（节选）】致虚极，守静笃，万物并作，吾以观复。夫物芸芸，各复归其根。归根曰静，是谓复命。

　　【译文】尽力使心灵的谦虚达到极点，使生活清静，坚守不变。万物都一齐蓬勃生长，有道之人在纷繁中考察其往复的道理。万事万物纷纷芸芸，各自返回它的本根。返回到它的本根就是清静，清静就能使生命复归而再次续命。

　　世界纷繁，只有达到真正安静的境界才能更好地生长。"乱花渐欲迷人眼",要在万物从生到死的循环往复中看清楚事物的本质。《易经》中的复卦,只有一个阳爻,其他都是阴爻,一阳来复。一般在这个阶段,阳气渐升,万物开始有了复苏的征兆。"复,其见天心乎。"天地之心在哪儿?就在"复"的过程中,复归是世界变化最根本的规律。

老子以草木为例,进一步解释这一规律,"夫物芸芸,各复归其根",我们经常说"芸芸众生",听起来好似众生如草木一样轻。草到了冬天就干枯,被雪覆盖,到了春天,又发芽,重新生长。一年一年皆是如此。等它反复不了的时候,那就是结束了。所以天涯何处无芳草,是因为草木的生命力太强了。树干中的斑纹也叫年轮,一轮一轮地生长,就像一直在做螺旋式上升、波浪式前进,仿佛回到出发点的运动。人也是如此,不管拥有多少,死后都像计算器一样又归零了。但是如果都抱着消极的想法,反正早晚要死,要"清零",那么奋斗就没有意义吗?不。人生的意义恰恰在于螺旋式、波浪式的奋进过程。落叶归根,人也是,各归其根。草在冬天死去,只要根在,"野火烧不尽,春风吹又生。"根在,生命力就在。人要学会扎根,这个"根"就是我们的根本。

那人怎么扎根呢?现在经常用一个词"草根",形容地位比较低但是生命力旺盛的人。老百姓熟知的明太祖朱元璋,做过和尚讨过饭,可以说吃尽人间苦。但是也正是他扎根的过程,磨炼了意志,开阔了眼界,看透了人情世故。他成为帝王之后,能更多地为百姓着想。很多历史记载，包括现在的电视剧中，朱元璋都是勤政爱民的明君形象。有个词语叫"根深蒂固"。参天大树，高大粗壮，枝叶繁茂，在暴风雨来临之时依旧沉稳，就是因为它的根扎得深、扎得宽、扎得稳。人也是如此，要想飞得高走得远，想要有所作为，就要有足够的底气对抗挫折和困难，这个底气就是要沉下心去扎根。扎根是个艰难的过程，伴随着不见天日的痛苦，但同时也是积蓄力量的过程，一旦破土而出，就迅速生长。

"夫物芸芸，各复归其根。归根曰静"有两层含义，一层是事物归到它根本的状态，它就宁静下来了。有人膨胀的时候就忘了自己的根，好像草长得旺盛一点，就觉得自己从草变成大树了，静不下来，不认识自己的根本，就会面临危险。另外一层意思是要懂得安静下来，才能看清楚事物的本质，所谓"万物静观犹自得"，静下来才能找到解决问题的方法。任何伟大的生命都来源于微小的不起眼的种子。所以一定要珍惜来之不易的生命，人在成为生命之前，已经经历了艰苦卓绝的斗争，付出了极大的代价。这么多生命中，我们又能生而为人，有思想的自由人，更应该珍惜。了解这一点，我们在看问题的时候就会豁然开朗。

例2

【第七十六章原文】人之生也柔弱，其死也坚强。万物草木之生也柔脆，其死也枯槁。故坚强者死之徒，柔弱者生之徒。是以兵强则不胜,木强则兵。强大处下,柔弱处上。

【译文】人活着的时候身体柔软,死之后身体便会僵硬。万物草木活着的时候形质柔软,死后变得干枯。因此坚强的东西属于死的那一类,柔弱的东西属于生的那一类。所以穷兵黩武一定会遭受灭亡,树木坚硬就会一折就断。总认为自己强大的、夸耀自己强大的,反而会处在下面;懂得柔弱、谦逊的,反而会居于上面。

《道德经》第七十六章更是讲草木的经典一章,王弼对《道德经》的分章有着内在的逻辑。前文中老子劝统治者,不要用强势镇压的方式来实施自己的统治,那么应该怎么做呢?要懂得以柔克刚,这样才能形成和谐的状态。有的人认为《道德经》是弱者的哲学,其实不然。我们一定要清楚一点,老子这些思想是对谁说的。向他请教问题的那些人,不是一般的平民,而是手握权力的领导者、统治者。他们已经足够强大了,所以老子劝他们用柔弱的方式来实施自己的统治,这是非常有智慧的,体现老子的慈悲仁爱之心。

《道德经》第七十六章是对那些认为自己或者国家很强大的统治者讲的。这一章就强调"柔弱"两个字,从开始讲"人之生也柔弱",最后讲到"柔弱处上"。人活着的时候是什么状态?柔韧性非常好。跳舞的、练杂技的,身体柔软,所以柔弱柔软是生命存在的状态。尤其是刚出生的婴儿,骨头都是软的。人都是年龄越大越僵硬,越不灵活。而人死的时候是什么样的?全身都僵硬了,所以说"其死也坚强"。

有尊老子的雕塑叫刚柔，在这尊雕塑中老子张着嘴吐着舌头，只有一颗门牙。据说当时孔子见老子的时候，老子没有给他多说什么，张开嘴巴让孔子看了看，孔子就明白了。那时候老子已经都七十多岁了，原本坚硬的牙齿早掉光了，但是柔软的舌头还在，所以老子想要表达的是柔弱更长久。也有人说这件事情不是发生在老子和孔子之间，而是老子和自己的老师之间。无论发生在谁身上，无论这件事情有没有发生过，但是这个例子非常形象，就体现在我们每个人身上。牙齿是坚硬之物，到一定年龄就掉了，舌头虽柔软，却更长久。柔弱是生命的象征，而强硬、僵硬则是死亡的状态。万物草木也是这样，"其生也柔脆，其死也枯槁"。青青芳草迎风起舞，疾风知劲草，风往哪边吹草往哪边跑。有一个词叫"墙头草"，虽有贬义，但这是草具有生命力的表现。当它立场坚定，不随风倒了，就离死不远了。

由此得出结论："坚强者死之徒"，认为自己坚强、强硬、强暴，这是走向死亡一类的；而"柔弱者生之徒"，柔软、柔韧，这是生命的状态，富有生命力的表现。正如自然界，人类社会也是这样，兵强则不胜，一个国家穷兵黩武，认为自己的军事力量强大，稍一不如意就动用军队发起战争。"国虽大，好战必亡""兵强则不胜"，不是预言强盛的军队打不赢某场战争，而是说最后的结果一定是失败的。所以穷兵黩武不是国家得以长久强大的正确方式。历史上多少强大的帝国，比如秦朝，被称为"铁军""虎狼之师"，最后的结局又如何呢？《道德经》第三十章有："师之所处，荆棘生焉。大军之后必有凶年。"战争之后没有胜利者，因为都有伤亡和损失。这和"木强则折"一个道理，秋天树木干枯时，看起来直挺挺的，强硬，却一折就断，但是春天即使细小的柳枝也很有韧性，很难被折断。石匠用的榔头把儿非常细，榔头却很重很大，看起来很危险，但是这个把儿是用水曲柳做的，虽然细，但韧性极好。所以"强大处下"，炫耀自己强大，肆意攻击别人，颐指气使，这样的人没有智慧，不符合道的规则，必然走向消亡；"柔弱处上"，懂得以柔克刚、以退为进，懂得谦逊谦让，这才是符合道的，是真正有智慧的表现。

日常生活中也是如此，并非时时表现出强大、强势的人却很有力量。在位者掌握权力，很容易炫耀自己的强大。老子就告诫统治者，不要认为只有用强才能解决问题，要懂得强弱的相辅相成，以柔克刚才是真正高级的智慧。柔弱的东西更长久，更有生命力。所以适当的时候要懂得示弱。懂得示弱，才会有真正的朋友；懂得示弱，才能够以柔克刚。这对统治者实施领导，对个人成长发展都有重要作用。

第五节　母：为母则刚，慈故能勇

老子哲学体系中最高的概念是"道"。《道德经》中，每每讲到宇宙本原、讲到万物规律、讲到"玄之又玄"的道，总会伴随着一个形象，那就是母亲。道是大象无形的，是高深莫测的，但母亲不是。那为何老子要拿母亲的形象来阐释他的道呢？因为母亲具备道所特有的养育、生化之德，母亲是生命之根源，她创造生命，抚育生命，具有崇高品德。女本柔弱，为母则刚，母亲具有守护子女的本能，正如道庇护着世间万物。

例1

【第六章原文】谷神不死，是谓玄牝，玄牝之门，是谓天地根。绵绵若存，用之不勤。

【译文】道虚无莫测，永存不灭，称为玄牝，玄牝之门是天地万物的根源。连绵不绝地永存，取之不尽，用之不竭。

【第一章原文（节选）】无名天地之始；有名万物之母。

【译文】天地开始的时候，把它叫作无；万物的母亲，把它叫作有。

【第二十五章原文（节选）】有物混成，先天地生，寂兮寥兮，独立不改，周行而不殆，可以为天下母。

【译文】有一个混然一体的东西，在天地形成之前就存在了。它无声无形，独立运动，永不停息地做着圆周运动。可以作为天地之母。

《道德经》中母亲的形象出现过很多次，第六章最典型。有的学者把第六章解释得十分高深玄妙，但其实这章就讲了一个道理，母亲的伟大，以及对母亲的尊重。

《道德经》第六章中"用之不勤"的"勤"字的本意是尽、完的意思，用之不勤是取之不尽，用之不竭的意思。而"谷神不死，是谓玄牝"，"谷神"作为道的别名，"牝"雌性动物之统称，"玄牝"借以形容万物最初之生养者。所以这一章是在讲生命的产生。阴阳相合是生命的本质，但生命是由女性孕育生产的。所以"道生万物"就跟人的生命产生的道理是一样的。在我们中华文化中，"母亲"是很神圣的概念，老子用"神""玄"等来形容女性，这也是《道德经》中最高的概念，只有在形容"道"的时候才用过。所以关于母亲，关于生命是绝不能亵渎的。"谷神不死"意味着母亲的精神永存，传统文化中再也没有将母亲形象拔高到如此境界的了。

为母则刚,慈故能勇,这是对母爱的礼赞。天灾无情,人间有爱,河南省荥阳市一处坍塌楼房下,一名婴儿被困一天一夜后获救。救援队在废墟中找到了他的母亲,她已经遇难。亲属说:"她在最后一刻把孩子托起来并抛到安全地带。"这种母爱平凡却伟大!2008年汶川地震中的一位母亲,救援队员发现的时候,她已经没有了呼吸,却双膝跪地匍匐着,双手扶地支撑着身体。确认她已经死亡之后,救援人员走向下一片废墟,这时一个队长突然意识到什么,返身跑回来,发现这位母亲的身下护着一个孩子。人们把孩子救了出来,三四个月大的孩子,因为有母亲身体的庇护,毫发未伤。孩子躺的被子里有一个手机,是母亲留给他最后的爱:"亲爱的宝贝,如果你能活着,一定要记住我爱你。"如果在危难之际帮一把,这就是善良,在危险面前,用自己的死换另一个人活下去,这就是母爱。母亲的伟大在于,为了爱子女她可以付出一切,包括生命,这就是"慈,故能勇"。

《道德经》第六十一章有:"天下之交,天下之牝!牝常以静胜牡。"牡是指男性,牝是指女性。大国者下流,就像河一样,善于处下,最后都汇入大海。天下之交为万物的终点,终点也是母亲,生命的起点和终点都与母亲有关,母亲的伟大贯穿生命始终。《道德经》首章有"天地之始,万物之母"之说,这一章是在说世界的本源,根本性的道,母亲的形象也出现了。天地开始的时候无形状,混沌一片,无法定义,所以叫作无。等到天地分开,群星列阵,有了形状所以叫作有，这时候万物生成，所以我们把"有"称为万物的母亲。《道德经》第二十五章也是讲宇宙本原、万物生成的，依旧有母亲的形象。《道德经》中任何伟大的事情，都会出现与母亲相关的形象。文化，先有文本再内化于心，《道德经》这样的传统经典，将母亲抬高到与道同等的地位，任何人通过学习都会加深对母亲的尊重和对生命的敬畏，这更是民族精神的重要来源之一。这一力量绵绵若存，用之不勤，成为我们的精神源泉。言外之意就是，一种文化如果没有对母亲的敬畏和尊重，其他方面都会崩塌。

例2

【第五十二章原文（节选）】天下有始，以为天下母。既得其母，以知其子；既知其子，复守其母，没身不殆。

【译文】天下万物都有本原（即道），道作为万物的母亲。认识了作为万物之母的道，就能认知万物；认知了万物，就能坚守作为万物之母的道。这样终身都不会遇到危险。

【第二十章原文（节选）】我独异于人，而贵食母。

【译文】我总和这些人不一样啊，我把奉养大道看作是最珍贵的行为。

《道德经》第五十二章是讲万物是有母亲的，这个母亲就是

"道"。宇宙万物都是像母亲一样的道创造的,母亲太伟大了,生命太伟大了,值得我们敬畏和尊重。道是万事万物的普遍规律,具体的事物都拥有具体的规则,了解了普遍规律,才能了解万事万物的具体规律,比如说茶有茶道,花有花道,练武有武道,下棋有棋道,了解了普遍的道,也就能进一步了解这些具体事物间的规律与规则。了解了具体的万事万物,才能更尊重和崇拜道。道和万事万物的关系,就像母子关系,我们了解了母亲,才能了解自己,了解自己就更应该去爱护母亲,守护母亲。母亲有守护子女的本能,就像道会守护万物一样,以道佑之,以道护之,这样我们做事情才能没有危险。

《道德经》第二十章是老子的自画像,也是老子对得道者画的像。得道者和别人不一样的地方在于做事情是按照道的规则去做的,在道面前始终是婴儿、赤子的状态,这表示对母亲的依赖。其他人把枝节末叶的身外之物当作自己追逐的目标,得道者的目标却是世界大道。

《道德经》这本书最早是用楚国的文字刻成的。老子的出生地,无论是河南鹿邑,还是安徽涡阳,当年都属于楚文化盛行的区域。楚文化属南方文化,与北方推崇"刚健""自强不息"的风尚相比,楚文化更偏于阴性,崇尚"阴柔"。同时楚文化有一个重要的特点就是生殖崇拜,因此在这样的文化背景下,人们对母亲、对生命就更加尊重。无独有偶,目前发现的人类史前时期欧洲和亚洲的艺术品最常见的有两大类,其中一类就是以威冷道夫的维纳斯为代表的女性雕像。这些雕像大都有意夸张了和养育生命、抚育生命相关联的部位，暗示其生育力、创造力，表现了对母亲的尊重和对生命的敬畏。

在《道德经》中，每当遇到高贵、伟大的事情，母亲的形象就会出现，在《道德经》中母亲是与最高概念——道，相并列的。中国的神话很少有自生神，我们传统神话中的神都是拥有某种能力的人类，通过自己的努力成神，并非生而为神。勤劳勇敢的中国人，连神话也是如此。那么人间最大的神，就在我们身边，她就是母亲。因为神并非无处不在，所以创造了母亲。尊重母亲、敬畏生命，是一个民族精神文明的根基。中华优秀传统文化中的精髓随着经典化入灵魂，融入思想。经典就像夜幕中的群星，在黑暗的时候给我们指引前进的方向。

第六章 六知守

小　序

抱一为天下式，是老子《道德经》中常用的论证方法，用黑格尔哲学的说法叫作正、反、合。《道德经》的辩证思想是中国哲学辩证法的初始形态，现代哲学的对立统一规律、量变质变规律、否定之否定规律，都可以在《道德经》中找到踪迹。这是对"中国哲学没有辩证法"这一错误观点的有力反驳。

首先，矛盾就是对立统一。《道德经》第二章有："天下皆知美之为美，斯恶已；皆知善之为善，斯不善已。故有无相生，难易相成，长短相较，高下相倾，音声相和，前后相随。"第四十章有"反者，道之动"，第五十八章有"祸兮福之所倚，福兮祸之所伏"。矛盾双方对立统一，相互依赖，相比较而存在，相互转化促进事物的发展，这在以上各章都有体现。

其次，事物的发展是量变引起质变的过程。《道德经》第六十四章有："合抱之木，生于毫末；九层之台，起于累土；千里之行，始于足下。"量的积累必然引起质的改变，做人做事都要脚踏实地，从小事做起。

最后，事物的发展呈现出波浪式前进和螺旋式上升的趋势。《道德经》第二十二章有"曲则全"，第十六章有"夫物芸芸，各复归其根。归根曰静，是谓复命。"世界万物从生到死是一个仿佛向出发点复归的运动轨迹，实际上却产生更高级的质的飞跃，老子称其为"复命"。

《道德经》中无处不在的辩证思想就是一条金线，串起全文散落的智慧珍珠，到达老子哲学的终极目标——道。《道德经》中的辩证法可归结为以下六个方面：

知雄守雌——自己越是雄强刚猛，越要守得住雌柔安静。

知白守黑——深知本性纯白，却可守得混沌暗昧的态势，知道未来一定光明，更有力量对抗眼前苦难。

知荣守辱——有了荣的底气，才有经受辱的能力。

知高守低——善于处下，才能真正居上。

知实守虚——要看到实有之物的作用，更要看到虚无的力量。

知死守生——了解死亡是回归自然的过程，更加珍惜生命、敬畏生命。

老子就是用这种正、反、合的论证方法，来向世人传授大道，这"六知六守"正是老子所谓抱一为天下式的范例。

第一节　知雄守雌

知雄守雌是道家贵柔、守弱思想的表现。自己越是雄强刚猛，越要守得住雌柔安静。知道自己有力量、强大，却不张扬、不炫耀，反而宁静、安静，善于处下，懂得示弱，懂得在安静中积蓄力量，懂得韬晦的道理，"他强由他强，清风拂山岗；他横由他横，明月照大江"，这是知雄守雌的智慧。

例 1

【第二十八章原文（节选）】知其雄，守其雌，为天下豀。为天下豀，常德不离，复归于婴儿。

【译文】自己越是雄强刚猛，越要守得住雌柔安静，就像山间低凹的溪水一样。像溪水一样，那规律性的德就不会失去，复归于婴儿的品德。

【第十章原文（节选）】载营魄抱一，能无离乎？专气致柔，能婴儿乎？涤除玄览，能无疵乎？爱民治国，能无知乎？天门开阖，能无雌乎？明白四达，能无为乎？

【译文】身体像车一样载着魂魄，它们能不能不要分离？聚结精气以致柔和温顺，能不能像婴儿那样纯粹呢？像玄镜照心一样清除杂念而深入观察心灵，能不能让心灵没有瑕疵呢？爱民治国能不能遵行自然无为的规律呢？感官与外界的对立变化相接触，能不能守住雌柔宁静呢？明白四达，能不能不用心机诈术呢？

【第五十五章（节选）】含德之厚，比于赤子。蜂虿虺蛇不螫，猛兽不据，攫鸟不搏。骨弱筋柔而握固，未知牝牡之合而全作，精之至也。终日号而不嗄，和之至也。

【译文】含德深厚的人，就像刚出生的小孩。蜂蝎毒蛇等都不会刺咬他，猛兽不抓他，猛禽不攫取他。他筋骨柔弱但小拳头握得很牢固，精气充足。整天嚎哭但嗓子不会哭哑，这是因为他元气醇和。

知其雄，守其雌，为天下谿。强大、武功高强、实力强大、家财万贯，这些都是"雄"。知道自己力量强大，却不能以此为傲，反而能守雌守柔，这才是更高智慧的表现。打个比方，就像山间低洼的山谷，虽然处在一个很低的位置，但是很多水汇聚而来，就会形成一股溪流。小溪虽然不如洪水有力，但它源远流长，永不干涸。善于处下是《道德经》非常强调的一种处事智慧，拥有这样的智慧就是有德的表现，就像婴儿、赤子的状态。

历史上很多智者，包括孔子、老子、孟子，都把婴儿的状态看作是很高的境界和智慧的象征。刚出生的婴儿就是赤子，"赤子之心"出自《孟子》，形容人刚出生的时候最为纯洁善良，虽然身体柔软娇小，但拥有打破桎梏的力量，和对美好自由的向往。

西汉著名文学家刘向所作的《说苑》中记录了这样一个故事：有一次孔子带着学生出游的时候，看见了一个婴儿，孔子就对车夫讲，赶快转过头来跟上去，他要看婴儿的眼睛。婴儿眼中的天真纯洁，正是孔子认为的"尽善尽美"的状态，因此他说"韶乐将作"。孔子曾闻《韶》，"三月不知肉味"。孔子最为喜爱韶乐，因为韶乐能够唤醒人内心的善，而婴儿不染杂质的眼睛正是最为纯真初始的善。老子更是如此，《道德经》多次拿婴儿、赤子来象征得道者的状态。《道德经》第十章有"专气致柔，能婴儿乎？"第五十五章有"含德之厚，比于赤子"。

婴儿是人类世界里最弱的，但是不容易受到伤害，从这个角度来看，他也是最强大的。蜂子、毒虫、蛇、虎狼这些毒物猛兽从来不攻击婴儿，因为小孩没有危险的举动，动物们也好，成年人也好，感受不到婴儿的威胁，自然不会发起攻击。有时候蜜蜂落到人身上也许只是为了得一滴汗液，这样它采的蜜才能凝固。蜜蜂看到攻击它的动作，就要用毒针来蜇。很多动物感受不到危险的时候，它也不会主动攻击人，但人见到这些动物会紧张、害怕，就有防范甚至做出攻击性的动作。而婴儿不会，他们纯真无邪，不会攻击外物，所以动物基本不会伤害他们。我们经常会听到像狼孩的故事，很多动物甚至会抚育人类的小孩。婴儿看起来骨弱筋柔，但是从出生开始就紧握拳头，力量很大，成年人也不太容易掰开。"未知牝牡之合而全作"用这种现象来形容婴儿精气很纯、很壮，精之至也，终日啼哭也不见累，这便是最好的状态了。

至精至和，不受攻击，这是婴儿的强大，但是表面上骨弱筋柔，仿佛是最脆弱的生命。雄和雌矛盾的两个方面在婴儿身上体现得淋漓尽致，所以老子希望人们像婴儿一样，虽然有强大的力量，但是仍要守得住内心的雌柔，懂得收敛自己的锋芒，削弱自己的攻击性，这样才能保护自己不受危险。当然，道家的"雌"，不是让人真的变成一个弱者，一个什么都不会的窝囊废，这不是老子的本意。雌代表女性，女性大都有柔情似水的特性，道家用雌来形容柔弱、安静宁静的状态，心无旁骛。电影《叶问》中，叶问来到香港之后，总是受到威胁、挑衅，大徒弟看不过去就问师傅："我们明明三两拳就能把他打倒，为什么总要逃走呢？"叶问就回答说："是啊，你知道自己很容易战胜他，有什么打的必要吗？""知其雄，守其雌"，本来拥有强大的力量，知道自己的强势在哪儿，但从不轻易显现展示，表面上柔弱无力，实际上也拥有对抗的能力，这样才能避免处于危险之中。

例2

【第七十三章原文（节选）】勇于敢则杀，勇于不敢则活。

【译文】勇于表现坚强往往走向死路,勇于表现柔弱就能得以保全。

【第七十六章(节选)】故坚强者死之徒,柔弱者生之徒。是以兵强则不胜,木强则兵。强大处下,柔弱处上。

【译文】所以坚强的东西属于死的那一类,柔弱的东西属于生的那一类。所以穷兵黩武一定会遭受灭亡,树木坚硬就会一折就断。总认为自己强大的、夸耀自己强大的,反而会处于下风;懂得柔弱、谦逊的,反而会居于上风。

【第七十八章(节选)】弱之胜强,柔之胜刚,天下莫不知,莫能行。

【译文】柔弱胜过刚强的道理,天下都知道,但不能真正做到。

《道德经》中雌胜雄、柔弱胜刚强的道理出现过很多次,老子运用正反对比的论证方法,从自然界到人类社会,坚强、刚强的往往都走向死路,而雌柔守弱的才能得以保全。在《道德经》第七十三章中,老子看似区分了勇敢和懦弱,只不过"懦弱"始终带有贬义的色彩,老子替换了一个词,叫"勇于不敢"。仔细品味会发现,老子对于"不敢"的态度是赞扬的,因为现实生活中,表现出柔弱也是一种勇气,因为"知其雄",在知道自己有强大实力的前提下，能够"守其雌"，做到不炫耀张扬，也不容易。

勇于敢则杀，老子生活在春秋战国时期，那时候战争就是家常便饭，最终受苦受难的还是老百姓。为了减少战争流血，老子劝告统治者不能过分勇敢，逞一时意气，这样往往没有好下场。有一则寓言是这样说的：一个人被一头狼追杀，在走投无路之时，抓起一块羊皮披在身上，悄悄混入了羊群中。狼追到羊群前，分辨不出哪个是人。便问计于狐狸，狐狸对狼耳语几句。狼窃喜，对着羊群高喊："人啊，你装扮成羊，真是太逼真了，我一点也看不出破绽。人，虽然你聪明，但有一事你无法做到，你能把自己扮成狼吗？"话音刚落，只见人气呼呼地站起，把身上的羊皮一掀："谁说不能！"说时迟那时快，狼猛扑过去，咬住了人的喉管。如果想看清一个人的本来面目，就去奉承他、抬高他，看他此时的表现即可。在敌人面前"勇敢"，是暴露缺点，在法律面前嚣张，是自寻死路。俗话说，天欲让其灭亡，必先使其疯狂。一个人过于膨胀，处处逞强，这是盲目愚蠢的勇敢，终会将其引向深渊。

勇于不敢则活，老子说，"不敢"也需要勇气，一时的忍耐可以保全自己，可以避免陷入危险，韩信的胯下之辱就是最好的例证。韩信很小的时候就失去了父母，主要靠钓鱼换钱维持生活，经常受一位靠漂洗丝绵生活的老妇人的施舍，屡屡遭到周围人的歧视和冷遇。一次，一群恶少当众羞辱韩信。有一个屠夫对韩信说："你虽然长得又高又大，喜欢带刀佩剑，其实你胆子小得很。有本事的话，你敢用你的佩剑来刺我吗？如果不敢，就从我的裤裆下钻过去。"韩信自知形只影单，硬拼肯定吃亏。于是，当着许多围观人的面，从那个屠夫的裤裆下钻了过去。堂堂七尺男儿，忍受胯下之辱是需要很大的勇气的，但是当时的情况，如果他和屠夫硬碰硬，能不能活下来都两说，更别提之后成为大将军了。"勇于不敢"要与懦弱、退缩区别开，这是顺应自然规律，不以主观意志取代客观实际，是保护生命的智慧。懂得知雄守雌道理的人会怎样呢？老子在《道德经》第五十二章中答"守柔曰强"。懂得坚守柔弱，因为柔弱更能长久，柔弱胜刚强。力量不够的时候，懂得用守柔、韬晦的方式，引得对方放松警惕，这才是成长的好时机，利用这个时机使自己的力量不断积累、不断增强，最后才能成为真正的强者。

　　古往今来，凡能成大事者无不深谙龙蛇申屈、藏锋蓄志之道。多少英雄都是在默默无闻时期积蓄力量，虽然知道自己力量强大，但是仍然安静宁静，最终一招制敌。三国最终归晋，起到决定性作用的人物便是司马懿。他成功地拖死了蜀国，又让两个儿子把持了朝政，奠定了晋国的基础。司马懿才华并不在诸葛亮之下，只不过民间尊刘，故而都认为司马懿被诸葛亮死死压住。司马懿一生装过两次病，一次被曹操识破，差点掉了脑袋，另一次成功骗过了曹爽，掌握了实权。第一次装病是在建安六年（201年），时局不明，曹操想要司马懿为他效力，但曹操实力不及袁绍，司马懿不愿意冒险，称病不出。第二次装病就妇孺皆知：魏明帝去世时，以曹爽和司马懿为托孤之臣,共同辅佐朝政。但曹爽仗着自己是宗室,排挤司马懿,逐渐独揽大权。司马懿一时争不过他,便使用老招装病。他已经是装病"老戏骨"了,曹爽派人来试探的时候,他把衣服扔了,喝汤到处洒,故意把李胜说的话重复错,曹爽被瞒哄过去,最终司马懿将他灭族。韬光养晦,才能厚积薄发。

第二节 知白守黑

白是什么?光能够照到的地方,所以明亮;黑是什么?光照不到的地方,所以暗昧深沉。知白守黑,深知本性纯白,却可守得混沌暗昧的态势;知道未来一定光明,更有力量对抗眼前苦难。对人世间的是非对错都明白,却如无所见,看起来好像愚钝的样子。对世俗不加评议,一笑而过,何尝不是大智若愚?

例1

【第二十八章原文(节选)】知其白,守其黑,为天下式。为天下式,常德不忒,复归于无极。

【译文】越是内心有光明和信念,就越能不在乎别人黑自己或是自黑,这就是能领导天下的支点。有这个支点,那最高的品德就不会出现偏差、错误，复归于无穷无尽的智慧。

西安有一个寺院叫罔极寺，是当年太平公主给她的母亲武则天建的，寺名出自《诗经》"昊天罔极"，意为无边无际，与无极的意思是一样的。《道德经》第二十八章讲无边无际的智慧。许多人都下过围棋，下围棋时执黑子的若只看黑子不看白子，能守得住吗？两方面都了解，才能了解棋局的形势。"知其白，守其黑"，白是什么？是内心的光明信念和远大抱负；黑是什么？是前进路上的艰难困苦，是别人的嘲讽、阻拦。知白守黑，知道前途是光明的，知道自己内心的坚定信念，才能守得住寂寞，才有信心对抗困难。

历史上，陕西富平有一位著名的将军王翦，他是秦王的得力干将，秦灭六国时除了韩国之外，其他五国都是王翦带着儿子去灭掉的。王翦和秦国的另外一位名将白起不一样，白起好杀，四十万士兵说坑杀就坑杀了。王翦相对来讲还是比较平和的，当年秦王要灭楚国的时候，最先找到王翦。王翦就跟秦王说，你给我六十万大军，否则这事办不成。秦王不敢给啊，六十万？国家才有多少士兵，六十万你带着跑了怎么办？你另立一个国家怎么办？自古帝王多疑，历史上任何一位王对自己手下的将军大概都是这样一种心态。这时另外一位将军说，我要二十万就够了，结果被打得抱头鼠窜回来了。秦王又去找王翦，王翦说我还得要六十万，否则这事还是做不成。这次他还加了筹码，要秦王给土地，给金银财宝，否则就不去。

没想到提出这个要求，秦王就放心了，王翦之后一连提了五六次，把秦王最后的一点疑心也给打消了。王翦手下将领不明白怎么回事，将军不是这么贪的人啊？王翦就笑了，要的赏赐——土地金银财宝不都在秦国老家吗？我总要回去取的，这样主公就不会怀疑了。

  知白守黑的思想与智慧很多人都知道，但未必能做得到。按照这样的道去做的话，就不会有偏离，不会有偏差，复归于无极。唐代一位谋士黄滔，擅于文辞，有"闽中文章初祖"之号，他写了一篇《知白守黑赋》，开头第一句就说："白之能知，须守黑于所为。黑之能守，则知白而无咎。"为什么能坚守内心本性，是因为所作所为都保持暗昧混沌；"守黑"的时候不迷失自我，是因为"知白"使人警醒自我不犯错。世界上哪有绝对的黑白？表面上光滑无比的镜子实则凹凸不平，看起来干净的东西放到显微镜下也布满细菌。《汉书》里有"水至清则无鱼，人至察则无徒"。人在这社会上有很多的不得已，老子说"和光同尘"其实就是学会与世界和平相处，与自己和解。只要自己心中坦荡，相信前路光明，那么暂时忍受黑暗也没什么大不了的。屈原被流放时，在水边遇到了一位渔父，渔父曾告诉他："沧浪之水清兮，可以濯吾缨；沧浪之水浊兮，可以濯吾足。"沧浪的水清，可以洗我的帽缨；沧浪的水浊，可以洗我的脚。这难道不是知白守黑的意思吗？在渔父看来，处世不必过于清高。世道清廉，可以出来为官；世道浑浊，可以与世沉浮。无法与世俗和睦相处，最终落得凄惨下场则是大可不必。所以说知白守黑是双向的，这才叫抱一。知白守黑的智慧在《道德经》里被抬到了很高的境界。

《道德经》第四十一章有"大白若辱"，与知白守黑一个道理。内心有光明、信念和远大的抱负，就能忍受很多的屈辱。为什么？能屈能伸，心中有理想，这些羞辱、苦难就显得微不足道，不值一提。要是能够实现最终目标的话，受点委屈也没什么。就像医生穿着白大褂，人们叫他们"白衣天使"。这个"白"就是圣洁的意思，拯救世间疾病痛苦。既然知道自己有这样伟大的使命，也就没那么在意有时候病人和家属的不当言辞了。吞下委屈的同时也撑大了格局。我们共产党人，正是坚守共产主义理想和共产主义事业在内心的真挚信仰，坚信中国的未来是光明的，才能在物质供给短缺、武器装备简陋、斗争环境艰苦的条件下，赢得胜利。知白守黑其实就是依靠内心信仰，面对一切磨难，坚信未来光明，就有力量对抗苦难。信仰就是一种忠诚、一种希望、一种理想，它给人不畏牺牲的精神，给人崇尚光明的力量。不知白，如何守黑？人生缺乏信仰，就会变得浮躁。在物欲甚嚣尘上的今天，我们更需要有坚定的信仰，更需要坚守内心纯白。

第三节　知荣守辱

老子认为，有了荣的底气，才有经受辱的能力，这是在说人的心态问题，如果别人一讽刺嘲笑，自己心态就崩了，那自然什么事都做不好。良好的心态就像庄子所说："举世誉之而不加劝，举世非之而不加沮。"不会因为别人的赞美而飘飘然不自知，不会因为别人的攻击而沮丧萎靡，心态稳才能成大事。如何拥有这样的本领呢？老子说，只有做出成绩，有实力，有底气，才能经受住外界的干扰，知荣守辱。

例1

【第二十八章原文（节选）】知其荣，守其辱，为天下谷。为天下谷，常德乃足，复归于朴。

【译文】越是懂得自己的荣誉，被羞辱时就越能守得住，就像善于处下的山谷一样。像山谷一样，那常德就会充足，返璞归真。

知其荣，才能守其辱。比如说，知道自己的工作做得很好，突然间有一个人过来骂自己、贬低自己，要不要跟他争辩？不需要，因为业绩、政绩、功绩、成绩就摆在那儿，众人皆知，不会因为他的一两句攻击而损失半分。所以有荣就守得住辱，因为有底气，不会慌乱。不过这个事情老子的重点是另一面，没有荣，那么辱就是真的羞辱和屈辱。如果本来就没有成绩，没有底气，那么别人来批评也只是扯开了遮羞布，没有还击的理由。有荣才能守得住辱。现在很多心灵鸡汤的文章告诉大家，要先练心态，只要把心态练好了，什么都没问题了。其实有成就的人不用练，心态自然有，没有成绩的人，练了也承受不住屈辱。没有一定的地位，没有和地位匹配的才干和能力，什么都没有，别人几句话就崩溃了。现在经常讲一个词叫低调，但是讲低调得有资本，得先有高才能去讲低，本来就很低了，还低调什么。

《道德经》注重对立统一两个方面，有雄厚的实力才有资格去谈守雌，知道白才有资格去谈守其黑；有荣，才有资格谈守辱。所以第二十八章概括为"知其雄，守其雌；知其白，守其黑；知其荣，守其辱"十八个字，这是老子抱一为天下式的思维方式。试想，像老子这样的人能不知道强的作用吗？能不知道争的作用吗？能不知道进的作用？为什么这些事他不强调？因为这些方面他不说也有人重视。按照抱一为天下式的思维方式，弱、退、不争，也拥有同样的智慧和力量，却被大家给忘记了，抛弃掉了。所以老子在《道德经》里把这一点给大家强调出来，不惜以矫枉过正的方式。

例2

【第十三章原文（节选）】宠辱若惊，贵大患若身。何谓宠辱若惊？宠，为下得之若惊，失之若惊，是谓宠辱若惊。

【译文】受到宠爱和受到侮辱都会惊恐，把荣辱这样的大患看得与自身生命一样珍贵。那么为什么会得宠和受辱都感到惊慌失措呢？受宠者是卑下的，得到宠爱又怕失去，因此会感觉惊恐，失去宠爱则更令人惊慌不安；受辱时惊恐，失去时又害怕再次受到侮辱，因此也会惊恐，这就叫作得宠和受辱都感到惊恐。

知荣守辱，有了实力，有了荣的底气，才有承担辱的能力。那么老子认为何为荣辱，以及怎样对待荣辱？《道德经》第十三章先解释宠辱若惊，"得之若惊，失之若惊"，这就叫"宠辱若惊"。得到宠爱担心再失去，得不到宠爱就担心永久失去。类似有的宫斗剧，讲的不正是因为这些妃子担心失去皇帝的宠爱，进而担心失去自己手里的权力吗？有人说宫斗就像职场，每个人都希望得到上司的喜爱，想要升职，所以争来抢去。得到一个位置惊，担心会不会被撤职；失去这个位置更惊，担心会不会再也得不到了。有的人一被撤职就想不开，失去别人的赞美喜爱就受不了。为什么会这样？因为"宠为下"。这句话是什么意思呢？得到宠爱的人处在较底层级，虽然受宠，但是什么时候宠爱什么时候不宠爱，都是别人说了算。皇帝宠妃子、宠大臣，不都是皇帝在上吗？所以被宠的一方永远患得患失，这种情绪证明了地位上、心理上的差距，即"宠为下"。宠辱不惊是难得的思想和智慧，这样的人很难得，受到赞美、宠爱，也看不出来他很高兴；失去了这些赞美、宠爱，也不见得他很慌张。对一切事情都能够淡然处之，这是高境界。

"宠辱不惊，看庭前花开花落；去留无意，望天上云卷云舒。"《菜根谭》中的这副对联把道家思想风格展现得很完美，得到了荣誉、宠爱不必狂喜狂欢，失去了也不必耿耿于怀，自怨自艾。随着时间的流逝，得而复失、失而复得，加加减减，最后都是过眼烟云，总会"清零"。

清朝时候流传这样一则笑话：有一个老童生，每次考试都不中，但人却已经步入中年了。这一年他正好与儿子同科应考，到了放榜的那天，儿子看榜得知父亲和自己都已经考中，赶快回家报喜。老童生正好在房中洗澡，儿子敲门大叫说："父亲，我考取了！"老童生在房里一听，便大声呵斥道："考取一个秀才算得了什么，这样沉不住气，大呼小叫！"儿子一听，吓得不敢大叫，便轻轻地说："父亲，你也考取了！"老童生一听，便打开房门，赤身裸体，一冲而出，大声呵斥道："你为什么不先说。"他忘了自己光着身子，衣裤都还没穿上呢！如果他看待自己的荣辱得失像看待别人的一样，就不会大惊小怪了。

荣辱毁誉不上心，说着容易做着就难了。东晋谢安算是魏晋名士中修为极高的人，文韬武略无不精通。淝水之战是谢安最得意的军事经历,谢安是总指挥,这场战役以少胜多,大获全胜。一次他同客人下棋,谢玄拿着前方捷报给谢安。谢安看后默不作声,风轻云淡继续下棋,就像什么都没发生过一样,下完棋后客人走了,谢安才忍不住狂喜起来,过门槛时碰断了木屐屐齿都没有发觉。

还有我们都敬佩的"也无风雨也无晴"的苏轼,他洒脱不羁,进退自如,任何事情都无法让他挂心。有一则关于他的轶事,苏轼被派遣到江北瓜州任职,与他的好朋友佛印禅师所住的金山寺只隔着一条江。有一天,苏轼坐禅欣然有得,便做了一首偈子,很得意地派书童过江把偈子送给禅师,并嘱咐书童看看禅师是否有什么表扬的话。偈子上写:"稽首天中天,毫光照大千;八风吹不动,端坐紫金莲。"禅师看了以后,拿起笔来,只批了两个字,便让书童带回去。苏轼以为禅师一定会赞叹自己境界很高,看到书童拿回的回语,打开一看,只见上面写着"放屁"两字,他暴跳如雷,无名火不禁升起。于是,苏轼便乘船到江的对岸去找禅师论理。船快到金山寺时,佛印禅师早已站在江边等待,苏轼一见禅师便怒气冲冲地说:"禅师,我们是至交道友,你怎么能骂我呢?"禅师听了呵呵大笑说:"你不是八风吹不动吗?怎么让我一屁就打过江来。"这就是"八风吹不动,一屁过江来"的故事,"八风"就是"称、讥、毁、誉、利、衰、苦、乐",总结起来就是"荣辱"二字,可见知荣守辱确实需要不断修炼心性。

《道德经》第二十八章中的"复归于朴",其实就是返璞归真，为什么要用"复归""反"这样的字眼呢？这里的逻辑在于没有巧，也就不会有最后的拙，就像雄雌、黑白、荣辱是一样的，一个人连荣的阶段都没经历过，别人说他无能，也无法反驳啊。现在有的书法家，一开始字就写得很丑，还给人家说这叫返璞归真，这叫大巧若拙，这不是胡来吗？根本没有经过巧的阶段，怎么去返呢？还在初级阶段，怎么去返？圣人复归于婴儿，他成为圣人以后，才可以复归婴儿，本来就是个婴儿，还复归什么？所以《道德经》第二十八章的三对矛盾对立面，其实都是复归的过程，两个阶段都要经历，最终抓住重点，这在马克思主义哲学里叫作"两点论"和"重点论"。

第四节　知高守低

高，主要指地位高，实力强大。知高守低，是说身居高位的人要知道自己的高贵地位是从哪儿来的，高以下为基，守得住基础才能更好地成就高位。善于处下，才能真正居上。

例1

【第三十九章原文（节选）】天无以清将恐裂，地无以宁将恐发，神无以灵将恐歇，谷无以盈将恐竭，万物无以生将恐灭，侯王无以贵高将恐蹶。故贵以贱为本，高以下为基。是以侯王自谓孤寡不谷。此非以贱为本邪？非乎？故致数舆无舆。不欲琭琭如玉、珞珞如石。

【译文】没有一阴一阳的道，天地万物就没办法清宁盈灵，侯王也无法坚守正道了。所以高贵以低贱为根本，高位以坚实基础为根本。因此侯王自称"孤、寡、不谷"这不就是提醒自己以低贱为本、重视根基的道理吗？所以屡次得到称誉也就没有称誉了。得道的人不愿像华美的玉，而愿效仿坚硬的铺路石。

《道德经》第二章有"高下相倾"，表面上看起来很浅显，但恰恰就是这个地方更为深刻。《道德经》第三十九章有"贵以贱为本，高以下为基"，如果没有本、没有基会怎么样？就倾倒了。所以说，不管居于什么样的高位，都要以下为本——知道根基在哪儿，守住自己的根基；善于处下——谦卑，虚心求教，礼贤下士，这样才能真正居上。《道德经》第十七章有一个词"太上"，很多人觉得这个词很高大上，因为电视剧里太上皇是皇帝的爹，能不高贵吗？但这不是老子的本意。"太"字的写法，是在"大"字下边加一点。在中国人的观念里，伟大、高大，大而为之神，即"大"已经是很高的形容词了。在"大"字下边加一点，意味着高贵的人一定要把自己放得低一点，这叫作太上。《道德经》第六十六章有："是以欲上民，必以言下之；欲先民，必以身后之。"要想站在高位，领导好下面的人，在语言上一定要谦逊，不要居高临下，盛气凌人，指手画脚，要像山谷一样善于处下，才能汇聚江河，源远流长。

自然是一个整体，彼此相互作用，形成有生命的整体，如果没有阴阳双方力量的相互作用，万事万物都不复存在。对于侯王来讲也是如此，不重视高下相倾的对立统一关系，就不会有高贵的位置。"贵以贱为本，高以下为基。"我们在看古装剧的时候，在读古书的时候也都会有一个疑问，那些皇帝为什么喜欢称自己孤家寡人，太后还喜欢称自己"哀家"，"孤寡""哀"，这明显都不是什么好词，他们在干吗？他们在警告自己，提醒自己，千万不要变成孤家寡人，不要落得悲哀的下场。老子劝告统治者、诸侯王，不要认为自己身份高贵，没有国家的人民，也就是统治者眼中所谓的贱民，哪来自己高贵的身份和位置，人民才是国家的根本！贵以贱为本。电视剧《琅琊榜》中靖王和他父亲对峙的场面耐人寻味，他父亲是皇帝，靖王就对他父亲讲："你可以把我杀掉，你可以把这些人都杀掉，把国家的人民都杀掉，但是你把他们都杀掉，你还是那个王吗？这些都没有了，哪来你王的高贵的身份？"

其实，很多统治者都没有意识到位置越高其实越危险的事实，所谓危如累卵，鸡蛋要是摞在最上边，掉下来不是摔得粉碎吗？哪怕是坐到了金字塔的塔尖，没有底下一层一层的基础和平台，不也得轰然倒塌吗？《排花扇》中有一句话："眼看他起朱楼，眼看他宴宾客，眼看他楼塌了！"虽然有点幸灾乐祸，但是道理还在，高以下为基。这也是历史学家总结出的历史教训。人类历史上最大的教训是什么？就是常常忘记历史的教训。所以老子提醒统治者要时常告诫自己，警醒自己。侯王自称孤寡不谷，就是提醒自己稍不注意根基根本，不善于处下，就会变成孤家寡人，就会吃不上饭，就会饿死。

《道德经》第六十八章有"善用人者为之下"，有智慧的统治者一定会对人民好，那些自以为身份高贵、居高临下、盛气凌人、趾高气扬、不可一世的，最后一定是高下相倾，轰然倒塌。"此非以贱为本耶？非乎？"这是后人根据语气加的标点符号，确实也是这句话的本意，不是这样吗？就是这样。

历史上很多王、皇帝的确是被饿死的，比如说大家熟悉的春秋五霸之一的齐桓公。管仲是辅佐齐桓公的大臣，他去世之前，就跟齐桓公建议过，有几个人不能用，其中就有易牙。易牙是春秋时期著名的厨师，善于做菜，很得齐桓公的欢心，他也是"烹子献糜"典故中的主人公。易牙这个人极其狠心，齐桓公说自己没有吃过人肉，易牙就把自己的孩子烹了，送给齐桓公去品尝。齐桓公大受感动，认为易牙爱他胜过亲骨肉，从此齐桓公宠信易牙。管仲告诫齐桓公易牙心太狠了，这人不能用。但齐桓公没听。管仲去世之后，易牙趁齐恒公生病之际，联合几个奸臣作乱，堵塞宫门，不为齐桓公提供饮食，一代霸主活活被饿死，尸体生蛆也无人料理。南梁武帝萧衍，吃素礼佛、对人宽容，被称为"菩萨皇帝"。后来侯景叛乱，将萧衍囚禁在台城，直到饿死。落得凄凉晚景的皇帝不少，所以老子并不是危言耸听，上位者忘记了历史的教训，真的会以悲凉收场。天下是天下人的天下，每一个人构成了这个天下，就像一辆车是由零件组成的，不能用割裂的方式来对待一个整体。

做帝王也罢，在其他的位置也罢，包括做人也罢，不欲"琭琭如玉"，不必让自己那么华美如玉，除了观赏之外有什么用呢？而应该"珞珞如石"，就像坚硬的石头一样。为什么？石头能铺路，可以给大家提供很多便利，这叫以下为基，善于处下，坚硬、坚持，才是有道的表现。

贵以贱为本，高以下为基，知道自己身居高位的原因，知道自己的高贵地位是从哪儿来的，守得住基础，位置才更牢固。不仅对于统治者来说是这样，国与国之间的关系也是如此。实力强大的国家往往善于处下，会帮助扶持弱小的国家，和实力较弱小的国家打交道的时候谦逊谦和，和谐相处，而不会恃强凌弱，肆意欺辱小国，这样就把实力较弱小的国家争取了，"兄弟国家"的力量也会更强大。《道德经》第六十一章有："大国者下流。天下之交，天下之牝。牝常以静胜牡，以静为下。故大国以下小国，则取小国；小国以下大国，则取大国。故或下以取，或下而取。大国不过欲兼畜人，小国不过欲入事人。夫两者各得其所欲，大者宜为下。"我们总能听到一句话，是非洲的黑人兄弟们把新中国"抬"进联合国的。当时许多非洲国家跟新中国有着相同遭遇，除了自身的反帝反殖民斗争，还处在大国竞争的漩涡当中。坚定支持新中国,对于非洲国家来说,不仅因为利益,还因为信念。我们记得这份情,这些年来中国丝毫不忘非洲兄弟,新冠疫情下,中国援助非洲国家新冠疫苗,更是中非友好的表现,这才是大国风范。

第五节 知实守虚

实,即有形之物,是一切我们看得见摸得着的东西。虚,便是无,无色、无味、无形、无为。知实守虚,看到有形实物的力量,更要懂得虚无之物的强大,实为表象,虚为本质,世界上所有事物都有虚、实两个方面。作为对立统一的矛盾双方,虚和实相比较而存在,相对立而发展,二者相辅相成,相互作用,缺一不可,由此构成整体的世界。所以仅仅看到一方的重要性是不够的,更要了解根本的、决定性的力量。

例1

【第十一章原文】三十辐共一毂,当其无,有车之用。埏埴以为器,当其无,有器之用。凿户牖以为室,当其无,有室之用。故有之以为利,无之以为用。

【译文】三十根辐条插到一根毂中的孔洞当中,有了车毂中空的地方,才有车的作用;揉和陶土做成器皿,有了器具中空的地方,才有器皿的作用;开凿门窗建造房屋,有了门窗四壁内的空虚部分,才有房屋的作用。所以,"有"给人便利,"无"发挥了它的作用。

知实守虚,因为有无、虚实相比较而存在,相辅相成。《道德经》第十一章是论证虚实关系的典型,举了三个例子。第一个,"三十辐共一毂",车的轮子是有辐条的,插在车轴里,车轴中间是空的,如果没有这些空隙,是实心的,就没有车轮的转动。第二个,"埏埴以为器",埏埴是坯土,将这些土拍成型,才能做成器皿的样子,放到火里去烧。正是因为制作过程中把中间的东西掏空了,制成之后才能作为器物来使用,中间是空的,才能盛食物、盛水。第三个,"凿户牖以为室",户是指门户,牖是指窗户。盖房子的时候,墙壁、地基这些就是实物,可是我们用的是中间无的部分,如果是实心的,就无法作为房子而使用。"故有之以为利,无之以为用。"外边是实的部分,中间是虚的部分,因为有了实,才能使用虚,反过来也一样,空的部分有用,实的部分的重要性也就凸显出来了,这两者缺一不可,有无相生。

虚实相生的例子在生活中随处可见,比如中国画的留白,画家认为那是意境;音乐的情感往往都在停顿的间隙中得以转折、升华;维纳斯的断臂始终没有被接上,只有断臂才能带给人无尽的想象。

虚就是无的表现，我们不能否认实有的价值，但是要看到虚无的意义更为根本，无论是艺术还是生活，虚无都蕴含着巨大的作用。

虚无的精神力量有多强大呢？就体现在人与人之间的思想境界差别。精神大象无形，纷繁复杂，所以我们没有办法了解另外一个人的精神世界，但是一个社会如果只看到有形之物的作用，看不见虚无的精神的作用，那这个社会就会走下坡路，可能社会物质世界越发达，精神世界也就越花果飘零。

庄子论述了一个大的命题叫"无用之用"。山中树木因为不是良材，避免了被砍伐，很多看似缺点的地方却成为保全自身的原因。林语堂在《京华烟云》中说："在人的一生，有些细微之事，本身毫无意义可言，却具有极大的重要性。事过境迁之后，回顾其因果关系，却发现其影响之大，殊可惊人。"有时候无用可能只是当下无用，暂时无用，之后却会发挥出巨大的作用，也可能是这一方面无用，另一部分却有大的用处。所以，世界上哪有真正的有用和无用呢？换句话说，世界上的虚实有无，是一个相互作用的整体，缺一不可。

例2

【第三章原文（节选）】是以圣人之治，虚其心，实其腹；弱其志，强其骨。

【译文】所以圣人治理天下，使民众心智空虚、吃饱喝足；减弱民众的欲望，强壮民众的身体。

【第十六章原文(节选)】致虚极，守静笃，万物并作，吾以观复。

【译文】尽力使心灵的虚空达到极点，使生活清静坚守不变。万物都一齐蓬勃生长，有道之人在纷繁中考察其往复的道理。

知道了虚实相生、知实守虚的道理，圣人、智慧的统治者，都怎么来实际运用呢？首先虚其心，使老百姓的心灵恢复本真。不尚贤，不贵难得之货，是统治者需要做的。比如现在的社会怪相之一就是过于推崇学历、论文发表数量，而不重视质量，有的单位"唯论文"不重视实际能力，这样就会导致很多人去钻空子，如学术造假等。如果顺应自然，就不应该把人按照某一个标准分为三六九等，因为一旦定了标准就是把人放在一个容器里，让他只能成长为这样的人，而忽略了其他方面的能力。所以，新时代教育评价改革总体方案提出了"破五唯"。

不贵难得之货，使民不为盗。有些东西其实没那么大的价值，价值大都是炒作出来的。一个国家，一个时代，把某个东西炒作得超越了它本身的价值，我们现在称之为"泡沫"。比如说在某一个阶段，大家将手机作为衡量身份的标准，或者将车作为衡量的标准，又或者将房子等东西作为衡量的标准，有人达不到这些标准的时候，又不想失掉这个身份，就开始装，得不到的时候就起了非分之想。

现在的奢侈品成本也不高，售价却高出成本千倍百倍，成了难得之物，是什么导致溢价？就是人们的攀比心。大家都去追逐名牌带给自己的所谓面子、身价，有的人就钻这个空子，造假卖假。当人们想要面子却没有经济实力的时候，就会知假买假，这一恶性循环导致假货泛滥，而一些原创品牌却始终发展不起来。网络发达，人们获取信息很便利，而一些暴力色情信息也趁机涌出，轻则扰乱人的心智，更有甚者使人因此堕入犯罪深渊。"净网行动"就是把这些引起人各方面欲望的低俗信息清理干净，这样人们的心少被打扰，社会就会更清明。所以不推崇这些能够引起人欲望的东西，人们的心更容易保持纯真本性。

老子认为一个好的国家应该怎么管理？好的统治者应该怎么做呢？那就是让大家"虚其心"。虚心使人进步，虚怀若谷，这样才能看到别人的长处，不断地向别人学习。"实其腹"，民以食为天，仓廪实而知礼节，得让人们填饱肚子，吃得饱。"弱其志"，减弱人们强烈的欲望，控制在合理的范围内。比如《人民日报》等主流媒体，都提倡极简主义的生活方式，就是控制欲望的表现之一。"强其骨"，身体是革命的本钱，让人们的身体强健。这样，人心回复纯真本性，社会上也没有过分欲望引起的欺诈和不安。

知实守虚的道理，我们要从以下两个方面来掌握。一是虚实相生对立统一，我们既要看到实有之物的重要性，又要看到虚无的作用。二是好的领导者要学会运用知实守虚的道理，重视精神的力量，控制欲望泛滥，关注民生问题，才能推动社会稳定。

第六节 知死守生

知死守生是老子的生死观。世界万物有生必有死，死亡是每个人的最终归宿，是不可阻挡的自然之势。只有一个例外，老子在《道德经》第六章说过，"谷神不死"。这个谷神指什么？是母亲创造生命的伟大精神，也是宇宙的本原、万物的规律、人生的信仰——道。人惧怕死亡，老子却说死亡并非是走向虚无，而是向自然的回归。认识了解死亡，仍然敬畏生命、珍惜生命，虽然生的时间有限，但精神可以永存。了解了死亡是回归自然的过程，因而更加珍惜生命，所谓知死守生，这是老子教给我们的道理。

例1

【第十六章原文(节选)】致虚极，守静笃，万物并作，吾以观复。夫物芸芸，各复归其根。归根曰静，是谓复命。复命曰常，知常曰明。

【译文】尽力使心灵的谦虚达到极点，使生活清静坚守不变。万物都一齐蓬勃生长，有道之人在纷繁中考察其往复的道理。万事万物纷纷芸芸，各自返回它的本根。返回到它的本根就是清静，清静就能使生命复归而再次续命。复命续命就是自然，认识了自然规律就叫作明智。

什么样的人是最勇敢的人？柏拉图说，哲学家是最勇敢的人，因为哲学家不畏惧死亡。灵魂与身体结合之前，拥有天赋的知识，而与身体结合之后，这种天赋知识被干扰、污染，最终被遗忘。因此，需要净化肉体对灵魂的污染，最彻底的净化便是回到灵魂堕落之前，即与肉体完全分离，这也意味着生命的终结。换句话说，柏拉图以为，死亡是到达最高智慧的唯一途径。《西藏生死书》中的"接近死亡，可以带来真正的觉醒和生命观的改变"，这个逻辑和柏拉图的"死亡练习"很类似，只不过《西藏生死书》的作者是借助信仰的力量，教人们相信有彼岸、有来生，而柏拉图是从哲学高度论证，死亡意味着灵魂的飞跃。

老子在《道德经》第十六章也讲到死亡。道生成万物之后，便任由其自然而然地发展，死亡也是这自然的一环。在老子看来，死亡只是一段安静的时间，是积蓄力量，等待"复命"的时间罢了，并不意味着结束。古今中外的圣贤智慧总是高度相似的，柏拉图将死亡作为灵魂进化的方式，老子将死亡看作是复归的过程，其实都是告诉世人，死也就是这么个事儿，没什么可怕的。从古至今，中国人总是避讳谈死亡，因为相较于西方的理性世界观，中国人始终是感性的、温柔的。

而道家总是对死亡有着别样的见解，老子认为死亡是复归，是回家，回到归宿。庄子更甚，为他妻子的死亡高歌，也就是我们熟知的"鼓盆而歌"。庄子的妻子死了，与庄子有"濠梁之辩"的惠子前往吊唁，却见庄子岔开两腿，像个簸箕似的坐在地上，一边敲打着瓦缶一边唱着歌。惠子很不理解："你的妻子和你一起生活，生儿育女直至衰老而死，身死你不哭泣也就算了，竟然敲着瓦缶唱歌，不觉得太过分了吗！"庄子回答说："我妻子初死之时，我怎么能不感慨伤心呢！然而想到，她开始原本就不曾出生，不仅不曾出生而且本来就不曾具有形体，不仅不曾具有形体而且原本就不曾形成气息，夹杂在恍恍惚惚的境域之中，变化而有了气息，气息变化而有了形体，形体变化而有了生命，如今变化而回到死亡，这就跟春夏秋冬四季运行一样。死去的她静静地寝卧在天地之间，而我却呜呜地随之而啼哭，这是不能通达天命，于是就停止了哭泣。"庄子认为生死就像是春夏更替，四季变化，是天命，是自然，因而死亡不需要悲伤。有人骂庄子绝情冷酷，就像惠子一开始的不理解，认为庄子如此麻木地对待死亡，是否有轻视生命之嫌呢？绝对不是。相反，他宁愿"曳尾涂中"，也不愿"留骨而贵"，他极重养生，著有《养生主》，他的无用之用也是为了保全生命。所以，看透生死并不意味着轻视生命。

老子和庄子这些智者，因为看透了死亡的本质，认识到万物的运动规律是复归的过程。"芸芸众生"听起来好似众生如草木一样轻，难道老子也认为人和草木一样轻？在老子眼中，人与草木并没有什么两样，"天地不仁，以万物为刍狗"，所以人和世间万物一样平等。老子用草木归根来象征人的死亡，其实是一位智慧的老者对人们善意的安慰与鼓励。"野火烧不尽，春风吹又生。"草木的生命力如此旺盛，落叶归根又有什么要紧，来年春风一吹就又是一个轮回。所以人和草木一样，死亡是终结，也是另一个开端。

老子劝慰人们不要害怕死亡，同时不要漠视生命。一颗小小的种子来年会破土而出，长成草，开出花，或者成为参天大树，这是种子的力量。任何生命都是从一颗微小的种子开始的，包括人类。不要小看种子的力量，一定要珍惜来之不易的生命，因为我们在成为生命之前，已经经历了艰苦卓绝的斗争，付出了极大的代价。这么多生命中，我们又能生而为人，有思想的自由人，更应该珍惜。了解这一点，就不会有那么多轻易放弃生命的悲剧了。

死亡是一次次复归的过程，等它反复不了的时候，那就是结束了。老子希望我们怎么对待死亡呢？成为长寿者。在《道德经》第三十三章中，他告诉人们何为真正的长寿者："不失其所者久，死而不亡者寿。"我们已经认识到死亡就是人生的规律，有的人说了，反正人难免一死，那我们就混吃等死吧。这不是老子的本意。老子是劝告人们不必对死亡过分悲伤，身体死了却使精神永存，这才是生命的价值。如果一个人死得有价值，为人民而死，为正义而死，就叫死得其所，"所"就是归宿的意思。人类的归宿是什么？是思想，换句话说就是精神家园。"不失其所者久"，不抛弃思想和信仰，不脱离自己的精神家园，不让精神家园在物质财富发展的过程中花果飘零，这样才能存在得更为长久。不仅个人是这样，整个人类也是，思想和信仰是人之所以成为人的本质。"死而不亡者寿"，身体死了，但是精神永存，这样的人才是真正的长寿者。人的一生有三次死亡，第一次是心跳停止，呼吸消失，是生物学上的死亡；第二次是葬礼，从此在社会关系网里悄然离去；第三次是世界上最后一个记得他的人把他忘掉，整个宇宙都将和他无关，这是真正的死亡。所以如果永远有人记得我们，某种程度上就意味着永生。就像老子这样，将伟大的思想和智慧传递千年，使我们受益至今，他是伟大的长寿者。

例2

【第五十章原文】出生入死。生之徒十有三，死之徒十有三。人之生动之死地，亦十有三。夫何故？以其生生之厚。盖闻善摄生者，陆行不遇兕虎，入军不被甲兵。兕无所投其角，虎无所措其爪，兵无所容其刃。夫何故？以其无死地。

【译文】人生就是从出生到死亡的历程。长寿的人占十分之三，短命的人占十分之三，本可以长寿但因妄为把自己置于死地的人也占十分之三。为什么？因为他们过分地追求奉养自己以求生。听说善于养生的人，在陆地上行走不会遇到兕、虎，在战场上不会被兵器所伤。兕的角无处可用，虎的爪也没了用处，兵器的刃也用不上。

为什么？因为他不把自己置于死地。

老子用"不失其所者久，死而不亡者寿"告诉人们如何使精神长寿，那么他有没有说怎么让肉体活得更久一些？老子的生死观在《道德经》第五十章也很明确，这一章表面上在讲养生之道，也就是文章所说的摄生，实际上表达的是更为深刻的道理——顺应自然，自然而然，掌握规律、规则，才是真的养生。《庄子·养生主》中，梁惠王从庖丁解牛的过程中悟到了养生之道，就是掌握事物的客观规律，顺应自然规律。《道德经》第五十章第一句"出生入死"，现在用来比喻这个人不惧艰险，为了自己的理想可以牺牲生命，出生入死。老子则是用了字面意思，就是从出生到死亡，也就是人的生命是生出来到归于大地的过程。凡事有成必有灭，凡生命有生必有死，这是一个自然而然的过程。

这个过程，不同的人有所不同，如果把天下的人分做十成，那么有十分之三的人是生之徒，也就是长寿的。还有十分之三的是死之徒，体质各方面决定是短命的。还有十分之三的人是怎么样的呢？"人之生动之死地"，本来可以长寿，最后由于自己的胡为、妄为、折腾，就把自己置于死地了。为什么会这样？《道德经》给了答案：以其生生之厚。生，养生，解释得更明确叫求生，太着急了，太迫切了，想延长自己的性命，于是总害怕自己的营养不够，最后营养过剩，反而把自己置于一个相反的方向。当然这句话只针对那些当时的统治者而言，对位高权重的人而言，他们穷奢极欲的生活方式搞坏了自己的身体："五色令人目盲，五音令人耳聋，五味令人口爽，驰骋畋猎令人心发狂。"本来可以长寿，却把自己折腾到短寿的那一拨去了。自秦始皇求长生开始，皇帝们就开始了不想死的"作死之路"，历史上服丹药而死的皇帝，唐朝二十一位皇帝中有六个，其中就包括李世民。清朝的雍正帝也是长期服用"仙丹"，导致慢性中毒。皇帝应该是世界上最希望长寿的人，他们把握至高权力，当然希望越久越好。本意不想死，反而加速了死亡，就是因为"生生之厚"。

养生到底有没有效果，有没有意义？谁能说得清，谁又能讲得通？就算我们暂且不论养生到底有没有用，太过于迫切的求生，太爱惜自己的身体了，就怕受伤，怕吃亏，瞻前顾后，左顾右盼，担惊受怕，患得患失。这样的情绪对身体好吗？按照墨菲定律也能说得通，越怕死，越死得快。

老子说，真正会养生的人，行路不遇猛兽，作战不怕兵器，尖锐的爪、兵器都奈何不得，乍一听有点像金钟罩、铁布衫这些绝世神功。其实是在说真正懂得养生之人不会使自己进入险境，换句话说不作不死。

不入危险之地，再危险也伤不到你。但是有的人，看到"水深危险"的提示还是要去游泳，在动物园看到"此处有猛兽"的牌子还是要开车窗户，这些自取灭亡的傻事就是作死，怨不得老天。其实死不死、伤不伤，不在于猛兽，不在于甲兵，而是在自身，是否遵守规律，按照道来做。这就是道家的养生之道，简单地说就是"不作就不会死"。本来可以长寿的，自己把自己置于死地，包括很多人触犯法律，甚至把自己的生命都送掉了，这也是把自己置于死地。对未知过分好奇，对金钱、地位过度执着都会勾起人冒险的欲望，所以从养生的角度来讲，道家的少私寡欲也可以约束人们不触碰边界底线，不触碰红线，知足不辱，知止不殆，不冒险，不置身于死地，这是道家哲学层面的养生智慧。

真正善于养生之人逢凶化吉，遇难成祥，轻轻松松长寿，这只是表面上的幸运，其实是因为这些人遵守道的规律罢了。他们看透了生死，也就不害怕死亡，像庄子一样，死亡对他来讲就像回家一样，有什么好担心的？人们过分追逐长寿、养生，反而失去了很多快乐，任何事情过度了都不好，每天只吃蔬菜也会营养不良。所以我们敬畏生命的同时，也要学会笑对死亡，生老病死、七情六欲，都是人生的一部分，要坦然接受，乐观对待。

人自然而生，自然而死，过好当下的每一天就是对生命最大的尊重，如同庄子所说："善吾生者，乃所以善吾死也。"

第七章　七正道

小　序

《道德经》是老子对别人请教问题的回答，那些统治者会问老子的问题不外乎如何治理国家、如何对待百姓、如何成为一个有智慧的人，诸如此类。老子对此类问题的回答可总结为七条正道。

第一，致虚极，守静笃——谦虚到极点才能容纳万物，善于处下才能真正居上。只有安静、宁静才能克服暴躁、浮躁，透过纷繁的表象看到事物的本质，找到解决问题的正确方法。

第二，虚其心，实其腹——去掉人们的利欲、争强好胜之心，让心灵变得纯净，恢复纯真、淳朴的初始状态。仓廪实而知礼节，要关注百姓的切身利益。

第三，弱其志，强其骨——减弱因欲望引起的戾气、贪气、邪气，锻炼出健康的体魄。

第四，挫其锐，解其纷——道是阴阳相互作用的和谐状态，以中为用、稳定才能致远，锋芒外露不可持久。事物表象纷繁复杂，乱花渐欲迷人眼，透过现象看到事物的本质，才能解开纷扰。

第五，和其光，同其尘——学会与世界和平相处，与自己和解。既要相信前路是光明，也要忍受暂时的黑暗。

第六，曲则全，枉则直——懂得曲成万物的道理，委婉迂回地解决问题，会比一味蛮干、横冲直撞有效。

第七，为无为，味无味——道家哲学的核心，无为即不妄为、不多为、有所不为、顺势而为，无味才是至味，无为才能无不为。

第一节　致虚极，守静笃

静是一种智慧，也是一种力量。静能制躁，一颗平静的心，可以抚平躁动不安的神经。当你心浮气躁、怒火中烧的时候，与其向外宣泄不良情绪，不如向内寻求一份清静。越是面对人生的紧要关头，越需要静的力量。"致虚极"，是说心灵谦虚到极点，像山谷一样善于容纳，善于处下。"满招损，谦受益"，只有虚怀若谷的胸怀才能容纳万物，才能进步发展，只有善于处下才能真正居上。"守静笃"，当到达谦虚的极点，便可以安静到极点，只有安静、宁静才能克服暴躁、浮躁，透过纷繁的表象看到事物的本质，找到解决问题的正确方法。好的统治者一定是安静、宁静的，这样才能引领天下百姓走上正道。

例1

【第十六章原文(节选)】致虚极,守静笃,万物并作,吾以观复。夫物芸芸,各复归其根。归根曰静,是谓复命。

【译文】尽力使心灵的谦虚达到极点,使生活清静坚守不变。万物都一齐蓬勃生长,有道之人在纷繁中考察其往复的道理。万事万物纷纷芸芸,各自返回它的本根。返回到它的本根就是清静,清静就能使生命复归而再次续命。

【第十五章原文】古之善为士者,微妙玄通,深不可识。夫唯不可识,故强为之容。豫焉若冬涉川,犹兮若畏四邻,俨兮其若容,涣兮若冰之将释,敦兮其若朴,旷兮其若谷,混兮其若浊。孰能浊以静之徐清?孰能安以久动之徐生?保此道者不欲盈,夫唯不盈,故能蔽不新成。

【译文】古时候善于领着大家做事的人,微妙通达、深刻玄远,不是一般人可以理解的。因为不能认识他,所以只能勉强地形容一下:小心谨慎, 好像冬天行走在结着冰的冰面上,一步都不放松,就像防备着邻国的进攻,警惕戒备;恭敬郑重,就像到别人家里赴宴做客一样;说话做事温暖就好像能使人心里的坚冰缓缓消融一样;纯朴厚道,就像那敦厚的原木一样;旷远豁达,好像深幽的山谷,有着虚怀若谷的胸怀;浑厚宽容,就像水一样能和光同尘。怎样能使浑浊变得清澈?静下来慢慢沉淀。怎样安静久了又充满力量生机？生命在于运动。保持这个道的人不会自满。正因为他从不自满，所以能够去故更新。

进一步讲，谦虚到极点是什么样呢？就是老子在《道德经》第十五章说的"旷兮其若谷"，心灵应该空旷、谦虚得像山谷一样，虚怀若谷。山谷善于容纳，善于处下，因此草木旺盛，万物生长。好的统治者也应如山谷一般，才能获得人民的支持，成就事业。上德若谷，真正有德的人能够像山谷一样容纳万物，谦虚，听得进别人的意见。老子在《道德经》第二十章给得道者的自画像中说："众人皆有余，而我独若遗。我愚人之心也哉！"大家都觉得东西很多，都好像有剩余一样，拼命往外输出，而我好像什么都欠缺，什么都不足，求知若渴。往往浅薄之人更好为人师，认为自己什么都知道，随时随地炫耀自己的学识，"一桶不满半桶摇"，其实他们无一精通。而渊博的人却总认为自己不足，哪儿都欠缺，随时向别人请教，如此便可以时时学习，处处长进。

现在常用的成语"虚怀若谷"，就是出自"旷兮其若谷"，山谷，不知道它有多深，不知道它能容纳多少，人的胸怀也应该像山谷一样，具体可概括为"三容"。

第一，能容人。人无完人，每个人都不可避免地有这样那样的缺点，但是同样都有过人之处，所以我们不能因为别人某个方面的不足而否定其全部。孔子曾认为三岁小儿也能做他的老师，没有因为年龄小、经验少而否定小儿的长处。每一个人都有值得学习的地方，应该效仿他的优点，对照他的缺点以改正自己，正如孔子所说："择其善者而从之，其不善者而改之。"

第二，能容事。生活中，总是能碰到一些喜欢挑事的人，挑拨离间，搬弄是非，甚至是在公众场合出言讽刺，把别人的隐私到处宣扬。针对这类事情的最好办法就是无视，专注做好自己的事情。喜欢挑事的人最乐意看到的就是打乱了别人的生活节奏，看到别人的情绪因为他而出现了波动，波动越大他就越来劲。所以能够容下这些事情，挑事的人觉得没办法引起别人的情绪波动，也就偃旗息鼓了。

第三，能容言。兼听则明，偏信则暗，好话、坏话都能听得进，虚心听取意见和建议。容言是风度，是胸怀坦荡，是谦卑，是强而不锐，也是有力量的体现。容言要有勇气，没有勇气则听不得诤言；容言要有耐心，没有耐心则听不到真言。容言不是是非不辨，良莠不分，容言要有智慧，分得清哪些是良言哪些是谄言。容言才能广开言路，集思广益。

再进一步说则是"海纳百川，有容乃大"。作为秦始皇一统天下的左膀右臂，李斯曾经说过："泰山不让土壤，故能成其大；河海不择细流，故能就其深；王者不却众庶，故能明其德。"泰山没有排斥泥土，所以高大宏伟；大海没有拒绝小支流，所以成为大海；有智慧的统治者包容众人，所以明德彰显。每个人都有自己的性格缺陷，因而人与人之间存在分歧是在所难免的。如果我们能够用宽容的态度来对待别人，不仅可以避免很多纠纷，还能交到许多朋友，得到他们的帮助和支持，最终成就自己的事业。

例2

【第二十六章原文】重为轻根，静为躁君，是以圣人终日行不离辎重。虽有荣观，燕处超然。奈何万乘之主，而以身轻天下？轻则失本，躁则失君。

【译文】稳重是对轻率的制衡，安静是对急躁的掌控。圣人每天总是保持稳重，如同军队离不开辎重。虽然走进富丽堂皇的建筑，也像燕子一样安居，泰然自若。可为什么这些万乘之主却轻率地治理天下呢？轻率就失去了制衡，急躁、浮躁就失去了掌控！

【第四十五章（节选）】躁胜寒，静胜热，清静为天下正。

【译文】运动可以克服寒冷，静可以战胜热，（治天下的人）保持内心清静才能将天下领上正道。

【第五十七章（节选）】我无为而民自化，我好静而民自正，我无事而民自富，我无欲而民自朴。

【译文】我无为，人民便自我化育成长；我喜好清静，人民就会自己走上正道；我不多事不扰民，人民自己就会富起来；我没有私欲，人民自然就会淳朴。

老子认为人只有在安静下来的时候，才能透过纷繁的表象，认识事物的本质，因为静之徐清。老子用水的形象，告诉人们静的重要性。人生就像一杯水，诸多困难挫折就像落在水中的灰尘，如果无法将自己的心沉静下来，一直被愁绪笼罩，那么灰尘一直漂浮，最终只会得到一杯浑浊的水。其实人间事，不如意者十之八九，不如坦然对待一切事情，管他东西南北风，我自岿然不动，这才是明智的生活态度。只有这样，人生这杯水才能变得清澈明亮，已经沉在底下的灰尘就不值一提了。

古希腊四大哲学学派之一的斯多葛学派的"不动心"与老子的虚静有异曲同工之妙，他们主张"按照自然生活"，每一个人都有自己的命运，人无法改变和控制命运，却可以控制对待命运的态度。正确理性的态度就是"不动心"，因为幸福归根到底是一种内心情感，人无法控制外界事物，却可以排除外界事物对心灵的影响。他们认为有智慧的人，无论面临怎样的境地，都能够保持平稳柔和的心态，因而能够获得幸福："虽病而幸福，危险而幸福，被放逐而幸福，蒙受羞耻而幸福。"伊壁鸠鲁学派认为，宁静的快乐才是最高的幸福，因为此时心灵和肉体都不受干扰。无论是"不动心"，还是宁静的快乐，其实都是不摇晃杯中的水，安静平静，自然就获得幸福。

英国作家狄更斯在《双城记》的开篇说道："这是最好的时代，

也是最坏的时代。"我们这个时代，科技发展之迅速，人们的生活时时刻刻都在发生变化，这样的变化，好，也有不好。我们中华文化是农耕文明培养出来的文化，节奏较慢，而现代工业文明带来的快节奏会带来一些问题。如果不能找到让自己宁静下来、安静下来、冷静下来的方法，就会像一杯被不停摇晃的落了灰尘的水一样，永远都是浑浊的，所以我们要有定力，要学会沉淀。习近平在《多读书修政德》一文中谈到："要真正把读书当成一种生活态度、一种工作责任、一种精神追求、一种境界要求，使一切有益的知识、一切廉洁的文化入脑入心，沉淀在我们的血液里，融汇到我们的从政行为中，做到修身慎行，怀德自重，敦方正直，清廉自守，拒腐蚀、永不沾，永葆共产党员的先进性。"可见读书是让人们安静下来的好方法。

需要强调的是，所谓守静笃是说我们需要去找一个非常寂静，一点声音都没有的地方吗？并不是。无论深山老林，还是热闹集市，都只是形式而已。小隐于野，大隐于市，真正的宁静是无论身处何地，都有足够坚定的意志保持自己安静的状态而不受干扰。"结庐在人境，而无车马喧。"安静在于自身，而不在于外界。

诸葛亮的草庐挂着一副对联"淡泊以明志，宁静以致远"。他有一篇文章《诫子书》，是告诫他的儿子"非淡泊无以明志，非宁静无以致远。"这两句话最早出现在《淮南子》。想要拥有远大的智慧吗？那就要宁静以致远。每个人遇见事的时候，先暂时安静下来，冷静思考，这样就会避免使很多小事情酿成大事故。例如，开车时候总有"路怒客"，稍微有一点不高兴，双方就开始摩擦冲突，粗口相向甚至拳脚相加。有一个报道说，有个人要超车，前面的没让他超，然后他就一直别车，两个人都走不了，最后打起来，闹进了派出所。邻居之间、夫妻之间因为小事发生口角，最后上升到打架斗殴，都受到法律处罚。这些事在生活中很常见，就为了一点小事，冲动最终酿成大祸，何必呢？我们遇到事情的时候一定让自己暂时宁静下来、安静下来，哪怕只问自己几个问题，要不要动手？动手的后果是什么？有没有别的解决方式？这样的话，情况就有可能完全不同，因为人在焦躁、暴躁、狂躁的时候，谈不上一点智慧，安静下来之后才会有更好的方式。

重为轻根，静为躁君，稳重是轻率的根本，要拿稳重来掌控住轻率，以重御轻，用安静、宁静控制住急躁、浮躁，宁静以致远。所以静之徐清，是我们要努力的一种修养和本事。苏轼的父亲苏洵，在其著作《心术》中说："为将之道，当先治心。泰山崩于前而色不变，麋鹿兴于左而目不瞬，然后可以制利害，可以待敌。"好的领导者一定是临危不惧，处变不惊的。冷静下来才能看清事物的本质，找到解决问题的正确方法。《道德经》第四十五章有"清静为天下正"，第五十七章有"我好静而民自正"，这些都是针对统治者来讲的，统治者只有这样才能够引导天下走上正道。

第二节　虚其心，实其腹

《道德经》中的"虚其心"，是指去掉人们的利欲、争强好胜之心，让心灵变得纯净，恢复纯真、淳朴的初始状态。《尚书·大禹谟》说"满招损，谦受益"，一旦心被欲望杂念充满，便无法再接受任何思想，久而久之不仅无法进步，更有甚者会因为贪欲招致危险祸患。老子说，我们应该虚怀若谷——好的统治者应该像山谷一样，胸怀广阔，容纳万物，一个仁慈的统治者才会有忠实的跟随者。"实其腹"，统治者应该关注百姓的切身利益，所谓"仓廪实而知礼节，衣食足而知荣辱"，百姓温饱之后才能去发展精神文化层面的东西。

例1

【第三章原文(节选)】是以圣人之治，虚其心，实其腹；弱其志，强其骨。常使民无知无欲，使夫智者不敢为也。

【译文】圣人的治理，使民众虚心、饱腹；减弱民众的欲望，强壮民众的身体。经常使民众保持无知无欲的自然淳朴状态，致使那些诡计多端的人就不敢要诈。

【第五十三章原文（节选）】大道甚夷，而民好径。朝甚除，田甚芜、仓甚虚。服文彩，带利剑，厌饮食，财货有余，是谓盗夸。非道也哉！

【译文】大道非常平坦，但一般人喜欢走捷径。（无道之君）朝政非常混乱，田园非常荒芜，仓库非常空虚。穿着华美的衣服，佩带锋利的宝剑，吃饱喝足，积存的财货有剩余，这是在夸耀自己的强盗途径。无道啊！

虚其心，不是心虚，而是把人从智巧中拉出来，找到自己的本真。现在很多人，尤其是企业家、艺术家，一旦遇到什么困难，或者觉得烦躁没有灵感的时候，就要去深山里或者其他避静地住几天，这是虚其心的过程，也是"倒垃圾"的过程，离开繁忙的都市，暂时搁置忙碌的事务，待在一个安静无人打扰的地方，更好地整理内心思绪，把心中的千丝万缕清空，把堵心的事情疏通一下，心如河道，被砂砾堵实了就没办法思考。智慧的人应该及时清理心中垃圾——虚其心，就像疏通堵塞的河道，这样才能良性循环。二十世纪五十年代，苏联把支援我国建设的专家都撤走了，很多试验做了一半就被扔下了。那时候我国真的是一穷二白，非常困难。但是，没过多久新中国就渡过了这个难关，各个领域都快速发展，甚至制造出了原子弹、氢弹这些想都不敢想的东西，一切都在往积极的方向发展。为什么能取得如此成绩？因为一旦缺少什么，一旦迫在眉睫，人们就会铆足劲去努力，这些困难都成为自己发展的动力。如果当时所有的技术都要依赖苏联，主动权掌握在别国手上，我们国家怎么能发展到今天这样的水平？所以，一切都腾干净了，才能有新发展。

虚其心，使民无知无欲。这句话经常被人用来攻击老子，说他是"愚民政策"的始作俑者，更有甚者认为秦始皇焚书坑儒就是听了老子这句话。但是"无知无欲"的本意，是希望百姓减弱过分的欲望，避免因欲望而起的争端和危险。这里的"知"，是功利之学，是机巧心机，是与欲望等同的。老子知道虚伪的文化一定会腐蚀淳朴的民风，激发他们的欲望。当整个社会都推崇智者，大肆招揽谋士，唯才是举的时候，老子反对谋略，反对智慧，力挽狂澜。我国当代著名哲学家冯友兰先生说过："知识是欲望的主人也是欲望的奴仆。"学习是增加知识的过程，但是这一过程增加的不仅仅是知识，还有偏见、欲望和贪念，甚至知识本身也是一种欲望，让人察觉到自己的不足，追求突破，追求物质或精神的进步。而春秋时期，是人类本真与文明的撕扯，文明制度的建立与完善同时意味着人们抛弃纯真本性，必将引起战争。老子倡导统治者和百姓都虚其心，减少欲望，这样就会减少诸侯国间的战争，也会净化社会风气。

虚其心到了极点的状态就像山谷一样，"上德若谷"，这是最高的德行。人的胸怀应该像山谷一样，能够容人、容事、容言，谦虚、谦逊，听得进别人的意见。知道自己的不足，也知道学海无涯的道理，才能够不断学习，不断进步。有智慧的人总会及时清理自己被欲望杂念填满的心，只有心灵空下来、静下来，才能听得进别人的建议，只有像山谷一样，虚怀若谷，才能容纳万物，源远流长。有智慧的统治者会减弱自己的欲望，保障百姓的生活，这样才能有稳定、和谐的社会。

精神上虚其心，要保证物质上实其腹。民以食为天，吃饭问题在任何时候都是大问题，仓廪实而知礼节，得让大家填饱肚子，吃得饱才能去谈精神文化层次的东西。把身体比作一辆车的话，肯定要加满油才能跑。作为统治者，如果让老百姓基本的温饱都保证不了，老百姓能发自内心地服从吗？很多农民起义都发生在天灾人祸之后，本来就民心不稳，再加上徭役赋税，压垮了老百姓。要是日子过得安稳，谁愿意冒那么大风险。我们国家致力于实现共同富裕，逐步消除贫困，老百姓生活越来越好，安居乐业，社会稳定，国家才能更加富强。

《道德经》第五十三章，老子就举出了反例，"朝甚除，田甚芜、仓甚虚。服文彩，带利剑，厌饮食，财货有余"，朝政非常混乱，田园都已经荒芜，仓库空虚，饿殍遍地。而统治者依旧穿着花花绿绿的昂贵衣服，配带着珍珠、宝石装饰的利剑，珍馐佳肴他们都吃腻了，坐拥数不尽的金银财宝，可谓"朱门酒肉臭，路有冻死骨"。《道德经》第七十七章讲"天之道，损有余而补不足。"天道是减损有余的来补充不足的，而这些统治者却在"损不足以奉有余"，减损不足来供奉有余的，这样的行为是违反天道的，一定会走向灭亡。

宋徽宗赵佶，是北宋的亡国之君。他独创"瘦金体"书法，他的花鸟画自成"院体"，利用皇权推动书法绘画的普及与进步，使宋代的书法绘画得到空前发展。他是个天赋异禀的艺术家，却是一个昏庸无能的皇帝，醉生梦死，被人称为"青楼天子"。宋徽宗在位期间，宦官当权，增加了很多赋税名目，收缴百姓的田地充公，老百姓苦不堪言，上访者一律受刑致死。滑稽的是，为了营造太平盛世的假象，各地官员要求老百姓出行必须要身着绫罗绸缎，而不允许穿粗布麻衣，人们都饥肠辘辘，却穿着华贵。宋徽宗在苏州、杭州设造作局，集中工匠数千人，制造各种工艺品，修建宫殿、园林。他爱好收藏奇花异石、名木佳果，又在苏州设置应奉局，在东南一带搜集罕见花木，再组建海上运输队运到开封，劳民伤财，祸害东南地区二十多年。宋徽宗可以说是"朝甚除，田甚芜、仓甚虚。服文彩，带利剑，厌饮食，财货有余"的典型代表，他把祖上积攒的家业挥霍一空，国库空虚，无力支撑军队，最终被金人俘虏，凌辱致死，史称"靖康之耻"。哪一个政权统治下的老百姓食不果腹，衣不蔽体，这个政权就离灭亡不远了。

　　《道德经》是站在平民百姓的立场上的，强调统治者应当减弱过分的欲望，也要保障百姓基本的生存条件。历史上的起义革命，多发于民不聊生的贫困地区，所以有智慧的统治者应当重视民生问题，老百姓吃饱穿暖，满足于当下生活，就不会发生动乱。

第三节　弱其志，强其骨

很多人没有正确理解老子讲的弱其志的"志"到底是什么？是要削弱人们的志气、骨气吗？让人们没有一点主见，盲目服从统治者吗？大错特错，恰恰相反，老子想要减弱的是人们的戾气、贪气、邪气。

例1

【第三章原文（节选）】不尚贤，使民不争；不贵难得之货，使民不为盗；不见可欲，使民心不乱。是以圣人之治，虚其心，实其腹；弱其志，强其骨。常使民无知无欲，使夫智者不敢为也。

【译文】不崇尚标榜贤才，使民众不起争心；不炒作炫耀难得的货物，使民众不去做盗贼；不展现能引起人私欲的东西，使民众心不受惑乱。所以圣人的治理，使民众虚心、饱腹；减弱民众的欲望，强壮民众的身体。经常使民众保持无知无欲的自然淳朴状态，致使那些诡计多端的人就不敢要诈。

弱其志，减少人们的戾气、邪气。老子拿现实举例，很多人觉得尚贤是一件好事，为什么老子一开始就提出不尚贤呢？春秋战国时期，诸侯国争霸，战争的发动不仅要靠过硬的军事实力，还有智谋计策这些软实力，所以当时统治阶级大肆招揽门客，豢养谋士，奇技淫巧来者不拒，社会充斥投机取巧的功利之学。这一社会风气引导民众提高自己的"智慧"，他们都希望通过这一方式完成阶级跃进。但是这些所谓的"智慧"有目的性，并不是单纯追逐知识的积累进步，而是将其作为追逐名利、地位的工具。人类文明的出现就意味着本真性的泯灭，而人为加速"智慧"的发展，也是在加剧纷争矛盾的激化。西汉开国功臣曹参，奉行道家无为而治的主张，休养生息。他挑选贤才的方式很别致，专门选择那些看似"木讷"的人当下属，这些人不善言辞却只做实事，而花言巧语文辞华丽的人则被曹参赶走。一旦他选择了溜须拍马的人，那么其他人就会纷纷效仿，长此以往便会带歪风气。标准定下之后就一定会有人投机取巧、削足适履，按照这个标准去发展，最终只会得到千篇一律的流水线产品，而不是各有特长的人才，选拔出来的大都是善于表演、善于投机钻营的人。真正有贤能的人有自己的本事、才能，不屑于按照标准改变自己。

不贵难得之货，使民不为盗。有些东西其实没那么大的价值，是被炒作出来的。将一些包、首饰等炒作成难得之物，把这些能够引起人欲望的东西，疯狂地表现出来，展现出来，这样就使大家心乱了。所以得不到就起非分之想，做出违法乱纪的事情，这是一种错误的价值观。老子认为这种做法不对，应该让老百姓减弱自己的"志"——减弱欲望带来的邪气、贪气、戾气，恢复到民心素朴的本真状态。欲望不只是物质欲望，还有心理欲望。互联网的发展让人们很容易获取引起感官刺激的信息，一些广告宣传为了夺人眼球，使用暴力、色情的元素，这样的信息很容易带来视觉感官上的刺激和欲望。所以"净网行动"就是针对这些垃圾信息，清理这些乱人心魄的东西，使人平心静气。

一个好的管理者应该怎么做？弱其志。减弱自己强烈的欲望。人生处事方法就两种：一种是做加法，不断地增多，不断地积累；一种是做减法，清理自己的思绪，欲望减弱一分，幸福也就增加一分。减弱欲望，不是把欲望都消灭掉，而是放在合理的范围之内。《人民日报》曾发文提倡极简主义的生活方式，用不到的东西，比如有些衣服用不到的时候，就把它捐献出来；饮食应按照需求来，避免浪费，俭故能广。

心灵上弱其志，身体上要强其骨，让自己的身体强健。毛泽东非常重视国民的身体状况，他强调："身体是革命的本钱。"留得青山在，不愁没柴烧，身体健康才是社会经济发展、文化进步的基础。我们看到从古代社会发展到现在，越是发达国家人均寿命越长，只有健康强壮的人民才能支撑起富强的国家，身体是一，其余都是零，没有健康就什么都没有了。现在很多白领精英，叫作"白骨精"，年纪轻轻就得了很多"老年病",什么颈椎病、风湿病,就是因为他们不注重锻炼身体,不注重健康作息。想想要是没有健康的身体,就算有再多的钱、再高的地位有什么用呢?

人民健康是民族昌盛和国家富强的重要标志,习近平总书记强调:"人民健康是社会文明进步的基础。拥有健康的人民意味着拥有更强大的综合国力和可持续发展能力。"我们党始终把人民健康摆在重要的战略地位。一旦人们的健康出现问题,那么经济停摆,社会发展停滞,这些都是明显可见的后果。所以"强其骨"对于国力增强、国家发展具有重要意义。

例2

【第四十四章原文】名与身孰亲?身与货孰多?得与亡孰病?是故甚爱必大费,多藏必厚亡。知足不辱,知止不殆,可以长久。

【译文】名声与身体哪一个更亲近?生命和财货哪一个更重要?得到和失去哪一个更有害?过于爱惜必定会有大的耗费,过多的藏货必然会导致惨重的损失。所以知道满足就不会遭受屈辱,知道停止就不会遭遇危险、失败,这样才能长久。

名与身孰亲?有些人把外在名声看得比自己的身体更重要,有人为了虚名而不惜透支自己的身体。身与货孰贵?有人把金钱、权力、地位这些身外之物看得比生命更重要,宁愿违背法律甚至出卖自己的灵魂。《资本论》中说,一旦有适当的利润,资本家就会大胆起来。有百分之五十的利润,就敢铤而走险;有百分之百的利润,就敢践踏法律;有百分之三百的利润,就敢犯任何罪行,甚至冒绞死的危险。电视剧《人民的名义》中那些大贪官也正如此,为了一些不义之财铤而走险,甚至为此付出生命,真的值得吗?得与亡孰病?塞翁失马焉知非福,表面上的得失不一定是福还是祸,有的时候失去才会真正得到福气。人为财死,鸟为食亡的寓言故事不就是这个道理吗?老人命不久矣,就把自己的两个儿子叫来了:"我留下了一头牛和一只八哥鸟,我死了以后,你们两个就把牛和鸟分一下吧!"说完老人就断了气。大儿子的老婆只想要那头牛,在分家产的那天她说:"我去煮两碗稀饭,谁先吃完就分那头牛,后吃完的那个人就只能分八哥鸟。"兄弟俩想着这样做很公平,就同意了。她把滚烫的那碗给了老二,把凉好的那碗给了自己的丈夫。于是,老大很快就吃完了,就把牛牵走了。老二正伤心,听得八哥鸟突然说话:"我带你到天边去找金子吧,不过我叫你走就要赶紧走!"老二将信将疑,但还是听了八哥鸟的话,发现天边真的有金子。老二只捡了两小口袋就不捡了,八哥鸟说还能再捡一会儿,老二回答道:"人要知足,回去吧!"老二用金子换了钱,买了牛,还盖了三间大瓦房。老大跑去问老二怎么突然有这么多钱,老二是个老实人,就把事情都讲了,老大一听非要让八哥鸟也带他去。八哥鸟也劝过老大不要拖太久,但是老大可不听劝告。太阳一出来,老大就被烧死了——这是人为财死。老二央求八哥鸟把哥哥的尸体带回来，八哥鸟就又飞回了天边，老大的尸体已经被太阳烧焦了，八哥鸟一闻到就饿了，飞到了老大的尸体上吃他的肉，却忘记了时间，等到太阳出来，八哥鸟也被太阳烧死了——这是鸟为食亡。大哥为了金子而死，八哥鸟为了吃大哥的肉而死，其实都是因为贪婪而死。因为欲望而丢掉生命，是福是祸呢？反者道之动，对立统一的矛盾观可以很好地解释以上问题。

甚爱必大费，多藏必厚亡，对某个东西太珍爱了，最后一定会付出大的代价。有些人爱虚名，把外在名声看得比自己的身体还重要，有人通过透支自己的身体、牺牲思想自由来获得这些虚名。有些人爱金钱、权力，为谋钱财不惜采用非法手段，为了权力不惜出卖自己的灵魂。这些有执念的人，不明白名利和身体哪个更重要的人，终其一生都在追名逐利，却忘记了自身存在的价值，直到躺在病床上才知道生命的可贵。"爱"和"藏"都是"志"，都是需要减弱的。"弱其志"，并不是减弱自己的志气、骨气，而是减弱戾气、贪气、邪气。只有这样，不管是对于生命而言，还是对于事业而言，才能稳定致远，长久地发展。

祸福相依，相互转化，物极必反。我们读《道德经》这样的书，也许什么都没得到，但是我们失去了焦虑，失去了急躁，失去了自高自大，这本身不就是一种得到吗？所以有的东西失去，反而是获得；有些东西得到，反而是真正地失去。

第四节 挫其锐，解其纷

《易经》有："一阴一阳之谓道。"道是阴阳二者的相互作用，不是只突出一个方面，所以"挫其锐"，就是打磨尖锐突出的一方，使阴阳矛盾此消彼长，最终对立统一的过程。阳，讲突出，阴，讲收敛，这两者相互融合才是和谐的状态。好的统治者一定是深谙和谐之道，以中为用，挫其锐，维持社会稳定才能得以发展。人也是一样，总要保持自身的平衡和谐，稳定才能致远，而锋芒外露不可持久。

例1

【第四章原文（节选）】挫其锐，解其纷，和其光，同其尘。

【译文】锋芒不外露，解除纷扰，在光明之处便与光融合，在尘垢之处便与尘垢同一。

【第五十六章原文（节选）】塞其兑，闭其门，挫其锐；解其纷，和其光，同其尘，是谓玄同。

【译文】塞上欲望的孔穴，闭上欲望的门户，收敛锋芒，解除纷扰，在光明之处便与光融合，在尘垢之处便与尘垢同一，这就叫玄同。

【第四十二章原文（节选）】万物负阴而抱阳，冲气以为和。

【译文】万物背阴而向阳，阴阳二者相互中和形成和谐状态。

【第九章原文（节选）】揣而梲之，不可长保。

【译文】把锥子锤打得极为锐利不能长久保持。

中国哲学概括为一句话："一阴一阳之谓道。"这出自《易传·系辞传》，也就是老子的"万物负阴而抱阳"。我们拆解"冲"字就会发现，前边两点就像是阴阳二气，后边加一个中，就是阴阳二气的中和，只有中和才能达到和谐状态。中国人有一种"强迫症"，就是喜欢双数。比如中国传统节日有一半以上都是月与日相同的重日，春节、端午、七夕、重阳等都是月份与日期相同。再有对联、大门门墩、烛台这些都是成对的。饮食文化也是，餐桌上一定要是双数菜品，俗话说："双数菜待贵人，单数菜待小人。"中国人有好事成双的传统观念，是因为"双"意味着对称平衡，所以一双、一对就是完满、和谐，具有吉祥的寓意。单数看起来就不那么圆满了，比如形单影只、孤苦伶仃、孑然一身等都显得十分凄凉。还有的说法是，双数看起来比较圆滑，不像单数那样有棱有角，恰恰像中国人外圆内方的性格。

中国古代哲学的宇宙生成论中，从未有过阴阳单独出现的情况，因为孤阴则不生，独阳则不长，阴阳是相互依存的两个方面，如此才能在此消彼长中相互博弈，进而生成化育万事万物。无论少了哪一方，宇宙生成的链条就不完整了。《道德经》第四十二章有："道生一，一生二，二生三，三生万物。"其中的"二"就是指阴阳二气，是指道作为本体，既是浑然唯一的，又包含阴阳双方的矛盾，这个"二"是道生成万物过程中承上启下的重要环节，少了任何一方，就无法生"三"，也无法生"万物"了。

无论是双数还是阴阳，都代表着中国人柔和的性格，对和谐统一的向往追求。简而言之，某一方过于突出，找不到与其制衡的另一方，就像单腿站立，没有支撑，必然无法长久。所以挫其锐，就是要求我们消磨掉突出的、尖锐的一方。

《道德经》第九章，老子就讲为什么要挫其锐——因为，揣而梲之，不可长保。有的版本把这个"揣"注为"捶"，就是捶制、打制，如果磨得非常锋利，那么这个东西就难以长久。例如，小学时削铅笔，削得特别尖，结果一写就断，越尖越容易折断，最后只剩下铅笔头了。毛笔不是尖的吗？写写字就秃了，而砚台，用多少年都没事，宋代的砚台有的到现在还能使用呢。一个人锋芒太外露，凡事不懂得委婉迂回、谦让圆润，不可长保。有的人恃才傲物，有的人恃贵而骄，有的人恃位而武，自己的位置高，就耀武扬威。这其实都是一种"满"

的表现、没有智慧的表现。道虽然看不见，摸不着，但是用起来的时候，它的智慧非常深远。道是万事万物的宗旨。

王安石的散文《伤仲永》里记录了这样一个故事，江西金溪有个叫方仲永的，家中世代以耕田为业。仲永长到五岁时还不曾认识书写工具。忽然有一天仲永哭着索要这些东西。他的父亲对此感到诧异，就向邻居借来那些东西给他。仲永立刻写下了四句诗，并题上自己的名字，要知道他的父亲从没教过他这些。从此，别人指定事物让他作诗，方仲永立刻就能完成，并且诗的文采和道理都有值得欣赏的地方。同县的人对此都感到非常惊奇，渐渐地都以宾客之礼对待他的父亲，有的人还花钱求取仲永的诗。仲永父亲认为这样有利可图，就每天带着仲永四处拜访同县的人，不让他学习。过了很久之后，王安石到金溪问起方仲永，乡人说："他的才能消失了，和普通人没有什么区别了。"所以人有才能是好事，但是恃才而骄，锋芒毕露，而不再继续努力，终归会泯然众人矣。

诸葛恪，字元逊，诸葛亮的兄长诸葛瑾的儿子，小的时候就展现出了才思敏捷、天赋过人的特质。诸葛恪得驴的故事讲到，诸葛恪的父亲诸葛瑾面孔狭长像驴的面孔。一天，孙权聚集大臣们，让人牵一头驴进来，贴了一张长的标签在驴的脸上，写着：诸葛瑾。诸葛恪跪下来说："我请求大王让我用笔增加两个字。"孙权就给了他笔。诸葛恪接下去写了"之驴"。所有人都笑了起来。于是孙权就把这头驴赏赐给了诸葛恪。诸如此类事情还有很多，大家都认为他的才能超过了其父诸葛瑾。诸葛瑾却不为有这样的儿子感到高兴,反而觉得诸葛恪会给家族带来不幸,他评价儿子:"恪不大兴吾家,将大赤吾族也。"他认为诸葛恪性格急躁,而且太喜欢表现自己。孙权评价诸葛恪刚愎自用。果然,诸葛恪掌权后独断专行,引起众怒,最终被吴主孙亮与大臣孙峻设计杀死,自己的家族也被夷灭。所以说,一个人过于锋芒毕露,不会隐藏自己的实力,这不是符合道的表现,因而不可长久发展。阴阳相互作用产生万物,道则是万物对立统一的和谐状态,因而"挫其锐"才是符合道的方式。

世间万象形态各异又有其本质,产生纷扰的原因往往在于被表象迷惑,所以老子说要透过现象看到事物的本质,才能解开纷扰的心绪。事物的本质是什么呢?是矛盾的对立统一。任何事物都有对立的两个方面,按照我们中国人的表达方式叫作阴和阳,阴阳二者相互作用,达到和谐的状态。如果只看到一方而忽视另一方就不会达到对事物本质的认识。所以我们要站在不同的角度,从不同的立场换位思考,才能有全面的认识,自然不会有困扰。

例2

【第七十一章原文】知不知,上;不知知,病。夫唯病病,是以不病。圣人不病,以其病病,是以不病。

【译文】知道自己有所不知,这是有智慧的;不知道却自以为知道,这就是思想上出了问题。把缺点当作缺点,这样才能没有缺点。

得道圣人没有缺点，正是因为他把缺点当作缺点，所以才能没有缺点。

人生有太多烦恼，佛教说人生八苦，生、老、病、死、求不得、怨憎会、爱别离、五阴盛。这些纷纷扰扰是生而为人必定要经历的，如果能够正确看待问题，就会减少困扰。辛弃疾说，少年不识愁滋味，为赋新词强说愁，很多无谓的烦恼都是庸人自扰。清朝大才子纪昀，也就是我们熟知的纪晓岚，他在《阅微草堂笔记》中写到这样一个故事：京城有一个御史大夫，他在永光寺一带有一处住宅，地方很宽敞，但他总是担心会有盗贼进来，于是夜里常派一些家奴，提着灯笼在宅子里巡来巡去，还不停地鸣铃击柝，不管冬夏，总是如此。有时他还亲自"出征"，房前屋后，查个不停，弄得四邻不安。后来，他搬到京城的西河沿一带，那里屋厦相连，鳞次栉比，他又害怕房宅会发生火灾，为此焦虑不已，于是在每间屋里都放上装满水的水缸。此外，夜里鸣铃击柝以防盗贼的习惯依然保持着。可这处住宅也没解决他的焦虑与恐慌，不久之后，他又在虎坊桥东买了一处老宅子，但面对幽邃寂静的老宅，他又怀疑这里藏有鬼狐，于是又是延僧诵经，又是请道设坛，搞得奴仆们日夜不安。结果，到最后，他的担心还真的就发生了，鬼狐真的进了宅院，而且常常迷惑仆从，搞得家里永无宁日，闹出很多是非来。

所以人生本无事，庸人自扰之，很多纠纷是因为对问题的认知不清楚导致的。就像人总是害怕死亡,上到皇帝,下到乞丐,所以这件事困扰着人们,如果都像庄子一样,认为人的生死就像四季轮换,死亡就是回到起始的地方,那就不会为死亡悲伤了。《道德经》第七十一章的"知不知,上",意为我知道自己不知道,我不装作我知道,我很谦逊,这是上等的行为;"不知知,病"意为不知道自己不知道,这就出现问题了;"夫唯病病,是以不病"意为知道这是自己的一个缺点,所以一定会努力改正这缺点。但是有的人固执坚持,不认为自己有问题,那永远改正不了。有智慧的人知道自己的缺点是什么。

我们看事情也是一样,不仅要懂得站在自己这一面,还要懂得站在另外一面看,这样才能对事物的纷扰、纠结,有正确的解决方式。对事物认识清楚了,才能够解其纷,而不必庸人自扰。我们遇到的很多问题,如果在认识上解决了,就会像智者一样,淡然一笑,能够洞察、洞明、洞见很多问题。

第五节　和其光,同其尘

《汉书》里有:"水至清则无鱼,人至察则无徒。"老子说和其光,同其尘,其实就是学会与世界和平相处,与自己和解。不要做尖锐的人，就是不要拿着显微镜去看别人的缺点，而是用宽广的胸襟包容别人。只要自己心中坦荡，相信前路光明，那么暂时忍受黑暗也没什么大不了的，就像渔父唱的那样："沧浪之水清兮，可以濯吾缨；沧浪之水浊兮，可以濯吾足。"

例1

【第四章原文（节选）】挫其锐，解其纷，和其光，同其尘。

【译文】收敛锋芒，解除纷扰，在光明之处便与光融合，在尘垢之处便与尘垢同一。

和光同尘是什么意思？按照日常用语解释，就叫同流而不合污。有的人标新立异，有的人喜欢强调跟大家不一样，认为这是个性，但和大家相处的时候就出问题了。而真正有智慧的人内心保持自己的原则，仍然跟大家能打成一片。就像镜子不可能永远亮，也会蒙上尘埃，用的时候把浮灰一擦就行了。世界上的尘埃无处不在，无法容忍灰尘便只能生活在无菌世界。人无法避免与外界接触，保持自己原本纯洁的心灵，和别人正常交往即可。和光同尘也叫外圆而内方，这个境界需要历练后才能达到。能不能接受委屈，是一个人是否成熟的重要标志，不肯和光同尘，总是觉得任何事情都看不惯，容忍不了，时间长了也就没有朋友了，没办法跟大家团结。所以老子讲和光同尘，忍受委屈的同时扩大了自己的格局，对别人的接纳，其实也是一种不断成熟和进步的标志。这个道理很重要，所以老子多次提到和光同尘，用重复的方法提醒人们重视这个道理。

好的领导者也需要具备和光同尘的品质，就像老子在《道德经》第十五章中说的"混兮其若浊"，看起来好像污浊的样子。因为有些事情，非原则的事情，不用争得太狠，尤其是在家里，大家不是经常讲家里是讲感情不是讲理的地方吗？若非得要辩清一个问题，两个人就较劲，最后伤害的是一家人。

不屑于与人为伍，不愿意跟大家打成一片，这都是没有得道的表现。大江大海，很少有绝对清澈的，海纳百川，难道事先要挑选好污水、清水吗？无论是清水还是污水，最终都要流入大海。如果大海承载不了污水，那么也无法称作大海。一个人内心有道，有境界，有胸怀，就能够容纳很多。

班固在《汉书》中说："水至清则无鱼，人至察则无徒。"如果一个地方水太清，就不会有鱼往那里游。因为我们知道水里氧气主要是靠微生物光合作用生成的，过于清澈的地方氧气就不足，鱼无法呼吸，况且清澈的地方危险就越多，更容易被人钓走。一个至察之人，就像一个放大镜，时时刻刻放大身边人的缺点，觉得旁人有这样那样的毛病，对什么都看不惯，最后容不下一个朋友。这样的人越活越孤独，最终把自己和世界隔绝开来。太较真的人只认死理，不会变通。我们常说，难得糊涂，宽容他人的小缺点，别人也会觉得我们是一个大度的人，自然而然，就会结识很多朋友，这对生活、对工作,都是百利而无一害的。

但是,难得糊涂也并非是同流合污,不能在"同其尘"的过程中把自己变成真的"尘",核心前提是内心坚守光明正义。老子的原意也不是让人们变成圆滑世故的人,所以"同其尘"的前提是"和其光",外表柔和,但是心中仍要保持底线和原则。

和光同尘也可以表达为"知其白,守其黑",本书第六章有详细论述。能与黑暗和谐共处而不被污染,依旧保持内心的纯白与光明。无论是和光同尘还是知白守黑,都是换一个角度看问题的方法,没有绝对的干净肮脏,也没有绝对的黑白。如果我们画地为牢,只懂得站在自己的角度立场来看问题,总想着与世界死磕到底,那永远也形成不了和谐的状态。要学会换过来,站在对方的角度一看就会豁然开朗,这不仅是与外物和谐,更是与自我和解。

第六节　曲则全,枉则直

"曲则全",其中哲理很深刻。从自然界来说,并没有所谓的直线,有生命的事物都是曲线生长的。人要效法自然,要懂得曲成万物的道理,懂得委婉迂回处理问题的方式,才能更好地保全自己,结果更圆满。枉则直,最好的解释就是"弯则直",懂得委婉迂回,不硬碰硬，或许比直线更早到达目的地。《道德经》抱一为天下式的思维方式，体现着老子高级的辩证智慧。

例1

【第二十二章原文】曲则全，枉则直，洼则盈，敝则新，少则得，多则惑。是以圣人抱一，为天下式。不自见故明，不自是故彰，不自伐故有功，不自矜故长。夫唯不争，故天下莫能与之争。古之所谓曲则全者，岂虚言哉！诚全而归之。

【译文】委曲才能保全的道理表现为：懂得委婉迂回比直线更早地到达目的地，低洼处先充盈灌满；认为自己知道的少才能不断努力进步，才能有所得；总以为自己无所不知则会迷惑。所以圣人以阴阳相辅相成、相互统一作为处理天下事的思维范式。不自我表现所以明智，不自以为是所以美德彰显，不攻击别人以抬高自己所以功德无量，不骄矜自负、自夸，所以能不断成长。正因为不与人争，所以天下没人能争得过他。古往今来讲的"曲则全"的道理怎么会是假话虚言啊！实在是把好的、圆满的结果归到我们这来，让我们得到啊。

《道德经》第二十二章一开头就交代了这一章的主旨：曲则全，枉则直。曲则全，自然界没有笔直的事物，无论是河流、海岸线，还是石头、树木，都是曲曲折折的，包括人为制造的东西，看似表面笔直的镜子放大之后也是凹凸不平的。天地的自然之道就是如此，万物的形状都是弯曲柔和的，正是因为河道迂回，才能有前进奔驰的水流，正是因为树干弯曲，才能有抵御狂风暴雨的能力。如果河流只懂得直线流淌，那么永远无法到达目标，如果树干笔直，那么木强则折，总会在风雨来临之时拦腰折断。松树和柳树就是明显的对比，青松不惧严寒，傲然挺立，长得非常高大，任凭风雨雷电的狂虐，柳树柔软，随风舞动，左右摇摆，而松树更容易折断，柳树反而不会受损。所以人应该懂得曲成万物的道理，懂得委婉迂回处理问题的方式，才能更好地保全自己，才会有更圆满的结果。曲则全，就是说做事情要讲究迂回，不以直伤人，委婉处事，多考虑几个方面，方能取得成功。

枉则直，为了便于理解，我们不妨把"枉"读成弯。就像水一样，懂得委婉迂回地流淌，才能更好地达到自己的既定目标。游击战的十六字诀"敌进我退，敌驻我扰，敌疲我打，敌退我追"，是毛泽东军事思想的重要内容，在抗战期间发挥了重要作用。这十六字诀也是中华民族的伟大智慧，体现着枉则直的道理。敌进我退——打不过就跑，不争一城一地的得失，打得过也跑，诱敌深入。有一种胜利叫撤退，有一种失败叫占领。敌驻我扰——敌军一稳定下来就去扰乱一下军心。敌疲我打——等敌人放松警惕，疲惫不堪的时候，出手便一击即溃。敌退我追——敌人慌乱逃窜之时便是乘胜追击的机会。

懂得委婉迂回，不硬碰硬，或许比直线更早到达目的地。自然界中也是如此,一颗种子被石头压在下面,无法向上生长。如果这颗种子只知道垂直向上生长,那么弱小的它永远不可能冲破石头的束缚。但是如果种子转变方向,从石头的侧边缝隙,吸收阳光雨露和空气,逐渐生长,直到种子的根茎比石头还粗壮,那么它就有了推开石头的力量。种子不苛求一直一时的向上,而是以迂回曲折的方法把握时机,最终使自己变得强大。

洼则盈,低洼的地方总是先充盈。这是《道德经》强调的善于处下,才能更多地获得。就像山谷一样,含污纳垢,积蓄水源滋养万物。山顶往往都是光秃秃的,山谷里充满生机,万物自然生长。所以我们要谦逊,善于处下。《尚书》中有"满招损,谦受益",毛泽东同志在中共八大开幕式上强调"虚心使人进步,骄傲使人落后"。扁鹊拒封的故事讲:齐国的国君要封扁鹊为"天下第一神医",然而扁鹊却坚决不受,说自己并不是天下第一,自己的两个哥哥医术都比他高明。国王不解:"既然你的两个哥哥的医术都在你之上,为何此二人名不见经传?"扁鹊答道:"我二哥扁雁能够治大病于小恙,还在那些重大疾病只出现微小症状之时,就能加以诊断并及时根治。所以他只是在家乡的村里小有名气,村里人知道有小毛病可以去找二哥。大哥扁鸿的医术更加出神入化,能够防病于未然,只要看人一眼就可以判断出这个人可能得什么毛病,然后在其得病之前就及时治疗。所以只有家里人知道大哥的医术高明,连村里人都不知道大哥的水平。只有我扁鹊,既不能治大病于小恙,又不能防病于未然，等到我妙手回春时，病人已经病入膏肓了，所以我的两个没有名气的哥哥才是神医。"

伟大的人具有的共同品格就是谦虚，三国时期吴国的重臣吕岱，位高权重，名声显赫。他有一个好朋友徐厚，为人忠厚耿直，常常毫不留情地批评吕岱。吕岱的下属看到徐厚经常对首长无礼很是不满，在吕岱面前说徐厚太过于狂妄，可是吕岱总是说一句"益友难求"，不仅没有因此责怪疏远徐厚，反而更加尊重和亲近他。徐厚死后，吕岱失声痛哭："徐厚啊！以后我要从哪儿去听到自己的缺点、听到决策的不周啊！" 权重位高的吕岱没有自大自满，反而虚心听取身边人的批评，这也是他取得成就的原因。

敝则新，强调的是宇宙的变化规律，俗话说"旧的不去新的不来"，如果任何事物都长久存在，没有更替，这个世界就不能生生不已，正因为这个世界有生有灭，所以这个世界才生生不息。如《道德经》第十六章："夫物芸芸，各复归其根。归根曰静，是谓复命。"草木逢秋天开始凋敝，但根茎伏于土中，春至又蓬勃生长，这就是敝则新的道理。对于我们来说，就是要强调整理自己的生活，清理掉不需要的东西，才能给新生事物发展的空间。就像网络上的一个新词"断舍离"，对于传统文化也是如此，要及时清理不适合时代的糟粕，推陈才能出新，革故才能鼎新。敝则新也是物极必反规律的体现，任何一个事物凋敝的时候就意味着另一事物的新生，一个朝代混乱落后到极点的话，就会有新的来取代它。

少则得，多则惑，知道自己哪个方面不足，才能朝着这个方向不断努力，最终弥补这个不足。老子在《道德经》第二十一章对得道者的画像中说："众人皆有余，而我独若遗。"大家都觉得东西很多，都好像有剩余一样，而我独若亏，好像什么都欠缺，什么都不足。这就是因为缺少的状态才能使人有所进步。我们学习不也是这样吗，贵精不贵多，认真地学习一本经典，比泛泛地听很多东西，要收获更多。用我们常用的话来说，就是贪多嚼不烂，如果一年的时间只读一本经典，烂熟于心，那么这辈子就不会忘记，受益终身。但是一天就翻完一本书，就如过眼烟云，可能过两天就忘记了。这就是少则得，多则惑，知识如此，物质也一样，得到的财富越多，越容易产生迷惑。例如，买快乐的故事，有个财主，年纪轻轻就继承了父母留下的许多财产，财主整天吃香喝辣，锦衣玉食，招猫逗狗。但是这种生活，财主越过越腻，很不快乐。这天，财主背上钱袋，出门去买快乐。逢人便问："喂，你有快乐吗？卖给我一些吧！"人们都嘲笑地看着他，认为他是个傻子。财主走了许多地方，都没有买到快乐。这天，他正走着，见一个衣着破烂的农民正躺在田边的一片树荫下，那农民边乘凉边哼着小曲儿。财主忙走上前说："能把你的快乐卖给我一些吗？"农民说当然可以，他领着财主走进麦田，让财主把地里的草锄完。财主干活干了一上午，中午满头大汗坐在树荫下，一阵凉风扑来，财主不由叫道："真快乐呀！"农民又递给财主一碗稀饭，财主大口喝起来。财主终于明白了，他叫道：

"我买到快乐了！"因为财主得到的太多了，就不满足平凡的快乐，而农民的快乐就很简单，没有欲望，简单生活就是快乐。现代人也是如此，没钱的时候知足常乐，一旦有钱就开始发愁，如何将财富越滚越大，如何更有钱。拥有的越多欲望就越多，欲望越多就越困惑。

老子列举以上这六对矛盾的对立统一，证明抱一为天下式的思维方法。《道德经》里的"一"是统一，是阴阳二者的相辅相成，相互统一，形成一个和谐的整体。曲和全、弯和直、洼和盈、敝和新、少和多，都是对立统一的两个方面，只有把两者结合起来才能更好地理解事物的本质。

例2

【第四十章原文（节选）】反者，道之动。

【译文】道向与之相反的方向运动。

【第四十五章原文（节选）】大成若缺，其用不弊；大盈若冲，其用不穷。大直若屈，大巧若拙，大辩若讷。

【译文】最完满的东西好像有欠缺，但它的作用不会衰竭；最充盈的东西好像是空虚的，但它的作用没有穷尽。最直的东西好像是弯曲的，最精巧的东西好像是笨拙的，真正辩才高的人出语谨慎。

《道德经》中多处都体现了抱一为天下式的思维方法，第二章中有无、难易、长短、高下、音声、前后这六对概念便体现了矛盾双方的对立统一。事物有正必有反，有黑必有白，都是相比较而存在的。大家都知道美是什么，丑自然就存在了，知道什么是善良，就一定知道什么是不好的，不善的。有和无相比较而存在，相辅相成。"有之以为利，无之以为用"，难和易也是这样的，相比较而存在，相对立而发展。想要做难事，一定要从容易的做起，《道德经》第六十三章有："图难于其易，为大于其细。天下难事必作于易；天下大事必作于细。"长短相较，什么是绝对的长，什么是绝对的短，都没有。所以长短也是在对比中显现的。高下相倾是治国之道，提醒统治者要明白民众才是基础，第三十九章就说明了高下相倾的道理："贵以贱为本，高以下为基。"身居高位，不重视基础，一定会跌落。音声相和，允许不同的声音存在，才能奏出美妙的音乐。前后相随，想要站在前面领导大家，就要把自己的利益放在后面。"欲上民必以言下之；欲先民必以身后之。" 所以这几对概念都是对立统一，相互作用的。

《道德经》第四十五章开头是我们熟悉的成语"大成若缺"，最完满的东西好像有欠缺，但它的作用不会衰竭。生活中，越是那些取得巨大成就的人越是觉得自己不足，懂得自己在哪些方面有所欠缺，才会有动力不断学习，不断取得进步，这样的良性循环发挥的作用是无穷无尽的。从月圆月缺可以领悟出这个道理，其实任何事物发展到极点的时候，就会向相反的方面转化。人生的最美境界是，花未全开月未圆，因为花朵盛开后就开始凋零，月亮正圆之后就开始缺。所以按照这个道理，如日中天其实不是个褒义词。"大盈若冲"，冲表示谦逊，越是内心充盈的人，越时时刻刻保持谦逊，积蓄力量，不断成长。"大直若屈"，越是正直高尚的人，表现得越是随和宽容，不与人争锋，不斤斤计较，外圆内方，在不会失掉自己原则的前提下圆融。这也是《道德经》第二十二章"曲则全"所表达的道理，委屈、弯曲才会得到保全、圆满的结果。"大巧若拙"，越是高明巧妙的艺术品，越是简朴笨拙的样子。青铜器不如唐三彩艳丽精巧，但是其大方古朴、气势雄浑更能体现大国风范，狮子、老虎，雕琢越是精细就越没有气势。从巧到拙，必须要经过否定之否定的过程，先巧才能后拙。一个人从一开始什么都不会，到不断练习不断娴熟，最终看透本质返璞归真，达到朴拙的境界，这才是大巧。一开始什么都不会的拙是真的拙，丑也是真的丑，不要美化自己说是大巧。"大辩若讷"，真正有口才的人表面上好像不善言辞，开口稳重，不露锋芒。

这一对对矛盾是《道德经》中辩证思想的体现。道是阴阳两个方面相互作用达到的和谐状态，任何事物也都是对立统一的两个方面相互作用而形成的，所以必须从对立统一的角度看待事物，这样才能透过现象找寻事物本质。抱一的思维方式是《道德经》的重要特点之一，无论是从形而上的哲学层面还是现实生活中，这样的思维方式对于我们都至关重要，是我们需要不断学习才能达到的智慧境界。

第七节　为无为，味无味

无为是道家核心观点之一，也是道家思想受人诟病的重要原因。很多人说无为就是老子让我们什么都不做，消极怠工。如果读完一整本《道德经》，就不会有人认同这个观点。因为老子也说："千里之行，始于足下。"老子无为思想的含义可以理解为以下四个方面：一是不妄为，因为不知常，妄作，凶；二是不多为，抓住关键才能举重若轻；三是有所不为，君子有所为有所不为，有舍才有得；四是顺势而为，顺应道的规律才能乘势而上。无为思想在生活中表现为无事、无味、无声、无色等。美味、天籁、美色这些随处可见的诱惑扰乱人的心绪，让人沉溺于低级欲望中不能自拔，最终陷入危险之中。

例1

【第六十三章原文（节选）】为无为，事无事，味无味。

【译文】用无为的态度、方式来作为，用不找事、不多事的方式来做事，最好的味道是没有味道。

【第五十七章原文（节选）】故圣人云，我无为而民自化，我好静而民自正，我无事而民自富，我无欲而民自朴。

【译文】所以圣人说：我无为，人民便自我化育成长；我喜好清静，人民就会自己走上正道；我不多事不扰民，人民自己就会富起来；我没有私欲，人民自然就会淳朴。

【第三章原文（节选）】为无为，则无不治。

【译文】以无为来治世，则没有治理不好的。

【第四十八章原文（节选）】损之又损，以至于无为，无为而无不为。

【译文】减少又减少，以致达到无为的境界。"无为"就能达到"无不为"的效果。

为无为，想要有为，得明白什么是无为，想要得到，得知道什么东西该舍，该去掉。无为而无不为，不去做反而比什么都做的效果更好。《道德经》第一章就强调无的重要意义："故常无，欲以观其妙，常有，欲以观其徼。"道家讲的无为是什么？是道的一种属性，换句话说就是按照道去自然而然地作为，顺势而为，而不妄为，不多为，有所不为。

第一，不妄为。《道德经》第十六章有："不知常，妄作，凶。""常"是规律、规则，不了解事物的规律、规则，瞎折腾、胡折腾，结果是非常糟糕的。第七十五章"民之难治，以其上之有为"中的"有为"指的是什么？是妄为。百姓为什么难以治理？是上边瞎折腾，把民心都折腾乱了，所以难治。道家讲的无为首先针对的就是妄为。揠苗助长的故事就是妄为的典型。有个宋国人，他期盼禾苗长高，于是就去田里把禾苗一个个拔高，一天下来十分疲劳但很满足，回到家他对家人说："可把我累坏了，我帮助禾苗长高了！"他儿子听说后急忙到田里去看苗的情况，然而苗都枯萎了。不懂得农作物的生长规律，妄自帮助苗生长，不但没有好处，反而害了它。

第二，不多为。做事情要抓住关键，举重若轻，这样才能有更好的结果。该为的为，不该为的就不要越过边界。就像汉朝建国七十年的治国方略，彼时天下刚定，百姓需要恢复生机，清净无为的政策给了国家恢复的机会，这才有后来的文景之治。《道德经》第五十七章中的"我无为而民自化，我无事而民自富"也是让统治者该管的管，不该管的不去干扰，百姓自我化育，自我成长。规则定清楚了，其余事情就不要干扰，有些事他们自己做就做得很好。"我无事而民自富"，不多事、不扰民，百姓自然就富起来了。按照这个道理，诸葛亮虽然智商无敌，但是严格意义上他不是一个好的领导者。为什么？就是做得太多了。《三国演义》说："状诸葛之智，已近妖。"把诸葛亮写得跟妖差不多了,就为了强调他的智慧,但是诸葛亮的领导方法还是有些问题的。诸葛亮打仗从不跟人商量,而且还不提前告诉将领,让其领兵去了,给个锦囊,不许看,到时候再打开。结果每个人把锦囊打开的时候都是一句话:"丞相此计大妙!"事无巨细全掌握在自己手上,这样能把手下锻炼出来吗?司马懿曾逮住一个蜀国小兵,问他:"你家丞相在干吗?"小兵说:"我家丞相可忙了!二十军棍以上的事情全都亲自过问。"司马懿就撂下一句话:"岂能久乎?"这样事无巨细,能坚持多久。而且他手下没锻炼出一个人来,无人能独当一面,所以一旦诸葛亮完了,那蜀国不也完了吗?成都武侯祠的对联:"不审势即宽严皆误,后来治蜀要深思。"这不是表扬他,是批评他。所以想要有为先把无为的事情认清楚,行不言之教,为什么?话说多了反而起到负面的作用。

第三,有所不为。不只是道家倡导无为,儒家也说不为,孟子说,君子有所为,有所不为。这是消极吗,是不思进取吗?真正的意思是,每个人的精力都是有限的,只有放弃一些事情,才能在其他事情上做出成绩。有的人一生都在忙忙碌碌,好像生活很丰富很忙的样子,结果一事无成。就是因为什么都想要,而不明白想要有所得,必须有所舍的道理。什么都想得到,什么都不肯舍,最终只会一无所获。所以好的领导者做事,处无为之事,了解哪些是该舍掉的,才能达到更好的有为的效果。只有无为才能无不为,所以,道家的无为并不是消极的什么都不做，而是做好一切的手段。常言道"伴君如伴虎"，清朝时期，有一位叫曹振镛的官员，历经乾隆、嘉庆、道光三朝而屹立不倒，几乎没有犯错，也未遭到皇帝贬斥，大家都很羡慕他，于是问他为官之道，曹振镛回答："多磕头，少说话。"曹振镛死后皇帝亲自去吊唁，追封谥号"文正"。另一位做官比较成功的官员——张廷玉，是清朝唯一一个配享太庙的汉臣，他的处事守则是"万言万当，不如一默"。曹振镛、张廷玉二人正是因为清楚什么该做，什么不该做，才在波谲云诡的朝廷中保全自身。

第四，顺势而为。有人总认为道家思想是消极的、被动的、无为的。但是《道德经》中也有："合抱之木，生于毫末；九层之台，起于累土；千里之行，始于足下。"这不是自强不息吗？所以不能将无为理解成什么事都不做。不多为、不妄为、有所不为是道家的不为，而老子也希望人们按照道的规律和规则去做，顺势而为，乘势而上。顺势而为，如水推舟，事半功倍；逆势为之，则逆水行舟，事倍功半。一位根雕大师，技艺高超，雕什么像什么，每件作品都栩栩如生，有人就去采访他，大师说："我不是雕什么像什么，而是像什么就雕什么。"大师只是顺应树根原本的形状，顺势而为，推波助澜。相反，如果不顾材料的形状、材质，想雕什么就雕什么，那么雕出来的作品可能就是残次品了。

如果我们不了解事物发展的规律，瞎折腾、胡折腾，那结果可想而知。就像抓沙子一样，握得越紧，流出来越多，失去得越快。

磨刀不误砍柴工，做事之前先考虑是否顺应规律、规则，才能取得真正的成功；不了解却妄作，就会失败。就像人类对自然界的每一次胜利，自然界都会以更大的惩罚报复人类。因为人类破坏自然，这违背了规律。《淮南子》举过这样一个例子，大禹为什么能把水治成呢？顺水势而为。商汤周武为什么能夺得天下呢？顺民心而为。民心所向，就是历史发展的大势与潮流。无为是一个非常关键的理念，我们多花一点时间来解读它，一定受益无穷。

例2

【第三十五章原文（节选）】道之出口，淡乎其无味，视之不足见，听之不足闻，用之不足既。

【译文】道是无声无味，看不见，听不见的，用的时候自己却不知道。

事，无事，想做成大事，就要知道在哪些方面应该无事。不干扰别人，别让那么多繁杂的东西把自己全部填满，不要瞎折腾。领导者应该多用《道德经》第五十七章的"我无事而民自富"自勉，不多事、不扰民、不刁难，让百姓自然富起来。网上曾流行这样一篇文章——《苍天啊，谁来帮我证明"我是我"》，文中人的一个文件上名字有错别字，去改的时候需要证明他是他，他跑了很多地方都开不出这个"奇葩证明"。所以这种事情少一点，不要用这样烦琐的事情折腾老百姓，他们的日子慢慢就好起来了。"我无事而民自富，我无为而民自化。"就像汉初无为而治，休养生息，才为后来文景之治打下基础。尤其是做领导的，不要没事找事，不要用烦琐的东西折腾人，所以，想要做事，就必须懂得无事的道理，不要多事，不要扰民。

味，无味，味道的极品，达到了最高点反而是没有味道，无味。这是什么意思？有一个词叫真水无香，比如大家喝了各种饮料之后，又喝白开水的时候，若这个水没有被污染过，这是最好的。我们饮食讲究清淡、寡味，少油少盐。什么菜无味？豆腐。豆腐是没有味道的，它和所有东西都可以搭配。饮食清淡，为什么清淡呢？清淡符合道。《道德经》第三十五章有："道之出口，淡乎其无味。"道也是无味的。"乐与饵，过客止"，人们吃到美味，听到美好的音乐，都会不自觉停下脚步，因为这些诱惑对人是有吸引力的。然而，道和乐与饵不一样，道是淡而无味的。所以我们经常讲返璞归真，平平淡淡才是真。中国人有意无意地运用淡乎其无味的道理，饮食讲究平淡、清淡，少盐少油，这样对人的健康更有益。人的行为语言，也像是无味的道，看是看不见的，听也听不见，用的时候自己还不知道。所以道这个东西无处不在，只是我们不知。

所以无味也是道的重要特点，中国人讲到艺术境界的时候，经常也用到这个道理。水墨往往画不满，出现了很多"马一角""夏半边"的画家。园林建筑注重风声雨声、花影月影的虚景，音乐也有停顿与留白，产生了无声胜有声的效果。这些都是无味，同时是至味。

例3

【第十二章原文（节选）】五色令人目盲，五音令人耳聋，五味令人口爽，驰骋畋猎令人心发狂，难得之货令人行妨。

【译文】光怪陆离、五彩缤纷的色彩，使人眼花缭乱；嘈杂的音调，使人听觉失灵；过于丰盛的食物，使人味觉错乱；纵情狩猎，使人心情放荡发狂；稀有的物品，使人行为不轨。

老子的"味，无味"，延伸到生活中还可以有"色，无色""声，无声"等，人的感官时常面临很多诱惑。那美色、靡靡之音、美味这些东西的诱惑对人们有没有好处呢？老子说没有。越是五彩缤纷越使人迷惑，越是美味的食物越使人把持不住而吃撑。社会中人们面临的诱惑太多了，乱花渐欲迷人眼，怎样收拢自己的精神，不为其所惑呢？

五色令人目盲，各种各样的颜色，五彩缤纷，千奇百怪，让人陷入迷乱，区分不出来好坏。现实一点，从生理上说，手机、电脑上那种五色，让人们的视力下降，有些人只能去做手术。真正的颜色是朴素的、无色的，其他颜色莫能与之争美。墨是什么颜色？无色，或者叫玄色，没有叫黑色的，所以中国水墨画是无色的，是高级的。

五音令人耳聋，很多人走路的时候戴着耳机，耳朵是受不了的，最后好的音乐便分辨不出来了。

五味令人口爽，爽字的写法，一堆叉，爽的本意是错乱，比如成语屡试不爽。有的人喜欢吃厚食重味，爆辣的，吃完之后味道都辨别不出来了，总吃这些东西，最后味觉都被破坏掉了。听很多老人讲，以前吃饭的时候稍微用筷子蘸一点点猪油、一点点香油，就觉得这顿饭太香了、太美味了，但是现在呢，可能放半瓶香油都没有以前的感觉了，因为现在重口味的东西我们吃得多了。这些外在的诱惑一定要合理地把握，不能完全把它消灭掉，因为有的毕竟还是需要的，适可而止就好。俗话说"好厨子一把盐"，有一部老电影《美食家》，它改编自陆文夫的同名小说，里边的男主人公是个资深吃货，他有段话特别精彩，说做菜放盐是最重要的，因为盐能吊百味，而盐把百味吊出之后，它本身就隐而不见了。以前做菜就是一把盐的事情，现在却要用各种调味料。表面上是说做菜，其实就是说做人，这盐不就是"生而不有，为而不恃，长而不宰"吗？

驰骋畋猎令人心发狂，王公子弟、豪门贵族、统治者整日声色犬马，最后心都静不下来了。俗话说欲让其灭亡，必先让其发狂，心都发狂的时候，一定会走到另外的邪路上。

难得之货令人行妨，引起欲望的东西就会让人做出不好的事。这其实都是生活中的诱惑，如美味、音乐、游戏等，关键是要怎么面对这些诱惑。"是以圣人为腹不为目"，人应该注重实质，而不是外在的内容。食物对人来讲，它的营养、充饥作用是最重要的，至于外表颜色不是实质的内容,就像《道德经》第三十八章讲的"处其厚不居其薄,处其实不居其华",懂得生命中什么是最重要的,掌握最重要的,才能够返璞归真,才能够抱真守一。

第八章 八纲要

小　序

所谓纲要，原指网上的大绳，引申为事物的关键部分。"要"是重要的意思，与"纲"有异曲同工之意，又有"要点"之别。纲要并用，即提纲挈领的要点，亦即主要的、核心的和实质性内容的总结、概述和介绍。

老子善于将大智慧通俗化、形象化、简练化，使人清楚他的观点，并便于记忆，朗朗上口。《道德经》中的四字成语比比皆是，其中还有很多至今仍被经常使用。本章总结概括《道德经》中的八个成语智慧，即八纲要。

第一，利而不害——利，善利他人，帮助别人，付出给予的越多自己得到的就越多。不害，不起害人之心，不做害人之事。

第二，为而不争——首先要有为，了解事物规律而不妄为，抓住关键而不多为，有所为而有所不为，善于抓住机会，顺势而为。成功之后急流勇退，领导不与民争利才会得到民众的拥护和爱戴，人不争抢才会得到别人的帮助，获得成长的机会，终成大事。

第三，生而不有——天地生养万物、泽被天下，却从未把万物当作私有，人应该效法天地之道，顺应自然规律，不以占有的态度对待外物，这就是最大的德行。

第四，为而不恃——为，不妄为，不多为，有所不为，顺势而为。不要把自己的成就或是对别人的恩德当作倚仗、凭借和勒索的手段，否则功劳就会变成催命符，恩情就会变成仇怨。

第五，长而不宰——天地衣养万物，却从未要求万物按照某个特定的方向生长，从不作为万物的主宰而趾高气扬。人也应当如此，任何恩德都不能作为主宰控制对方的理由，每个人都有权利按照自己的方式生活。

第六，廉而不刿——有原则和底线但不伤害别人，有棱角但不至于刺痛别人。懂得与别人友好相处，懂得委婉迂回地解决问题，这是外圆内方的处世之道。

第七，直而不肆——直率明朗，却不过分放肆。说话做事的方式在人与人的交往中非常重要，为人谦逊，言语礼貌，这样才会获得他人的尊重和信任。

第八，光而不耀——君子先要有光，有才华，有魅力，才能够吸引别人，照亮别人，但从不张扬炫耀，从不锋芒外露。真正有智慧的人外圆内方，和光同尘，光而不耀，如此才是长久之道。

第一节　利而不害

天地利万物，人应该效法天道，善利他人，帮助别人的同时也可成就自己，付出给予的越多自己得到的就越多。不害，不起害人之心，不做害人之事。破镜难重圆，一旦对他人造成伤害，就会产生不可修复的嫌隙，同时会给自己心灵蒙上难以消除的阴影。所以利而不害，我们应当尽力为别人提供便利，不做害人害己之事。

例1

【八十一章原文（节选）】圣人不积，既以为人，己愈有；既以与人，己愈多。天之道，利而不害。圣人之道，为而不争。

【译文】圣人不积累私藏，帮助别人的越多，自己越是充足；给予别人的越多，自己越是感觉获得的多。天道，利万物而不伤害；圣人之道，做好事却不为自己争名夺利。

第八十一章是《道德经》的终章，最后的两句"天之道，利而不害。圣人之道，为而不争"是对全书思想的总结和概括。天道帮助万物而不伤害，人应该效法天道，帮助人而不争名夺利。"利而不害"这四个字有两个重点:第一是"利",帮助,有利于别人,由此可见批判道家消极、被动、阴谋论的观点是完全站不住脚的,老子明确说过,要利万物,利他人;第二是"不害",不要伤害别人,不起坏心,不做坏事。好的领导者都应该有"俯首甘为孺子牛"的精神。"孺子牛"本来是形容父母对子女的疼爱,《左传》中记录,齐国国君齐景公最喜爱的小儿子晏孺子,聪明伶俐,活泼可爱,已到花甲之年的齐景公经常和孺子一起玩乐,做游戏,孺子要他干什么,他就干什么。有一次,孺子要齐景公装作一头牛自己牵着玩,齐景公立即让人拿来一根绳子,他用牙齿咬住绳子的一头,把绳子的另一头让孺子牵着。孺子高兴极了,像牧童一样,牵着"牛"猛跑起来,齐景公也装着牛叫在后面跟着跑,跑着跑着,孺子一不留神,突然一跤跌倒。齐景公没有防备,咬着绳子的门牙竟被拽掉了一颗,顿时满嘴鲜血直流。后来景公废长立幼,将孺子的兄长都赶出国都,立孺子为国君。后来鲁迅先生用孺子牛来比喻为人民服务的人,善利他人之人。

　　老子善于将理论和思想寄托在现实的形象中,从天之道引出人之道,便于人们理解体会。《道德经》第八章"水善利万物而不争"也包含利而不害的道理,水是最善利的。首先,水是一切生命存在和生长的必要条件,没有雨露滋养,没有水的灌溉,无论是植物还是动物,哪个物种还能够存活?人类最早的文明也是在水边发源,人类生存和发展离不开水。其次,水带走世间一切污浊,为万物生存提供了美好的环境。水利万物，却从未主动谋害过万物，有人会举例说暴雨和洪水冲垮农田，这难道不是水患？人们需要反思水患发生之前，人类做了什么？开采山体、砍伐森林、农田侵蚀林地等，这些行为都是人类对自然的破坏。违背自然规律必将受到反噬和惩罚，所以水从不害人，只是用这种方式来提醒人要保护自然。

天地利万物，人要效法天地之道；上善若水，水也利万物，是最高智慧和品德的象征，所以有德之人也具有水的品德。那为什么要利他人呢？利他人对我们自己有什么好处吗？老子在《道德经》第八十一章说："既以为人，己愈有；既以与人，己愈多。"越帮助别人，自己就越富有，越是给予付出，自己拥有的就越多。"有"和"多"并非是物质财富的获得，而是精神世界的充盈。在帮助别人，为别人做事的过程中，获得了无尽的快乐，获得了精神上的满足，这不就是无形资产吗？舍得，舍得，有舍才有得，在舍的过程中反而自己得到更多。国与国之间也是这样，中国人喜欢双赢，喜欢帮助别人。全球新冠疫情暴发，在检测试剂、口罩等成为全球短缺物资时，中国对近百个国家以及世卫组织、非盟等国际组织提供紧急抗疫物资援助，我们国家没有选择隔岸观火、独善其身，而是秉持人类卫生健康共同体理念，力所能及地为国际社会提供抗疫援助，危难之际尽显大国风度。

既以为人，己愈有，既以与人，己愈多，为人是什么？与人是什么？是善利万物，利他人。如果只一味地为自己积累财富，结果呢？我们经常讲一句话：穷得只剩下钱了。如果太过于看重自己的财富，一心积累家业，只进不出，做一个守财奴，那么财富就会像手里的沙，攥得越紧流失得越快。要知道利人者方能利己，付出的东西总会以另一种形式回到自己身边。

例2

【第七十九章】和大怨，必有余怨，安可以为善？是以圣人执左契，而不责于人。有德司契，无德司彻。

【译文】调和了大的矛盾，也必定会有遗留的怨恨，这怎么能是妥善的方法呢？所以圣人收执借据却不苛责别人偿还。有德的人就像执左契而不责于人的，无德的人就像掌管税收的人那样严苛残酷。

利而不害，首先要利万物，利他人，另外就是不害，不起害人之心，不做害人之事。老子劝告统治者，如果肆无忌惮地伤害百姓，伤害人民，那么社会上的矛盾就越来越多，越来越严重，之后不管用什么方式解决，都会留下很多祸患。人和大自然也是这样，人们乱砍滥伐，污染海洋，破坏自然环境，等遭到自然界的反噬和惩罚，才想着要治理环境。可是，臭氧层的破坏、冰山消融、稀有物种灭绝，这些是不可逆的，无论如何补救，都无法彻底弥补人类对自然的破坏。再如，平时不注意健康，熬夜打游戏，一旦生病了才想着去调理身体。《黄帝内经》有："病已成而后药之，乱已成而后治之。"

等到显现出病症之后再治疗，后遗症是很难消除的。人际关系也如此，一旦与朋友、家人发生摩擦，伤人的话语像钉子一样扎进心里，就算之后和好了，钉子留下的痕迹也是难以消除的，可以和好，但没办法和好如初，破镜终归无法重圆。

那我们应该怎么做呢？老子在《道德经》第六十四章说："为之于未有，治之于未乱。"从一开始就不要危害人民，不破坏环境，不损伤自己的身体，不伤害别人，在事情没有到糟糕的地步就开始预防。现在，无论是国内的发展形势，还是国际的竞争形势，都迫切需要领导干部必须增强忧患意识，居安思危、防患未然，在处理问题中要学会"下先手棋"，避免将问题和矛盾由小拖大、由大拖炸。贞观之治少不了唐太宗的居安思危，他认为如果仅仅因为天下安宁无事，便不留意为君之道，居安忘危、处治忘乱，那么帝业必然不会长久。唐太宗总是对亲近的大臣们说："治国就像治病一样，即使病好了，也应当休养护理，倘若马上就自我放开纵欲，一旦旧病复发，就没有办法解救了。现在国家很幸运地得到和平安宁，四方的少数民族都服从，这真是自古以来所罕有的，但是我一天比一天小心，只害怕这种情况不能维持久远，所以我很希望多次听到你们的进谏争辩啊。"魏徵对皇帝拥有忧患意识感到高兴，他说："国内国外得到治理安宁，臣不认为这是值得喜庆的，只对陛下居安思危感到喜悦。"利而不害，无论是治国理政还是为人处世，都应该未雨绸缪，居安思危，一旦亡羊补牢则为时晚矣，因为丢失的羊永远找不回来。

　　善恶终有报，做坏事总会受到惩罚，即便不受客观世界的惩罚，也会受良知的惩罚。一旦做了坏事，自己就会提心吊胆，无法安心。《道德经》第七十三章有："天网恢恢，疏而不失。"庄子也说："绝迹易，无行地难。"做坏事的人总会受到这样那样的惩罚，人们会说"举头三尺有神明"，其实很大原因是人做了坏事之后心绪不宁，无法专心做事，做贼心虚酿成大祸。有个故事讲一个木匠在家里收了许多孩子为学徒。有一天，他抽屉里钱不见了，不知被谁拿走了，所有的孩子都否认是自己干的。为了弄清事实真相，木匠把孩子们召集到一块，发给每人一段同样长短的木棍，然后说："你们把这些木棍收好，明天早上再拿给我，偷钱人的木棍会比别人的长出一寸来。"偷钱的那个孩子害怕被发现，晚上偷偷溜出来，把自己的木棍锯掉了一寸，免得比别人的长出一寸来。第二天，大家把木棍都拿出来了，偷钱的孩子的木棍比别人的短了一寸，他羞愧地哭了出来，以后再也不偷人家的东西了。

第二节　为而不争

　　为而不争，首先是要有为，了解事物规律而不妄为，抓住关键而不多为，有所为而有所不为，善于抓住机会，顺势而为。把事情做成了之后才是老子强调的重点——不争。老子认为人类一切罪恶的起源便是因欲望产生的争斗，所以他反对争斗。领导不与民争利才会得到民众的拥护和爱戴，人不争抢才会得到别人的帮助，获得成长的机会，终成大事。为而不争隐含着两个逻辑：先有为，后不争；因为不争，所以有为。

例1

【八十一章原文（节选）】天之道，利而不害。圣人之道，为而不争。

【译文】天道，利万物而不伤害。圣人之道，做好事情却不为自己争名夺利。

《道德经》是老子总结别人请教的问题及给予的答案的汇总，来请教老子的都是什么人？本书第一章就介绍过，老子的回答主要就是针对士、王、圣这三类人。这三类人共同的特点就是要带领人们做事，区别就是带领的人数多少，但是本质上都是一样的。老子对这样的人提出什么建议呢？为而不争。首先明确，老子是支持大家有为的，所以那些抨击老子无为思想消极、保守的观点是站不住脚的。有人会疑问，道家不是倡导无为吗，为什么又说要有为，这是矛盾吗？当然不是，这需要了解老子无为的真正含义。

无为是不妄为，不瞎折腾；不多为，该为的为，不该为的事情不越过边界；有所不为，君子有所为，有所不为。因为每个人的精力都是有限的，只有放弃一些事情，才能在其他事情上做出成绩。什么都想得到，什么都不肯舍，最终只会一无所获。

理解了不多为、不妄为、有所不为，更要知道如何为——顺势而为。老子希望人们按照道的规律和规则去做，顺势而为，乘势而上。所以至此我们就能明白，老子既说无为，又说为而不争，并不矛盾。无为是顺应自然，不违背事物发展规律，顺势而为是尊重自然规律，两者异曲同工，并非矛盾。

例2

【二十二章原文（节选）】夫唯不争，故天下莫能与之争。

【译文】正因为有不争之道，所以能曲成万物，反而天下没人能争得过他。

【六十六章原文（节选）】是以欲上民，必以言下之；欲先民，必以身后之。是以圣人处上而民不重，处前而民不害。是以天下乐推而不厌。以其不争，故天下莫能与之争。

【译文】所以要想站在上面领导好人民，必须在言语上懂得谦逊；要想站在前面领导好人民，必须要把自己的利益放在后面。所以圣人居于人民之上，而人民没有感到沉重的负担，居于人民之前，而人民没有感受到伤害。所以天下人都乐于拥戴他而不会感觉厌倦。因为他不争，所以天下没有人能与他争。

【六十七章原文（节选）】不敢为天下先，故能成器长。

【译文】遇到利益不争先，懂得先人后己，才能成器、成长。

【六十八章原文】善为士者不武，善战者不怒，善胜敌者不与，善用人者为之下。是谓不争之德，是谓用人之力，是谓配天古之极。

【译文】善于做基层领导的人，不耀武扬威、盛气凌人；善于作战的人，懂得克制情绪而不会被激怒；善于战胜敌人的人，不和敌人发生正面冲突；善于用人的人，善于处下。这就叫不争的品德，这就叫善于集中大家的力量，这就叫符合天道，这是自古以来的最高准则。

为而不争，首先是要有为，了解事物规律而不妄为，抓住关键而不多为，有所为而有所不为，在此基础上，善于抓住机会，顺势而为。事情做成之后，老子强调的重点是不争。好的领导者都懂得为而不争的道理，做的事情大家都看得见，越是不争，大家越高举之、往前推之，这是水到渠成的事。就像天地养育万物，从未与谁争名夺利，就像水滋养万物，洗净污浊，却从未争夺什么，因而被人敬作最高的功德。

老子认为人类一切罪恶的起源便是因欲望产生的争斗，战争是想获得更多的土地和子民，阴谋是想获得更高的地位和权力，贪腐是想获得更多的财富。大家为了这些身外之物争得头破血流，硝烟不断。我们现在说春秋战国时期诸侯争霸，就是这个"争"给人民带来了灾难和痛苦，因此老子倡导不争，无论是百姓还是统治者都不应该争。希腊神话故事中有位英雄大力士，叫海格力斯，一天，他走在坎坷不平的路上，看见脚边有个像鼓起的袋子样的东西，海格力斯便踩了它一脚。谁知那东西不但没被海格力斯一脚踩破，反而膨胀起来，并成倍成倍地加大，这激怒了大力士海格力斯。他顺手拿起一根碗口粗的木棒砸那个怪东西，好家伙，那东西竟膨胀到把路也堵死了。海格力斯奈何不了它，正在纳闷，一位圣者走到海格力斯跟前对他说："朋友，快别动它了，忘了它，离它远去吧。你不惹它，它便会小如当初；你若侵犯它，它就会膨胀起来与你敌对到底。"这个海格力斯效应，可用不争来化解。"袋子"后边是想要争抢争夺的东西，若特别迫切想要得到它，跟它过不去，那么它就会加倍反噬你。相反如果顺其自然，自然而然，"袋子"不会膨胀，不会阻挠前进的脚步，那么就能顺利到达终点。

人为什么要争抢呢？就像吴承恩在《西游记》第一回说的："争名夺利几时休？早起迟眠不自由！"无论生前多少荣华富贵，身后都是黄土一抔，人赤条条地来，赤条条地走，每个人到最后都是一无所有，两手空空。所以人生在世最重要的是活出价值和意义，而不是把时间耗费在功名利禄上。看淡了功名利禄，宠辱不惊，那么就不会在不断的争功、争名、争斗中耗费自己的精力，就能在大是大非面前展现实力，最终成就一番大事业。

夫唯不争，故天下莫能与之争。范仲淹在《岳阳楼记》中写道："先天下之忧而忧，后天下之乐而乐。"这两句话被古往今来诸多有志之士作为自己的座右铭。钱锺书先生认为范仲淹这两句话本意是出自《道德经》第六十六章："欲上民，必以言下之；欲先民，必以身后之。"做官、做领导不得是如此吗？你在上面领导大家，大家没有感到沉重的压力，你在前面带领大家，大家没有感觉到危害。大家觉得跟着这样的领导没错，就往高举、往前推你而不感到厌烦。历史上，很多统治者穷奢极欲，危害百姓，草菅人命，百姓自然就感觉到害，感觉到重。如果大家都觉得被你领导是"上了贼船"，觉得自己的安全利益都保证不了，必然不会服从跟随你。正因为不争，不与民争利，不与其他人争名，反而得到了大家的拥护、拥戴，以其不争，故天下莫能与之争。越是手伸得长的人，越是争的人，其实最后越惨。因为位置已经规定一个人应该担当的使命和责任，争抢也是徒劳。

传说在帝尧时期，黄河流域经常发洪水，危害百姓。大禹的父亲鲧用"围堵障"的方法治水，历时九年仍不能成功，最后被舜帝放逐致死。而大禹则用"疏顺导滞"的方法治水，最终平息了水患。我们想一下父子二人的不同，鲧是选择正面与洪水相抗，筑造堤坝围堵洪水，禹则不正面与洪水相抗，反而顺着水流方向，疏导河道，结果成功。天下莫柔弱于水，水是自然最柔软之物，虽说上善若水，但是我们不能小看水滴石穿的力量。人与自然本是和谐共生，不能将自然放在人类的对立面，去争、去对抗，这样必然导致两败俱伤的后果，而应该像大禹那样，不与洪水相抗，最终与自然共生。

以其不争，故天下莫能与之争。所谓不争，并不是消极被动，不争，要先了解边界，不争边界之外的，这样的话才能天下乐推而不厌，都往高处推举而不觉得厌烦。

为什么不争呢？因为不争能够成长，《道德经》第六十七章说："不敢为天下先，故能成器长。"做领导，要懂得先人后己，懂得不只从自己的角度考虑，这样才能够不断地进步，不断地成长，终成大器。《庄子·山木》说："东海有鸟焉，其名曰意怠。其为鸟也，翂翂翐翐而似无能。引援而飞，迫胁而栖。进不敢为前，退不敢为后，食不敢先尝，必取其绪。是故其行列不斥，而外人卒不得害，是以免于患。"在东海有一种名叫"意怠"的鸟，它作为鸟来说，飞得低且慢，看上去好像很无能。这种鸟非常柔弱，总是挤在鸟群中苟生，而且飞的时候还要靠别的鸟领着；栖息时要躲在鸟群中间；往前飞它从来不敢跑在前面，退也不敢落在后面；吃东西不抢先，总是吃些残羹剩饭。所以它们不会被大家所排斥，也避免了人对它的伤害，这样安然地保全了自己的生命，终日优哉游哉，远离祸患。相反，遇事情只考虑自己私利的人，一点不考虑别人，没有人会帮助这样的人，这就封死了自己前进成长的路。不敢为天下先，才能不断进步，不断成长，终成大器。遇到好处利益，争先恐后，一点都不肯让，甚至不该自己的也抢，这样做不可能长久持续地发展。争强好胜之人，因为其争，很容易成为别人的眼中钉、肉中刺，所以遭到别人的嫉妒、诽谤甚至陷害，所以做事情往往不成功。而不争之人，往往处于卑下的地位，不引人注意，也不会让别人感到威胁，所以大家都愿意帮助他。为而不争，故天下莫能与之争。

那么不争的德行，具体表现是什么呢？老子在《道德经》第六十八章就举了例子。善于做基层领导的人、战争中的士官、指挥打仗的士官，不要有了地位就耀武扬威、趾高气扬、盛气凌人、不可一世，要保持一种谦逊的、平和的、冷静的心态。善于领导的人，要保持这种清醒、冷静、理智的心理状态，宁静以致远。善于制胜的人，在作战中懂得用委婉迂回的方式获得胜利。善于处下者方能真正居上。不武、不怒、不与、为之下，是对不争之德的进一步说明，所以《道德经》这本书从头到尾强调的一个普遍性的智慧和原则就是不争之德。

第三节　生而不有

天地生养万物、泽被天下，做这些事情从不推辞，但是从未把万物当作私有，老子以此劝告统治者，应该效法天地之道，不以占有的态度对待外物，这就是最大的德行。统治者如果认为人民是自己的私产而任意盘剥，家长如果认为孩子是自己的私有物而妄加干涉，那么只会激化矛盾，反目成仇。占有的同时就意味着失去，如果以占有的态度对待一切，那么得到的瞬间固然快乐，但是失去的痛苦会更加明显。所以，生而不有是顺应天地之道，顺应自然规律的态度，以此对待万物才是最大的功德。

例1

【第二章原文（节选）】是以圣人处无为之事，行不言之教，万物作焉而不辞，生而不有，为而不恃，功成而弗居。

【译文】所以圣人行事，顺乎自然，崇尚无为，实行不言的教诲。顺应万物自然的生长而不加干预，创造万物而不占有，施泽万物而不将这当成是倚仗、凭借的手段，有了功劳而不居功自傲。

【第十章原文（节选）】生之、畜之，生而不有，为而不恃，长而不宰，是谓玄德。

【译文】万物生长繁殖，产生万物、养育万物而不占为己有，化作万物却不把这当成是凭借、倚仗，作万物之长而不主宰它们，这就叫作玄德。

【五十一章原文（节选）】生而不有，为而不恃，长而不宰，是谓玄德。

【译文】养育万物而不占为己有，化作万物却不把这当成是凭借、倚仗，作万物之长而不主宰它们，这就叫作玄德。

【三十四章原文（节选）】万物恃之而生而不辞，功成不名有，衣养万物而不为主。常无欲，可名于小；万物归焉而不为主，可名为大。

【译文】万物倚仗它生养却从不推辞，泽被苍生而不将自己视为主宰者。它无欲而静，隐微虚无，发挥作用时往往不被注意，所以可以称它为小；万物最后都归于道，它却不自以为能主宰万物。所以可称其为伟大。

《道德经》全文有五千字之多，其实核心观点和原则并不多。老子习惯于用不同的论证方式来强调某一个观点，其中一种论证方法就是重复。"生而不有,为而不恃,长而不宰"这十二个字就在《道德经》中重复了四次之多,有人认为这是后人校对排版错误,其实这是老子重复自己思想观点的方法。

生而不有,生就是创造,不管我们创造了多少,都不要认为那只是自己的功劳。就像天地创造了万事万物,它为万物生长提供阳光、雨露、土壤,但从未用占有、垄断的态度来对待它们,就像《道德经》第三十四章说:"生而不辞,功成不名有,衣养万物而不为主。"道作为万事万物的本源,万事万物都有道的影子,但是我们却很难发现道的存在。人应该效法天道,对别人有了恩德,却不以占有的态度去对待。在中国传统观念中,孩子是家庭的,是父母的私有财产。外人干涉孩子的教育问题会被认为是多管闲事,我们看到家长教训孩子,体罚孩子,大多数是不会干预的,因为我们也默认了教育是家庭内部的事情,孩子是被家庭被父母"占有"的私物,无论是鼓励教育还是打屁股教育,报什么兴趣班,上什么学校,那都是一个家庭自己的事,无论如何孩子都是家庭的"私产"。家长觉得无论做什么都是为了孩子,有时候越是控制,越是起到反作用。可笑讽刺的是有这样一种现象,一部分被"占有"的小孩,越容易学坏和叛逆,在家长面前像猫咪,在外面就是另外的样子;另一部分则向家长妥协,代价却是无法独立,无法面对困难和挫折,成为一个懦弱的人。

几千年的历史中逐渐发展并成型的"家本位"传统,它以血缘亲情为纽带，把家作为万事万物的参照点，把一切事情同家联系起来。一切活动会围绕家展开，以家庭为圆心，向外扩散，目前为止依旧在社会传统中占主导地位。这种传统有利有弊，对于家庭的团结、亲情维系和家风传承是有利的，但一些家长会对下一代产生"生而占有"的思想观念。因此家庭教育是矛盾百出，父母和孩子之间本来的爱和亲情有时候会变成仇恨。我们应该把握好放养和占有的度，让每一个人都能在温暖的家庭中自由成长。

占有的关系不只发生在家庭中，作为家长、领导者，更要以生而不有的姿态去跟孩子、下属相处，他们不是某个人的私有财产。《庄子》中有一个鲁侯养鸟的故事，说从前有一只海鸟停留在鲁国国都的郊外，鲁侯用车迎接它，并在宗庙里给它敬酒，演奏《九韶》使它高兴，准备牛、羊、猪的肉作为它的食物。海鸟却双目昏花，心情悲伤，不敢吃一块肉，不敢喝一杯酒，三天后就死了。鲁侯下意识将鸟作为自己的私物，将自己的喜好强加给鸟，就像作为家长规定孩子必须要做什么，必须要跟谁交朋友，这样的做法只会适得其反。所以我们都不能做养鸟的鲁侯。

鲁侯的鸟，可以是小孩，也可以是财富、地位、名誉。太想占有财富和地位，于是紧紧攥住，哪怕这些东西对自己没什么用。不要忽略了人生就是失而复得、得而复失的过程，得失是常事。就算是自己的生命，也不敢说是自己占有，最多是借用几十年，总要还回去的。若以占有的态度对待一切，得到的瞬间固然快乐，但失去会更加痛苦。诺贝尔文学奖获得者、著名文学家萧伯纳说过："人生有两大悲剧，一是没有得到你心爱的东西，另一是得到了你心爱的东西。"把得失看得太重，是人生的悲剧。老子说，天地生养万物、泽被天下，做这些事情从不推辞，但是也从不把万物当作私有，他以此劝告统治者，也劝告我们每个人，在家庭教育、企业管理中应该效法天地之道，不以占有的态度对待外物，这就是最大的德行。

第四节　为而不恃

上文说了生而不有，再来说一下为而不恃。为，不妄为，不多为，有所不为，顺势而为。有了成就之后，或者对别人有恩德的时候，不要把它当作倚仗、凭借和勒索的手段，否则功劳就会变成催命符，恩情就会变成仇怨。天地创造养育万物，却从未要求万物回报，人也应当如此，功遂身退，天之道。

例1

【第五十一章原文（节选）】生而不有，为而不恃，长而不宰，是谓玄德。

【译文】养育万物而不占为己有，化作万物却不把这当成是凭借、倚仗，作万物之长而不主宰它们，这就叫作玄德。

【第七十七章原文（节选）】是以圣人为而不恃，功成而不处，其不欲见贤。

【译文】所以圣人把事情做成而不把这当成一种倚仗、凭借甚至勒索的手段，有了功劳却不居功自傲，不想表现自己的贤能。

【第九章原文（节选）】功遂身退，天之道。

【译文】功成而懂得不居功自傲的道理，才符合天道天理。

为而不恃，恃就是倚仗、凭借，不管我们对别人多有帮助，多有恩德，都不要把这当作倚仗、凭借甚至勒索的手段。我们对别人的帮助，不要放在心上，就像天地养育万物，从未以此要求万物为它做些什么。但是别人对我们的好处，一定要时刻牢记，懂得感恩。人应该效法天地，帮助别人并不是为了回报，不挟恩图报。有了功劳，有了作为，不要居功自傲，不要觉得可以躺在功劳簿上吃老本了。刘邦击败项羽，始建西汉。建国之初，刘邦在外东征西讨，开疆拓土，将大后方交给萧何。萧何协助吕后顺利除掉韩信，深得刘邦欣赏，刘邦决定封萧何为相国，加赐食邑五千户。萧何起初觉得自己功劳确实不小，帮助刘邦打天下，还为他除去心头大患，就沾沾自喜，开始得意忘形，觉得自己可以安然接下刘邦的赏赐。陈平得知此事，暗暗告诉萧何：你命不久矣！不要再得意了。圣上在外四处征战，最担心的是后院着火，先前韩信造反，让圣上十分忌惮，于是授意除之。圣上这次表面上是封赏你，其实是对你不放心，怕你谋反。你如果接受封赏，则表明自恃有功，定让圣上心生疑虑，你就大难临头了。萧何一听觉得十分有道理，陈平接着建议，不如推掉所有封赏，变卖所有家产以充军资，资助圣上在外征战，这才能完全解除圣上顾虑，保自己和家人平安，萧何照办。刘邦得知后，欣然大喜，对萧何赞不绝口，悬着的心也放下了。

伴君如伴虎，有的人战战兢兢，如履薄冰，但是有的人就愚蠢到在皇帝面前显摆自己的功劳。杨修，曹操的行军主簿，十分有才华，但是这个人就是典型的恃才傲物。他经常把曹操的心思告诉不该告诉的人。曹操梦中杀人，大家谁还不明白是怎么回事？他就揭穿曹操并非在梦中。曹操写一盒酥，他就解读成一人一口酥，两军相持，曹操喊鸡肋，他就早早收拾行李撤退，后来被曹操所杀。

升米恩斗米仇。挟恩图报的人最终会将恩情变成仇恨。俄国文学之父普希金的寓言《渔夫和金鱼的故事》：一个渔夫和他老婆住在大海边破旧的小木棚里，渔夫天天撒网打鱼，他老婆天天纺纱结线。有一次渔夫打到一条金鱼，金鱼开口说话了，央求渔夫将它放回大海，可以给渔夫很多报酬。渔夫心软，放生了金鱼，也不要任何报酬。渔夫的老婆知道这件事以后破口大骂，逼着渔夫向金鱼要一只新木盆、木房子，金鱼满足了她的要求。随后，他老婆再次向金鱼提出要求,想做贵妇人,想做女皇。金鱼看在渔夫的恩情上,都答应了。最后一次,老太婆要当海上的女霸王,并且要金鱼亲自侍奉她,听她使唤。这一次,金鱼不但没有答应她的要求,还收回了以前送给她的一切。善良的渔夫和知恩图报的金鱼,原本是一段非常美好的际遇,但是恩情一旦掺杂人的欲望,便不再美好。

有时候我们会说某个人忘恩负义,忘恩负义固然不对,可是恩人是不是也得反思一下自己有没有问题。如果对某个人有恩德,每次一见面就提醒对方:我对你恩德如天,你不能忘恩负义,你忘了就不是人了,那么对方不烦才怪。就像现在有的家长会用生养之恩"要挟"小孩子听话:我含辛茹苦把你抚养长大,你现在不去写作业就是不孝,不听话就是忘恩负义。这种压力会引起小孩子逆反心理,偶有小孩子顶撞家长:又不是我让你生的我。为而不恃是人际关系中的智慧,自己对别人的帮助就忘了吧。

《战国策》中记载,长平之战后,秦军围攻赵都邯郸,赵国求助于魏国。战国四公子之一信陵君听从门客的建议,窃得兵符,杀了晋鄙,亲自统兵救赵,终于打败秦军,解了邯郸之围。赵孝成王亲自到郊外去迎接信陵君,还要赠他五座城池。这时,谋士唐雎对信陵君说:"我听说,事情有不可以知道的,有不可以不知道的;有不可以忘掉的,有不可以不忘掉的。"信陵君说:"这话怎样讲呢?"唐雎回答说:"别人憎恨我,不可以不知道;我憎恶别人,是不可以让人知道的;别人有恩德于我,是不可以忘记的;我有恩德于别人,是不可以不忘记的。如今，你杀了晋鄙，救下邯郸，打败秦兵，保存了赵国，这对赵国是大恩德。现在，赵王亲自到郊外迎接你。你很快就会见到赵王了，希望你把救赵王的事忘掉吧！"信陵君恍然大悟，谦虚受教。试想，信陵君如果挟恩求报，接受了赵王所赠之城，之后他的日子还能好过吗？别人的恩德一定要铭记于心，滴水之恩当涌泉相报，自己对别人的帮助还是忘掉为好。

所以一个好的领导者，一个有道之人，有作为了却不当倚仗、凭借甚至勒索的手段，不想表现出自己的贤能，只是认真做事，为天下谋福利，为大众谋福利。不要把自己的贤显现出来，不把自己的功德当作手段、倚仗，那么别人想要攻击也无处下手。麦秸漂于水面上，宝石沉没于水底，真正有德行的成功之人是不会把自己的功德挂在嘴边的。所以，对别人有恩，或者有了成就之后，应该怎么办呢？《道德经》第九章讲："功遂身退，天之道。"天地养育万物之后从未要求万物回报些什么，这是符合道的做法，所以人也应当如此，为而不恃。

第五节　长而不宰

所谓长而不宰，是说天地衣养万物、泽被苍生，却从未要求万物按照某个特定的方向生长，虽然它对万事万物的恩德很广，却不作为万物的主宰而趾高气扬。人也应当如此，作为领导、家长，不控制下属、孩子。任何人都不喜欢与有压迫感的人相处，所以无论是领导还是家长，都要将自己与对方放在平等的位置上。任何恩德都不能作为主宰、控制对方的理由，每个人都有权利按照自己的方式生活。

例1

【第十章原文（节选）】生之、畜之，生而不有，为而不恃，长而不宰，是谓玄德。

【译文】万物生长繁殖，产生万物、养育万物而不占为己有，化作万物却不把这当成是凭借、倚仗，作万物之长而不主宰它们，这就叫作玄德。

【第五十一章原文（节选）】生而不有，为而不恃，长而不宰，是谓玄德。

【译文】养育万物而不占为己有，化作万物却不把这当成是凭借、倚仗，作万物之长而不主宰它们，这就叫作玄德。

【三十四章原文（节选）】万物恃之而生而不辞，功成不名有，衣养万物而不为主。常无欲，可名于小；万物归焉而不为主，可名为大。

【译文】万物倚仗它生养却从不推辞,泽被苍生而不将自己视为主宰者。它无欲而静,隐微虚无,发挥作用时往往不被注意,所以可以称它为小;万物最后都归于道,它却不自以为能主宰万物。所以可称其为伟大。

长而不宰,是谓玄德,长,意为官长、领导,宰就是主宰,长而不宰就是指无论是官长还是家长,都不要认为能够主宰对方。一个领导者,把事情做成了,不要认为是自己主宰了这些人,要知道是大家的支持才把事情做成的。家长教育自己的小孩,经常说你这样不对,必须按照我的方法来,越是这样,小孩越没自信。很多家长,对儿女总有控制欲,认为我生你养你,你的人生就是我做主。他们为自己所有的行为找了一句万能借口:为了你好!可是他们不曾想过,他们给的、安排的、命令的,是子女需要的、愿意接受的快乐吗?

现代管理学之父彼得·德鲁克说,管理的本质是管好自己,影响别人。真正好的领导、有智慧的家长,一定是第一步先把自己做好,然后去影响他的下属、他的孩子,大家一起变得更好。而无能的家长和领导呢?他们不在乎管理方式是否正确,只在乎自己的主宰地位是不是被孩子和下属尊敬。现在有的家长自己不学习,整天抱着手机,但他却恶狠狠地要求小孩子学习,不让他玩手机,这其实就是"宰而不长"。你必须听我的,你不听我就揍你或者开除你,这种强权管理真的好吗？只怕会起到反作用吧。大家只有从心里真正认可、佩服一个人，才会跟随他去行动的。无形威望比强制权威要可贵得多。

2021年的东京奥运会，我国涌现出一批"00后"金牌得主，这些小将漂洋过海为国争光。十米射击项目的金牌得主姜冉馨也是"00后"，人们好奇是什么样的家庭培养出这样优秀的孩子。媒体采访姜冉馨的父母，她父母完全是体育圈的外行人。姜冉馨学习成绩优秀，升学之路比较稳妥，但是小姑娘态度坚定地说："我肯定要去专业射击队的。"她父母没有激烈地反对，也没有反复地劝导拉锯，而是确认了女儿的决定之后，就陪着她走上一条未知之路。他们也担忧女儿要承受搞竞技体育的残酷压力，但是没有插手她的发展，只是默默做好后勤保障。哪怕姜冉馨奥运会夺冠之后，她父母也没有炫耀自己教养有方，只是默默地守着家等待女儿，接受采访时也是说这些成绩是女儿努力的结果。父母应尊重子女，不要将子女看作是附属品而主宰他们的人生。

任何恩德都不能作为主宰控制他人的理由。确实，生活中很多人都会不自觉地走向一个误区，觉得我是你的家长，我是你的领导，我让你做什么你就要做什么。事实上这种想法欠妥，每个人都有权利按照自己的方式生活。

第六节　廉而不刿

　　方而不割、廉而不刿，意思都是有棱角但不至于刺痛别人。这是外圆内方的处世之道，心中有原则，有底线，但是懂得与别人友好相处，懂得委婉迂回地解决问题。用锋利的尖角去割伤别人的同时，也在刺痛自己，如此不是长久发展之道。只有懂得方而不割、廉而不刿的智慧，才能更加圆满地解决问题。

例 1

　　【第五十八章原文（节选）】是以圣人方而不割，廉而不刿，直而不肆，光而不耀。

　　【译文】所以圣人方正而不生硬，有棱角但不刺痛别人，直率但不会放肆，有光芒但内敛，不刺眼炫耀。

　　【第二十八章原文（节选）】朴散则为器，圣人用之则为官长。故大制不割。

　　【译文】像圆木分散则成为各种器物，圣人善用各种器物所以成为百官之长。懂得大制作的人，不会去把原材料分割成细细碎碎的，所以说，最好的政治体制是统一的，不是割裂的。

【第五十六章原文（节选）】塞其兑，闭其门，挫其锐，解其纷，和其光，同其尘，是谓玄同。

【译文】塞上欲望的孔穴，闭上欲望的门户，收敛锋芒，解除纷扰，在光明之处便与光融合，在尘垢之处便与尘垢同一，这就叫"玄同"。

方而不割、廉而不刿，这两个成语意思相近，所以放在一起解释。"方"就是方正、有原则，"割"就是生硬，方而不割就是有原则但是不生硬，不割伤别人。"廉"就是棱角，"刿"就是刺痛，廉而不刿就是有棱角但是不会尖锐到刺伤别人。这可以理解为外圆内方的处世之道，心中有原则，有底线，但是懂得与别人友好相处，懂得委婉迂回地解决问题。《道德经》第二十八章有"大制不割"，一个懂得大制作的人，不会把一个整体分割得细细碎碎的。明智的人不会割伤别人。一根原木可以做成各种各样的器皿，发挥不同的作用，可是初始的木头才是最朴素的，那种浑然天成的气质再也回不去了。原始的"朴"是道的重要属性，分割以后，它的属性就被减弱了。人也一样，不管我们训练成了多少聪明技巧，其实厚道才是最高的聪明，不会割伤别人，也不会刺痛自己。

《战国策》里触龙说赵太后的故事就充分体现了方而不割、廉而不刭。战国时期，秦国趁赵国政权交替之机，大举攻赵，并已占领赵国三座城池。赵国形势危急，向齐国求援。齐国一定要赵威后的小儿子长安君为人质，才肯出兵。赵威后溺爱长安君，执意不肯，严词拒绝了大臣们的强谏，并声称"有复言令长安君为质者，老妇必唾其面"，意思是谁再劝说，我就朝他脸上吐口水，这是多生气啊！触龙见到赵太后，先关切询问她的起居饮食，谈论养生之道，消除了赵太后的逆反心理和敌对情绪，又说希望自己的幼子舒棋来保卫皇宫，勾起了赵太后的爱子之情。在她看来，触龙简直是同病相怜的"知己"了。触龙不像其他大臣那样指责赵太后不该溺爱幼子，而是批评她还爱得不够，应像疼爱燕后那样疼爱长安君，"父母之爱子，则为之计深远"，如果真的爱他，就要为他的将来考虑。赵太后动容了，替长安君准备了一百辆车子，送他到齐国去做人质，齐国的救兵才出动。

如果触龙直接就去劝说赵太后交出自己的幼子，那无疑在剜赵太后的心头肉，赵太后肯定不答应。他就换了个迂回的方式，告诉赵太后，这是在为孩子的将来铺路。赵太后就接受了这样的劝说。触龙也达到了自己的目的。这其实就是外圆内方的处事原则，你坚持自己的原则，但是一定要注意做事的方式方法。父母和子女不也一样吗？一旦正面冲突，事情就难解决了。例如，小孩子要看电视，玩手机，但电子产品对眼睛不好，这违反了作为家长的规矩原则，那怎么办，打孩子一顿？但是这无法从根本上解决问题。不如带孩子去郊外、去动物园,这样解决了问题,还不会产生矛盾。

用委婉的方式解决问题,既没有伤害别人,也达成了自己的目标,换句话说就是《道德经》第二十二章的主旨——曲则全,懂得委婉迂回处理问题的方式,才会有更圆满的结局,这才是有智慧的处理问题的方法。世界上没有一条河流是笔直的,如果水流只知道沿着直线走,遇到阻碍也不知绕道,那么永远也无法到达大海。如果树干笔直,那么木强则折,总会在风雨来临之时被拦腰折断。太过于"方",太过于"廉",容易割伤别人,也容易刺痛自己。所以我们应当在保持自己内心原则和底线的前提下,挫其锐,将自己外表尖锐的地方打磨圆润温和,能够与世界友好相处。如果我们总是刺伤别人又刺伤自己,那么如何长久生存呢?就像第九章所说"揣而锐之,不可长保",过于尖锐的人无法保全自己。

同时我们要切记,方而不割、廉而不刿是换个迂回委婉、不伤害别人的方式,以更好地解决问题,更好地达成目标,而不是以放弃原则为代价,出卖自己的灵魂。棱角不至于割伤别人,也不要被生活完全磨平。唐朝的宰相苏味道,他也是苏轼的先祖。他天资聪颖,二十岁举进士及第,武则天时期,历任中书侍郎、吏部侍郎、同平章事,两度跻身相位。他有一个特点,有任何需要他发表意见的场合,他都绝不表态,常常对人说:"处事不欲决断明白,若有错误,必贻咎谴,但模棱以持两端可矣。"做任何事情都不需要处理得很明白,糊里糊涂就行,"模棱两可"这个成语也是从这来的,苏味道也被人称作"苏模棱"。武后强权当政时,朝堂上可谓水深火热,站错了队就要掉脑袋,但是苏味道能明哲保身,避免得罪各方。后来,武则天在立太子的问题上让大臣们各抒己见。武则天的侄子武承嗣去和苏味道拉关系,苏味道夸他能干,另一派来找苏味道,苏味道又拍手称好。这样的处事方式最终也没有保住官位,还是被贬。所以,方而不割、廉而不刿的前提是要有"方",有"廉",要把握度。

第七节　直而不肆

直而不肆,意思是直率却不过分放肆。直率是指人的性格明朗,一身正气,但是以直率为借口来冒犯、伤害别人,就不是直率,而是自私、过分。说话做事的方式在人与人的交往中非常重要,若对他人颐指气使、恶语相向,那么也难获得他人的尊重。领导者为人谦逊,言语礼貌,这样才会获得他人的尊重和信任。

例1

【第五十八章原文(节选)】是以圣人方而不割,廉而不刿,直而不肆,光而不耀。

【译文】所以圣人方正而不生硬,有棱角但不刺痛别人,直率但不会放肆，有光芒但内敛，不刺眼炫耀。

【第七十九章原文（节选）】和大怨，必有余怨，安可以为善？

【译文】调和了大的矛盾，也必定会有遗留的怨恨，这怎么能是妥善的方法呢？

【第十五章原文（节选）】涣兮若冰之将释。

【译文】说话做事温暖就好像能使人心里的坚冰缓缓消融一样。

有人经常说：我这人很直爽，说话难听，你别放在心上。其实，一个人若用直率、直爽的借口来肆意伤害别人，冒犯别人，那么这个人不是直而是自私，是放肆、过分。良言一句三冬暖，恶语伤人六月寒，语言是情绪的表达，温暖的语言会给别人带来安慰和快乐，而恶语相向一定会给人带来伤害，这伤害虽然无形，但是非常深刻，就像在心上钉钉子，就算钉子拔除了，那些痕迹却永远无法消弭、难以愈合。就像《道德经》第七十九章所说："和大怨，必有余怨！安可以为善？"我们不要想着跟朋友、家人之间有了隔阂与裂痕没关系，以后再找机会和好弥补就行了，要知道破镜再难重圆，曾经的伤害实实在在发生过，这些痕迹是弥补不了的。所以说话做事要谨慎小心，说话之前要再三考虑：我这句话会不会揭开别人的伤疤，会不会无意间冒犯到别人。这叫防患于未然，从一开始就不要落下埋怨，不要产生嫌隙。要珍惜与家人、朋友之间的感情，不要等到产生怨恨才想着去解决。

曾国藩说："行事不可任心，说话不可任口。"自诩说话直的人，表面上真诚、耿直，实则是过于放肆，不考虑别人感受的低情商者。近来，脱口秀这种形式火起来了。认识和喜欢它的人越来越多，挑它毛病的人也多了起来。有的人觉得脱口秀演员说话毫无遮拦，误伤到很多无辜的人。也有的人觉得脱口秀本来就是"冒犯的艺术"，接受不了的可以不看。随着娱乐形式越来越丰富，传统喜剧形式吸引力不足，而脱口秀通过尖锐的语言，具有良好的节目效果。艺术创作过程中适当的言语玩笑攻击，如果确定被冒犯者可以接受，那也无伤大雅，但是如果为了冒犯而冒犯，不注意玩笑的尺度，确实会伤害别人，甚至违法。所以说话的语气、方式都十分重要。

对于一个领导者来说，说话方式太重要了。在《道德经》第十五章中，老子说善于做领导的人一定是"涣兮若冰之将释"。就像生活中，有的人说话温和，让人觉得如沐春风，有的人说话带刺，让人觉得就像三九的寒流。语言伤人虽然无形，却很难弥合。所以不要居高临下，盛气凌人，对人指手画脚，粗口相向。《道德经》第六十六章有"欲上民，必以言下之"，想要做好领导者，那么说话必须要非常谦逊、谦让，大家听到心里会觉得很温暖、很高兴。二十世纪八十年代初，英国培格曼出版公司准备出版邓小平的文集并请他作序，邓小平在序言中这样写道："我是中国人民的儿子，我深情地爱着我的祖国和人民。"字里行间洋溢着他对人民的热爱。

说话真的是一门艺术,除了准确地表达自己的观点之外,更要注意方式方法,不能以伤害别人为代价。《道德经》第四十五章说"大直若屈",最直的东西好像是弯曲的,一个越正直的人,有正直的、高尚的境界,外在表现得越随和,对很多事情不会处处争锋,反而都能够宽容。若屈并不是真的屈枉,只是懂得外圆而内方,用这种方式和外面的人相处、相衔接,大直若屈。

第八节 光而不耀

光而不耀,意思是有光芒,但是不张扬、炫耀,不让别人感觉到刺眼。做君子要有光,有才华,有魅力,才能吸引别人,照亮别人,但从不锋芒外露,这样才能长久。所谓静水流深,越是深沉安静的水流越是无法估测其中汹涌,有智慧的人也是如此,态度柔和,而胸中自有万千丘壑,眉眼显露无边山河。相反,若是光而耀之,便容易刺伤别人,不是正确的处世之道。真正的君子外圆而内方,和光同尘,光而不耀。

例1

【五十八章原文（节选）】是以圣人方而不割，廉而不刿，直而不肆，光而不耀。

【译文】所以圣人方正而不生硬，有棱角但不刺痛别人，直率但不会放肆，有光芒但内敛，不刺眼炫耀。

【三十八章原文（节选）】上德不德，是以有德；下德不失德，是以无德。

【译文】具备上德的人不表现为外在的有德，实际上是有德；具备下德的人表现为外在的不离失道，实际是没有德的。

光而不耀的人，有光芒，但是不张扬、炫耀，不会让别人感觉到刺眼。中国人喜欢用月亮来形容温润的人，月光是明亮的，在黑暗中给人们指引方向，同时月光也是不张扬的、不炫耀的、不刺眼的。人可以在黑暗中长久注视月亮，却不能在白天多看一眼太阳，因为阳光过于刺眼。古往今来文学作品中，常拿月亮来比喻君子的形象，做君子得先有光、有才华、有魅力，能够吸引别人，照亮别人，但是君子不张扬、不炫耀，一旦让别人感觉到刺眼，那么就是过于耀了。

除了用月亮来代表君子光而不耀的品格，中国人也喜欢用玉来代表君子的形象。金庸先生的《书剑恩仇录》中说："谦谦君子，温润如玉。""谦谦君子"出自《易经·谦卦》："谦谦君子，用涉大川，吉。"一个人保持内敛谦逊的风度，这样才能跋山涉水，一路畅通无阻，是吉祥之预兆。谦谦君子，这是君子的形象。"温润如玉"出自《诗经》，闪着贼光的肯定不是什么好玉，真正的好玉都是光芒内敛，给人一种温润感。所以光而不耀是对君子最好的形容。儒家推崇君子如玉，讲究"君子必佩玉，无故，不去身"，佩戴玉石，是警醒自己应该像玉石一样温润、温和。

《道德经》第三十八章讲："上德不德，是以有德。"最有道德的人从来不去张扬、炫耀，至于炫官、炫富，这不是君子所为，还会给自己惹来无尽的祸殃，就像第九章："金玉满堂，莫之能守；富贵而骄，自遗其咎。"现在网络在人们的生活中越来越重要，而有的人将网络当成了炫耀场，其中有的就因炫耀而被关注、被调查，结果可想而知，真有"坑爹"的。老子也在第二十四章中警告"自见者不明"，自我炫耀的人是不明智的。

范蠡是春秋末年著名的政治家，也是纯粹的道家学者，他是能够支配自己光芒的君子。李斯评价他："忠以事君，智以保身，千载而下，孰可比伦？"范蠡在危难之际救国事君，事成之后急流勇退，在战乱年代保全自己。范蠡出身于贫苦农家，但博学多才、文武双全。后楚国宛令文种与范蠡一起来到越国，成为勾践的谋臣。当范蠡得知自己被越国老臣针对之时，为保全自己便远离朝野，暗中辅佐文种。勾践不听范蠡劝谏，兴兵伐吴，最终于会稽山大败。在生死之际，范蠡劝勾践无论如何务必保全性命，越王勾践携妻子与范蠡等三百余人入吴为奴。范蠡深知藏巧示拙的保命之道，暗中观察时势，等待契机，趁着吴王夫差生病，范蠡与勾践导演一出大戏，使得夫差动了恻隐之心。后来就有了我们熟知的："卧薪尝胆，三千越甲可吞吴。"当吴国北上中原争霸，国力严重消耗，而三千越甲势如猛虎，这场战役中，越王勾践洗刷了往日耻辱。战争胜利之后，范蠡立刻离开了越国，他给文种写信说："飞鸟尽，良弓藏；狡兔死，走狗烹。越王为人长颈鸟喙，可与共患难，不可与共乐。子何不去？"飞鸟射杀完了，好的弓箭就会被收起来。狡猾的兔子捕完了，猎狗就会被煮掉。越王为人阴险，工于心计。可以与他共患难却不能同享乐。这就是"飞鸟尽，良弓藏"的典故，范蠡劝告文种赶紧离开，但是文种并未听劝告，最终未逃脱被赐死的命运。范蠡在齐经商，后成为齐国相国，三年之后他意识到久居盛名对自己有危险，将相印归还齐王，将数十万家产尽数分给百姓，远行他乡。范蠡是经商鬼才，多次积累巨额家产，又多次散尽家财，"三致千金"。他深知"圣人不积"的道理，因此为官为商都恰到好处，苏轼说："春秋以来，用舍进退未有如蠡之全者。"在危难之际懂得蛰伏示弱，在成功之后急流勇退，保全自身，范蠡是光而不耀的君子。

《易传·系辞传》有："君子藏器于身，待时而动。"这句话就是对光而不耀最好的解释，君子要有光，有卓越的才能，藏器于身，重点在于"藏"——隐藏，也就是不随时炫耀、刺伤别人。只在必要的时候才把自己的能力展现出来。可见无论是《易传》还是《道德经》,都不希望人们成为庸碌无为之辈,而是拥有本领,却不轻易显现,这才是明智的做法。

时机没到的时候,千万不要妄自张扬、炫耀,就像《道德经》第三十六章所讲:"鱼不可脱于渊,国之利器不可以示人。"如果勾践不肯卧薪尝胆,如果范蠡不懂鸟尽弓藏、兔死狗烹的道理,那么就是自寻死路。就像一把明晃晃的剑,不在剑鞘里放着,却时时刻刻拔出来威胁别人,别人一定要把剑折断。真正有德行的人是不会把自己的成就挂在嘴边的。

所以说,君子应当和其光,同其尘,不锋芒外露,这样才能长久。有的人标新立异,光芒太盛,显得与人格格不入。真正有智慧的人在内心坚守自己的原则,但是仍然跟大家打成一片,外圆而内方。不肯和光同尘,非要光而耀之,时间长了也就没有朋友了。所以老子讲和光同尘、光而不耀,忍受一次委屈的同时扩大了自己的格局,对别人的接纳,其实也是自己不断成熟和进步的标志。

第九章　九字诀

小　序

当年老子写《道德经》的时候，没名字也没分章，其章节之间没有严格的前后逻辑关系和严密的推理体系，相反，这本书的内容具有碎片化的倾向。所以老子的智慧散落在《道德经》的每一章，需要提取概括以使其明晰。本章用九个字对全书做整体概括与总结，即九字诀。

班固在《汉书·艺文志》中这样概括道家思想："道家者流，盖出于史官，历记成败存亡祸福古今之事，然后知秉要执本，清虚以自守，卑弱以自持，此君人南面之术也。"道家学派大都出自史官阶层，他们清醒、冷静、理智，思想核心是"清、虚、卑、弱"四个字，将这四个字延伸并加以细化，可以概括出"清、虚、卑、弱、冲、反、无、常、明"九个字，我们称之为"九字诀"。

清——善静者清，宁静以致远；

虚——虚怀若谷，满招损、谦受益；

卑——善于处下，韬光养晦；

弱——无有入无间，柔弱胜刚强；

冲——阴阳相荡，冲气以为和；

反——反者，道之动，相反相成；

无——有无相生，无用、无为；

常——复命曰常，知常曰明；

明——用其光，复归其明。

老子的思想，可以遨游宇宙洪荒，探寻世界本源，也可以回归人间日常，总结生活智慧。

第一节　清

所谓清，是说善静者清，宁静以致远。具体而言，清，是清静、宁静、安静下来。静下来，我们才能看清事物的本来面目；静下来，我们才能找到解决问题的根本方法，所谓"万物静观尤自得"，只有心境平稳沉着、专心致志，才能厚积薄发，有远大智慧，有伟大作为。

例1

【第十五章原文（节选）】孰能浊以静之徐清？孰能安以久动

之徐生？保此道者不欲盈，夫唯不盈，故能蔽不新成。

【译文】怎样能使浑浊变得清澈？静下来慢慢沉淀。怎样安静久了又充满力量生机？生命在于运动。保持这个道的人不会自满。正因为他从不自满，所以能够去故更新。

【第四十五章原文（节选）】躁胜寒，静胜热，清静为天下正。

【译文】运动可以克服寒冷，静可以战胜热，（治天下的人）保持内心清静才能将天下领上正道。

【第五十七章原文（节选）】我好静而民自正。

【译文】我喜好清静，人民就会自己走上正道。

【第三十九章（节选）】昔之得一者，天得一以清，地得一以宁，神得一以灵，谷得一以盈，万物得一以生，侯王得一以为天下贞。

【译文】以前了解事物内部阴阳两种力量统一的得道的，比如天得到阴阳统一而成为清明的天；地得到阴阳统一而成为平静安宁的地；神也是得到阴阳统一而有神秘莫测的灵验；溪谷得到阴阳统一而生命旺盛；万物得到阴阳统一而生生不息；侯王得到阴阳统一而使天下安定。

老子认为只有安静下来的时候，才能透过纷繁的表象，认清事物的本质——静之徐清。孰能浊以止，怎么样才能让污浊停止，变得清澈呢？透明的玻璃杯装上浑浊的水，不用化学手段的话，怎样让这水清澈呢？让它自己安静下来。"徐"意为慢慢地、逐渐地，放在这让它慢慢地沉淀，当污浊沉到了下面，上面不就清澈、清晰了吗？人生就像装着水的水杯，难免会落上几粒灰尘，如果没有定力，无法安静，总是摇晃它，那么这杯水永远是浑浊的。灰尘就像我们的烦恼，人生在世，不如意十之八九，如果安静不下来，遇到一点烦心事就心情烦躁、情绪暴躁，如何能够走得长远呢？所以越遇到事情的时候，越要让自己先静下来，静之徐清。

"清"的偏旁是水，《道德经》第八章讲述水的品德，其中就有"善清"。我们常借用水的品质来表达对社会、对政府的期许，认为最干净的政治就应该像水一样，"一碗水端平"就是公正，"政清如水"就是清廉，这恰恰是一个好的社会、好的政府应有的状态。要想实现这样的状态，就必须学会沉淀，无论是普通人还是领导，都要真正沉下心来，才能认准前路的方向，才不会迷失自我。普通人沉静下来，能够把握自己人生的方向，领导、官员沉静下来，能够带领社会找到发展的方向，造福一方百姓。

当局者迷，旁观者清。《道德经》第十六章有："万物并作，吾以观复。"只有保持心中清静才能透过现象看清本质。心中有佛，眼里皆是佛；心中是魔，眼里皆是魔，所以只有内心保持清静，看万物才是清静的。有一天，佛印禅师教苏轼坐禅，苏轼很高兴地穿起大袍,坐在佛印禅师的对面。两个人对坐了一会儿,苏轼头脑一转,问佛印禅师道:"你看我坐着,像个什么?""像一尊佛!"佛印禅师心平气和地答道。苏轼听了这句话,心里觉得很得意。佛印禅师反问苏轼道:"你看我像什么?"苏轼经常在禅师面前吃瘪,这次他看佛印禅师穿着大袍,婆娑于地,他赶紧抓住机会,连讥带讽地答道:"像一堆牛粪。"苏轼答后,偷看佛印禅师,以为禅师会生气,却只见佛印禅师眼观鼻,鼻观心默然端坐着。这时,苏轼感到飘飘然起来!回家后,苏轼把跟佛印禅师对坐的谈话经过,一五一十地描述给苏小妹听。他以为苏小妹听了,一定会替他高兴,大大地夸奖他一番,哪里知道小妹听了,却摇摇头向他说道:"哥哥!你又输了!"苏轼不解,小妹笑嘻嘻地说:"哥哥!万法唯心,心外无法,这道理你是知道的。佛印师父心里想的是佛,所以他看你像一尊佛,哥哥你心里想的是牛粪,所以你看师父像一堆牛粪。师父嘴里走出一尊佛,哥哥你嘴里拉出一堆牛粪;你的臭嘴巴,还不是输了吗?"所以如果人的心是清澈透明的,那么他看外物自然就清晰,看清事物的本质才不会被迷惑,才能找到正确的解决办法。

《道德经》第四十五章有:"躁胜寒,静胜热,清静为天下正。"此句历来存在诸多争议,部分学者认为既主"躁"又主"静",显然与《道德经》第二十六章"静为躁君"前后矛盾,因此蒋锡昌、严灵峰、陈鼓应等学者将其改为"静胜躁,寒胜热,本书也认为这样和原文连接起来理解就更顺了。内心冷静、宁静、安静,就可以战胜急躁、浮躁、暴躁、狂躁。一个人冷静下来，可以战胜头脑发热，万物静观犹自得，冷静下来才能看清事物的本来面貌，冷静下来才能找到解决问题的正确方法。

清静为天下正，保持内心的清静，一个王者、统治者、领导者保持内心的清静，这样才能够引导天下走上正道。《道德经》第五十七章中"我好静而民自正"，是老子对统治者、领导者讲静之徐清的道理。上梁不正下梁歪，一个暴躁狂躁的领导会使工作氛围乌烟瘴气，而清净无为的领导则会让百姓走向康庄大道。

清，旁观者清，善静者清，只有宁静、安静的人才能看清世界的本质，才能找到解决问题的办法。静能养生，静能清心，它不仅是一种生活方式，更是一种修养、一种境界。保持超然的心境，守住内心的宁静，生活才会变得纯净，只有宁静，才会有非凡的创造。我们虽生活在闹市，但也可以营造"结庐在人境，而无车马喧"的氛围。

第二节 虚

《尚书·大禹谟》中有："惟德动天，无远弗届。满招损，谦受益，时乃天道。"说这话的是大禹的手下伯益，意思是只有高尚的品德才能感动苍天，没有它到不了的地方，自满的人会招来损害，谦虚的人会得到益处，这是自然的道理。《道德经》中，山谷是谦虚品格的代表形象，山谷因为虚而容纳万物，人也应当如此，骄傲自满招致损害，谦逊虚心才能受益。

例1

【第四十五章原文（节选）】大成若缺，其用不弊；大盈若冲，其用不穷。

【译文】最完满的东西好像有欠缺，但它的作用不会衰竭；最充盈的东西好像是空虚的，但它的作用没有穷尽。

老子在《道德经》第十五章说的"旷兮其若谷"，心灵应该空旷谦虚得像山谷一样，虚怀若谷。山谷具有什么特点呢？一是虚——虚怀若谷，善于容纳。人们不知道它有多深，不知道它到底能容纳多少，人的胸怀也应该是这样，宽容一切，深不可识。二是善于处下——山谷最低，因而承载草木、溪流，万物生长，呈现欣欣向荣的生机。对比山峰，虽然傲然挺立于至高点，但长久地风吹日晒，看起来就光秃秃的。人应当如山谷一般，善于处下，善于容纳。老子就常常拿山谷的形象来说明一个好的领导者应该具有的品质。

山谷的品格可概括为"三容"——容人、容事、容言。秦惠文王嬴驷凭着一句"先生教我"为后世统一帝国打下坚实基础。他慧眼识珠，看见有才之人就两眼放光。秦惠文王不仅重用嬴华、异母弟公子疾、司马错等秦人，也重用了大量的其他诸侯国的能臣，诸如公孙衍、张仪、魏章等魏人。能容人的宽广胸怀，识人善任，不拘一格地重用人才良将，这是嬴驷取得重大政绩，彪炳史册的关键。嬴驷的父亲秦孝公，魏国百年霸业开国君主魏文侯，他们礼贤下士、广招门客，谦虚求教，拥有容纳一切的宽广胸怀，才能有伟大成就。正如帮助秦始皇成就霸业的李斯所说："泰山不让土壤，故能成其大；河海不择细流，故能就其深；王者不却众庶，故能明其德。"秦始皇当政后，本打算驱逐异国之民，李斯就用这句话来劝谏：泰山不弃一粒土壤，才有如此顶天立地之大；江河对细流均吸纳归己，才有无底之深。作为一国之君，不拒绝任何黎民百姓的追随才能昭示他的贤明大德。李斯的意思就是国土本不分界，百姓也不分族群，只要归顺于秦国，就应该将他们都妥善安置，这样有志之士会慕名而来。于是秦始皇收回逐客令，开始广纳贤才，终成一代霸业。

上德若谷，意思是真正有德的人能够像山谷一样容纳万物，谦虚，听得进别人的意见。《史记》中记载了一个十分精彩的故事——信陵君窃符救赵。信陵君就是战国四公子之一魏无忌，他如何能够完成这么惊险的任务呢？"公子为人，仁而下士，士无贤不肖，皆谦而礼交之，不敢以其富贵骄士。士以此方数千里争往归之，致食客三千。"信陵君礼贤下士，谦恭有礼地对待每一个人，从不因自身高贵而轻慢他人，因此天下贤士争相归附于他。信陵君正是因为自己包容、谦虚的品德，吸引了门客三千人。其中为信陵君窃符救赵出谋划策的侯嬴只是一个看守小吏，击杀晋鄙的朱亥也只是一个屠夫，若非信陵君诚心招纳，这些能人志士又怎会为他所用？如果信陵君因为他们身份地位，就听不进他们的建议，他的声名就也不会威震天下。窃符救赵之后，赵王十分感激信陵君，想封信陵君五城，信陵君听讯后，"意骄矜而有自功之色"，他的谋士唐雎劝说他忘记帮助别人的恩德："人之憎我也，不可不知也；吾憎人也，不可得而知也。人之有德于我也，不可忘也；吾有德于人也，不可不忘也。"信陵君谦虚受教，避免了与赵王反目成仇。可见，信陵君因其虚怀若谷的品格，成就了自身，也保全了自身。

为什么要谦虚呢？因为最完满的状态就是有欠缺，最充盈的状态就是留有空虚。《道德经》第四十五章有："大盈若冲，其用不穷。"冲就是冲虚，代表着谦虚、谦逊，越有智慧的人往往越谦虚、谦逊。新中国成立前夕，毛泽东在党的七届二中全会报告中告诫全党："中国的革命是伟大的，但革命以后的路程更长，工作更伟大，更艰苦。这一点现在就必须向党内讲明白，务必使同志们继续地保持谦虚、谨慎、不骄、不躁的作风，务必使同志们继续地保持艰苦奋斗的作风。"毛主席讲话时总把谦虚放在第一位，可见无论是为人处世，还是治国理政，谦虚、谦逊都是重要的品质。

给大禹讲"满招损，谦受益"道理的伯益，还曾制作了一件警戒器，叫欹器。这个东西非常奇妙，水装满了就颠倒倾覆，装得不满的时候，它就稳稳当当，这个警戒器提醒人时时刻刻保持谦虚、谦逊的态度，孔子后半生一直将欹器放在身旁。孔夫子学富五车之时还依然向三岁小儿请教，这就是他谦虚、谦逊品格的体现。刘备三顾茅庐，请诸葛亮出山，他诚恳地说："先生教我！"如果刘备并非诚心求贤，谦虚求教，那么诸葛亮也不会为他所用。一个越是知识充盈的人、知识多的人，外在越表现得谦虚、谦逊，感觉到自己的不足，不断学习，不断努力。就像牛顿总是说，自己只不过是一个大海边拾到几只贝壳的孩子，而真理的大海他还未曾接触。这样他的知识才能够更好地发挥作用，无穷无尽，这都是相反相成的道理。

　　古希腊哲学家苏格拉底，他以演说著称。很多学生慕名而来，这天来了一个人想要拜苏格拉底为师，开口就列举了自己的三个优势：第一，我现在已经在公共场合滔滔不绝了，演讲能力已经非常出众；第二，我知道很多不为人知的隐私和秘密，比如哪一家的夫妻不和，哪一家的收入怎么样；第三，我很有钱，你收我为徒我就能给你很多钱。苏格拉底安静听完之后，就跟来者说：你不是有钱吗，我看你应该交两份学费。来者不解，苏格拉底接着说：第一份学费是要把你心里乱七八糟的东西清空一下，第二份学费才是教你演说的。如果心里被无关的事情充斥，那么学习效果只会大打折扣，因为你觉得自己什么都会，什么都比别人有优势，那么就不会虚心学习。

《道德经》第十六章说："致虚极，守静笃，万物并作，吾以观复。"只有心中虚静到了极点，才能在世间纷繁万象中找到事物的本质，找到解决问题的根本方法。生活中的欲望、情绪，如果一直攒在心里，就像一直往河里扔石子砂砾，扔的多了肯定就堵住了，最后死水一片。心也是这样，被堵实了就没办法思考。再好的思想，再高的智慧，无法真正进入内心，也是徒劳。所以，学习传统经典也好，其他技能也罢，首先一定要摆正自己的姿态，保持虚心的、宁静的状态，这样我们才能看得见别人的长处，学得到别人的优点，了解大道蕴含的思想与智慧。

第三节　卑

人世间最卑下的是什么？莫过于我们脚下的道路，但是，道路也是最基本、最重要的。老子说的道不管有多少种含义，其中最基本的含义就是脚下的道路。如此重要的道，却把自己置于众人脚下。所以有道之人，懂得隐藏自己的才能，在暗处积蓄力量，低调做人，高调做事，懂得韬晦的道理，这是老子的处世智慧。身居高位之时仍要懂得谦虚、谦逊，不欲琭琭如玉、珞珞如石，把自己当作道路，为别人铺路，善于处下才能真正位于上。

例1

【六十六章原文(节选)】江海所以能为百谷王者,以其善下之,故能为百谷王。是以欲上民,必以言下之;欲先民,必以身后之。

【译文】江海之所以能成为百川之王,是因为善于处下,所以能成为百川之王。所以要想站在上面领导好人民,必须在言语上懂得谦逊;要想站在前面领导好人民,必须要把自己的利益放在后面。

【第六十一章原文】大国者下流。天下之交,天下之牝。牝常以静胜牡,以静为下。故大国以下小国,则取小国;小国以下大国,则取大国。故或下以取,或下而取。大国不过欲兼畜人,小国不过欲入事人。夫两者各得其所欲,大者宜为下。

【译文】大国要善于处下,就像处在江河的下游。处在天下交汇的地方,处在天下最雌柔的地方。雌性常以柔静胜过雄性,是因为柔静又善于处下。所以大国以谦下的态度对待小国,就可以争取到小国的支持;小国以谦下的态度对待大国,就可以得到大国的庇护。所以有的"取"是从上面抓取,有的"取"是从下面托起。大国所希望的不过是得到小国的支持,小国所希望的不过是得到大国的庇护。大国、小国都达成了各自的愿望,越是大国越要懂得善于处下。

【第三十六章原文(节选)】鱼不可脱于渊,国之利器不可以示人。

【译文】鱼不能离开深渊,否则跳到岸上便是自取灭亡。国家最重要的领导权术、最锋利最尖端的武装力量不能轻易耀示于人。

【第三十九章原文(节选)】故贵以贱为本,高以下为基。是以侯王自谓孤寡不谷。此非以贱为本邪?非乎?故致数舆无舆。不欲琭琭如玉、珞珞如石。

【译文】所以高贵以低贱为根本,高位以坚实基础为根本。因此侯王自称"孤、寡、不谷"这不就是提醒自己以低贱为本、重视根基的道理吗?所以屡次得到称誉也就没有称誉了。得道的人不愿像华美的玉,而愿效仿坚硬的铺路石。

卑,意为卑下、低微,这是老子的处世智慧。有道之人,懂得隐藏自己的才能,懂得韬晦的道理,默默积蓄力量,善于处下,才能真正居上。为什么要善于处下?

从处下的结果来看,大江大海为什么成为大江大海?因其善于处下,地势低,不辞溪流,能团结一切可以团结的力量,故能为百谷王。人也一样,想站在上面、站在前面做领导,必以言下之,必须在语言上要懂得谦逊、谦让。尤其是统治者,不能居高临下,盛气凌人,自尊自大,不可一世。《道德经》第三十九章有:"贵以贱为本,高以下为基。"领导者一定要明白,自己高贵的地位正是来源于领导的这些人，这才是基础、根本。所以皇帝称自己"孤家""寡人"，太后称自己"哀家"，就是提醒自己，居高临下、盛气凌人，就会落得被推翻的下场，甚至"不榖"，吃不上饭而饿死。历史上被饿死的皇帝也不在少数，夏桀、齐桓公、赵武灵王、南梁武帝萧衍，所以"不榖"并非危言耸听，统治者一定要时刻提醒自己，维护好、稳固好自己的根基。如何维护稳固呢？善于处下。曾国藩曾经说过："利可共而不可独，利独则败。"适当的让步，才能赢得人心，如果独吞利益，最后一定会以失败告终。想要站在前面，就要懂得把自己的利益放在后面，如果想要把权力、地位、利益都紧紧攥在自己手里，那么会有什么下场自然不言而喻。"水能载舟亦能覆舟"，一定要警醒谨慎，小心驶得万年船。

善于处下，善于隐藏自己的实力，能够获得他人的支持，同时也是为自己提供积蓄实力、默默成长的宝贵时机。在《道德经》第三十六章中，老子提醒统治者："鱼不可脱于渊，国之利器不可以示人。"国之利器可以有两种理解，一种是国家的制度。韩非子认为明君统治臣下有两个"利器"，称为国之二柄："二柄者，刑德也。杀戮之谓刑，庆赏之谓德。"这就是国家利器，统治手段不要经常拿出来向别人炫耀、显摆。第二个理解就是国家的最锋利、最尖端的武装力量，总是拿出来给人看，那么最容易使人找到破解之法。这些国之利器就像宝剑一样，需要藏在剑鞘里边，不单是为了保护它，更重要的是隐藏其光芒，就是韬晦。韬就是宝剑的鞘，晦就是把光芒隐藏。如果有事没事总拔剑出来威胁别人，那么别人第一反应就是要齐心协力把剑折断，因为你威胁到他们了。而婴儿看起来人畜无害，所以"蜂虿虺蛇不螫，猛兽不据，攫鸟不搏"，蜂蝎毒蛇，猛兽飞禽都不会攻击他，因为觉得他没有危害。法国著名心理学家罗西法古说过："如果你想树立一个敌人，那很好办，你只需要拼命地超越他，挤压他就可以了。但是如果你想要赢得这些朋友，那就必须做出点小小的牺牲——让对方超越你，走在你的前面。"

国与国之间也是如此，《道德经》第六十一章有"大国者下流"，越是实力强大的国家越懂得善于处下，和弱小国家打交道的时候谦逊、谦和，更容易取得它的信任和依赖。虽然小国实力有限，但是多个小国的实力加在一起也是不可小觑的。中国和巴基斯坦是"风雨同舟、患难与共"的好朋友、好伙伴、好邻居、好兄弟。中国国内也流传着"巴铁"的称号，以表示双方的国际关系的友好程度。中国一直以来支持巴基斯坦国内基础建设，涵盖水利水电、矿业、港口建设、家电制造和通信等领域。实力强大的国家需要巩固周边国家的友好关系，而实力较弱的国家也需要找到依靠，寻求大国帮助和支持。大国也罢，小国也罢，都得善于处下，这样才能形成一种和谐的关系。如果实力强大的国家总是以强硬的态度欺压小国，轻易发动战争，穷兵黩武，那么"国虽大，好战必亡"。中国人在两千多年前就认识到"国虽大，好战必亡"的道理。中国人民崇尚"己所不欲，勿施于人"，中国不认同"国强必霸论"，不干涉别国内政，即使再强大也永远不称霸。2021年8月，阿富汗内战爆发，多方势力都关心中国对此的态度，我国外交部发言人华春莹表示，长期以来，中方始终尊重阿富汗的主权独立和领土完整，始终不干涉阿富汗内政，始终奉行面向全体阿富汗人民的友好政策，中方尊重阿富汗人民自主决定自身命运前途的权利，愿意继续同阿富汗发展睦邻友好合作关系，为阿富汗和平与重建发挥建设性作用。所以，中国自始至终都做到"善于处下"，以平等友好的态度对待其他国家。

历史上很多英雄人物也懂得这个道理，隐藏自己的"利器"。韩信忍受屠夫的胯下之辱才能保住性命，成为大将军。战国时期著名军事家孙膑，他被庞涓设计挖掉了膝盖骨，脸上刺字，并被囚禁在魏国牢房里。认清了庞涓的阴谋诡计之后，孙膑装疯卖傻，睡猪圈，吃猪食，最终被救回齐国，受到齐威王重用，一雪前耻。如果韩信当时强硬与屠夫发生冲突，如果孙膑锋芒毕露，就等不到后来的辉煌时刻。古往今来，很多人都懂得韬光养晦，这对个人的成长，对一个国家的发展都具有重大意义。我们在很多弱势的领域，也要懂得韬晦，韬晦才能够积蓄力量，才能够最后战胜所谓的刚强。

"滚滚长江东逝水，浪花淘尽英雄。是非成败转头空。青山依旧在，几度夕阳红。白发渔樵江渚上，惯看秋月春风。一壶浊酒喜相逢。古今多少事，都付笑谈中。"这是明代杨慎作的一首词。杨慎，明代三才子之首，首辅之子，才高八斗，进士及第，本应该平步青云，却因年轻气盛时叛逆耿直的性格吃了大亏。他上书指责武宗皇帝不顾正事到处游玩，皇帝不理他，他自己辞官回乡。世宗即位后杨慎重新为官，因皇帝不顾礼制改称生父为恭穆皇帝，杨慎又率领群臣在皇宫大哭抗议，遭到暴力镇压，丢了半条命，最后充军云南。老来回忆往事，看破人间浮云，写下奇书《韬晦术》。不知道他有没有后悔年轻时候的所作所为，但是历尽人生之后，他意识到韬光养晦的重要性。

卑，是老子教导领导者在实力不够的时候懂得隐藏实力、低调韬晦的方法。当领导者已经居于高位又要怎么做？《道德经》第三十九章有："不欲琭琭如玉、珞珞如石。"不必让自己那么华美如玉，除了观赏之外别无用处，应该做坚硬的石头，能够抵挡住风雨的袭击，也能够为他人铺路，为别人提供便利，换得大家的称赞。这样善于处下、坚硬、坚持，才是有道的表现。《道德经》第十七章开头有一个词"太上"，这个词暗含的逻辑是，怎么样才能"上"？要先了解"太"。中国文化中，"大"就是力量强壮的象征，伟大、壮大、强大，比大更大的，就是"太"。只有把这一点放在下面才能称其为太，放到上面就叫犬。所以越是位置高的人，越要懂得善于处下，越要谦虚、谦逊、谦让。

总之，实力不够之时的高调，手里挥舞的只是一把纸剑，这时候就要把它藏起来，懂得低调和韬光养晦的道理，打磨成一把利剑之时再出鞘，就会战无不胜，无往而不利。真正居于高位之时，也要谦逊做人，把自己当作铺路石，不欲琭琭如玉、珞珞如石，善于处下才能真正居上。

第四节　弱

　　道家讲的弱，并非让人成为弱者，而是无有入无间，柔弱胜刚强。无形的事物以风最为柔弱，却可以弥漫天下，摧枯拉朽，无所不在，力量无尽，因为无形，可以入看似没有间隙的地方。有形的水最柔弱，却滴水穿石，割裂金属。柔弱意味着谦虚、接纳、成长和学习的过程，而刚强往往更容易招致危险，所以柔弱比刚强有着更强大的生命力和更长远的力量。示弱而不软弱，坚强而不逞强，积蓄力量，默默成长，最后必定战胜所谓的强大，可谓柔弱胜刚强。

例1

【三十六章原文（节选）】柔弱胜刚强。

【译文】柔弱能够战胜刚强。

【第四十三章原文（节选）】天下之至柔，驰骋天下之至坚，无有入无间。

【译文】天下最柔弱的东西，可以攻克天下最坚强的东西，无形的东西能够穿过没有缝隙的地方。

【第七十六章原文】人之生也柔弱，其死也坚强。万物草木之生也柔脆，其死也枯槁。故坚强者死之徒，柔弱者生之徒。是以兵强则不胜，木强则兵。强大处下，柔弱处上。

【译文】人活着的时候身体柔软，死之后身体便会僵硬。万物草木活着的时候形质柔软，死后变得干枯。所以坚强的东西属于死的那一类，柔弱的东西属于生的那一类。所以穷兵黩武一定会遭受灭亡，树木坚硬就会一折就断。总认为自己强大的、夸耀自己强大的，反而会处在下面；懂得柔弱、谦逊的，反而会居于上面。

【第七十八章原文（节选）】天下莫柔弱于水，而攻坚强者莫之能胜，其无以易之。弱之胜强，柔之胜刚，天下莫不知，莫能行。

【译文】天下没有比水更柔弱的了，但攻克坚强的东西却没有能胜过它的，没有什么东西可以代替水。柔弱胜过刚强的道理，天下都知道，但不能真正做到。

老子明确表示柔弱拥有强大力量：柔弱胜刚强。最柔弱的东西，反而能够攻克所谓最坚硬的东西；无形的东西，反而能进入看似没有间隙的地方。我们经常能看见，一个小孩子受了委屈，被批评甚至挨揍，可以一声不吭，一旦有人安慰就忍不住号啕大哭，不管多坚强的人，对温柔都没有办法。这就是"天下之至柔，驰骋天下之至坚"。无形之物属风最柔，弥漫天下，摧枯拉朽，无所不在，力量无尽，无有入无间。有形的就是水最柔，天下莫柔弱于水，而攻坚强者莫之能胜。水是没有骨头的，如果筑一道堤防把它挡住，它就转弯过去，或者一声不响慢慢等，等到水涨满了，又从堤防上漫出去。水从高处向下滴，滴一千年、一万年，别说石头和金属，连地球都可以滴穿。一切看似柔弱之物，都蕴含着无比强大的力量。草木也是这样，人的一根手指头就能碾碎它，但是它又拥有"野火烧不尽，春风吹又生"的能力；墙头草，风往哪边吹，它就往哪边倒，但这是它活着的表现；春天的柳丝非常细弱，但是人很难把它折断，秋天的树枝，气昂昂地挺在那里，看似很坚硬，却一折就断了。人也一样，刚出生的婴儿身体非常柔软，随着年纪越来越大，肢体就越来越僵硬。

　　澳洲海滩上的蓝甲蟹分为两种，一种是较凶猛的，跟谁都敢开战，一种是温和的，遇到危险便翻过身子装死，从不硬刚。经过千百年的演变，强胜凶猛的蓝甲蟹越来越少，成为濒危动物，而会装死的蓝甲蟹繁衍昌盛，遍布海滩。凶猛的蓝甲蟹好斗，在彼此相互残杀中灭绝了一半，又在与强敌的激战中死去一半。而软弱的蓝甲蟹则装死保全了自己。从心理学角度来讲，弱者往往更容易获得同情和帮助，更容易获得成长的机会，就像俗话所说"会哭的孩子有奶吃"。生活中，强势的人表现得不需要别人的帮助，反而会招致更多人的反感和抵触。所以柔弱比刚强有更强大的生命力和更长远的力量。懂得示弱，不逞强，这样才能存在得更长久，更能够积蓄力量，最后战胜所谓的强大。

老子为什么要强调柔弱胜刚强的道理呢？老子生活在春秋末年诸侯王争霸的时代，权贵为了满足自己的欲望，加重徭役，不断发动战争，百姓苦不堪言。政策朝令夕改，人民流离失所，背井离乡。社会上有才华、有见识的人，都成为诸侯王门下的谋士，为统治者的欲望扩张出谋划策。要是人人慕强称强，人民有好日子过吗？所以为了救国救民，老子提出"强则弱，弱则强"的主张，给这些人泼泼冷水。《道德经》第七十六章说："强大处下，柔弱处上。"仗着自己实力强大，就欺凌弱小，这样的人笨，没有智慧，不符合道，因此不能长久。懂得以柔克刚、以退为进，懂得谦逊、谦让，这才是符合道的。老子并没有一味地排斥"强"，只是那个时代大家已经把"强"推到极端了，认为这是解决问题唯一的方式。所以老子在面对那些领导者、统治者的时候，劝诫他们要懂得强弱相辅相成，刚强不能长久，以柔克刚才是真正高级的智慧，适当的时候要懂得示弱，才会有成长和进步。

康熙皇帝继位时年龄尚小，鳌拜掌握了朝中大权，还想谋取皇位。一开始，康熙也尝试与鳌拜硬来，一次，鳌拜想为镶黄旗圈地，户部尚书苏纳海等三人都不同意，鳌拜非常生气，准备处死他们。康熙知道后，对三人进行了改判，改为没收家产，各打一百鞭的惩罚。

没想到，鳌拜竟然拒不执行，依然把三人处死。康熙十分清楚鳌拜的野心，但他根基未稳，准备还不充分，自此索性不问政事，挑选了一批身强力壮的亲贵子弟在宫内整日练习摔跤、嬉戏。鳌拜以为是皇帝年少，沉迷嬉乐，不仅不以为意，心中反暗自高兴。这样装傻充愣了一段时间后，康熙派人召鳌拜入宫觐见，鳌拜也是心存疑虑的，但是面对君主的召见又不能不去。康熙帝先将鳌拜的亲信派往各地，并召集身边练习摔跤的少年侍卫设好埋伏。鳌拜一无所备，像往常一样入宫，康熙皇帝一声令下，少年侍卫们一拥而上，鳌拜猝不及防，被摔倒在地，束手就擒。

很多人说《道德经》是弱者的哲学，读了只会让人越来越弱。弱者本来就已经弱得不能再弱，老子何必再去教他们弱？前文说过，《道德经》主要篇章是老子对统治者请教问题的回答，正是因为这些人太强了，太要强了，已经给人民带来了灾难，所以必须要劝诫他们"守弱"，而且"守弱"是在不伤害他人的基础上变得更强。强者示弱，彰显了胸襟和气度，弱者示弱，能够积蓄力量，暗中成长最终变成强者。柔弱胜刚强，是一种善于胜利的方式和手段，这才是道家所说的"弱"的本质和目的。

第五节　冲

　　冲的意思是阴阳相荡，冲气以为和。道是万事万物的本源，像太极一样产生阴阳两个方面，阴阳二者相互作用，生成万物。反过来，万事万物也都承载着阴，环抱着阳，阴阳二气相互综合，相互作用，相互转化，在动态中形成和谐的世界。事物都是统一的，阴阳两个方面不可偏颇，不可偏废，这是中国人的智慧。

例1

【第四十二章原文（节选）】万物负阴而抱阳，冲气以为和。

【译文】万物背阴而向阳，阴阳二者相互中和形成和谐状态。

【第四章原文（节选）】道冲而用之或不盈，渊兮似万物之宗。

【译文】道是阴阳二者相互中和，其作用无穷无尽，其渊深、渊博好像万物的宗主。

　　道是什么？一阴一阳之谓道，道是阴阳两种力量相互作用达到平衡的状态。《道德经》第四十二章讲万物的生成都是阴阳两个方面相互作用的结果。道是万事万物的本源，就像太极一样。太极是一，太极生两仪，就是一生二，两仪就是阴和阳，阴和阳相互作用就产生了万事万物。我们看到的所有的事物，在中国哲学里都是阴和阳两种力量相互作用所形成的。换句话说，万事万物里边都有阴阳两种力量的存在。一张桌子，承受引力和斥力，人的大拇指为阳，其他四指为阴，包括男女，天和地，日和月，都是用阴阳来概括的。二生三，三就可以理解为"参"，参与，参生万物，阴阳两个方面参与到一起，形成动态的、和谐的世界。这一过程为万事万物发展提供源源不断的动力，如《道德经》第四章所说："道冲，而用之或不盈。"

反过来说，因为是阴阳二者相互作用产生的万事万物，所以万物负阴而抱阳，冲气以为和，阴阳二气，两者相互作用，永无休止，形成这个和谐的世界。中国哲学概括的最高点就一句话："一阴一阳之谓道。"这句话出自《易传·系辞传》，也就是老子讲的"万物负阴而抱阳"。中国哲学在朴素时期不太强调实体，而强调它们之间的阴阳关系，以及这一关系的动态性和综合性，万物在关系中被定位。懂得阴阳关系便是了解万物的生成规律，当然，可不是阴阳先生的"阴阳"。中国人的思维方式非常有智慧，把万事万物都分成两个方面，然后快速地对应处理，迅速得出结论，到底是进还是退？到底是攻还是守？都是在二分法的方式里。中国传统文化中，国画、书法、围棋，黑和白之间，都是在讲阴阳的道理。宗白华先生认为"一阴一阳之谓道"就像水的起和落，就像鸟的两个翅膀。所以中国的艺术如水之推波，如鸟之两翼，这样它才能够飞起来。所以我们经常讲阴阳向背，孤阴不长，孤阳不生。这个世界只剩下男人，或者只剩下女人，都是无法长久存在的，应如阴阳二者相辅相成，相互综合。

中国人为什么叫中国人？有人说中国人一直认为自己是处在宇宙的中间、中心，处在天地的中心。中国人是开化的、文明的，周边却是不开化的、不文明的。最有文化、最有哲学的解释其实就在"中"字，中国人习惯于用阴阳相互中和的方式来认识问题，理解问题，不是只从单一方面理解，也叫中庸，以中为用。中是阴阳二者的相互融合，讲究共存，同舟共济，讲究双赢！这是中国人的思维方式。所以我国倡导推动构建人类命运共同体，在追求本国利益时兼顾他国合理关切，在谋求本国发展中促进各国共同发展。人类只有一个地球，各国共处一个世界，只有共赢才能长久发展。人类命运共同体并非某些国家所说的"中国阴谋"，因为和谐共赢是中国人传统的思维方式。中的本意就是旗杆，以中为用，就应该是我们文化中飘扬的最高的一面旗帜。如果把对方打败了、消灭了、干掉了才叫胜利，那么这种胜利是狭隘的。

中原文化是中国文化的代表之一，河南人到现在还在用"中"这个字，这事中不中？中。中，就是恰到好处的意思，世事洞明皆学问，中国人有意无意地把中作为一个旗杆的标志与代表。阴阳中和是有智慧的思维方式。老子阴阳中和的思维方式，使他能够看清楚事物的本质是对立统一，是矛盾，他能够全面把握矛盾双方的意义而不会忽视任何一方，又能够准确抓住重点，找到解决问题的根本方法。老子在《道德经》中揭示有无、难易、长短、高下、音声、前后、强弱、虚实、生死、黑白、雌雄、荣辱等这些相互依存又相互对立的概念，从矛盾的对立统一中找到为人处世、治国理政的正确方法，这是符合大道规律的做法，是老子独特的智慧。

第六节　反

反，指反者道之动，相反相成。"反者，道之动"是《道德经》整本书的思维总纲。反有两个含义，一个是相反，任何事情都有正反两个方面，只要把两个方面结合起来，统一起来，思维水平就达到一个更高的水平；另一个是往返，任何事物的发展到最后都将复归它的本根，这一过程仿佛是回到出发点的波浪式前进、螺旋式上升的运动，但是经历这个过程之后事物的本质已然达到更高的层面。

例1

【第四十章原文（节选）】反者，道之动。

【译文】道向与之相反的方向运动。

【第二章原文（节选）】天下皆知美之为美，斯恶已；皆知善之为善，斯不善已。故有无相生，难易相成，长短相较，高下相倾，音声相和，前后相随。

【译文】天下都知道美是什么，丑自然就存在了；都知道什么是善，一定也知道什么是不善。所以，有和无相待而生，难和易相待而成，长和短相待而显，高和下相待而倾倚，音和声相待而和谐，前和后相待而顺序相随。

反者道之动，道永远向它相反的方向运动，这是老子最核心的思维方式。正向思维的惯性使人们总是站在自己的角度立场去看待问题，而且大多数人都不会轻易跳出这一思维舒适圈，因此人们并不习惯换位思考，不愿意站在和自己相反的角度和立场去看待同样的问题。如果一个人面前有个数字"6"，那么坐在对面的人觉得这是个"9"，如果双方各执一词，只站在自己的角度立场来看，那么他们争论一辈子也不会有确定的结果，永远也形成不了和谐的状态。但是站在对方的角度立马就明白了，换位思考，这就是"对立"。但这并不是终点，在看到事物有正反两个方面后，能够把二者有机结合起来，这才完成了对立统一的思维过程。如此，思维水平就达到了一个新的高度。

德国古典哲学家黑格尔把人类思维方式的进步与发展概括为三个字：正、反、合，即从正面看，换到对面看，统一起来看。而老子的"反者，道之动"，比黑格尔辩证思想的提出早了两千年，这是古老中国的智慧。老子列举出生活中常见的对立概念：有无、难易、长短、高下、音声、前后，这些矛盾的双方相反相成。其中一面的作用被大家看到，另外一面却容易被大家忽略，所以老子把这一面强调出来，思维方式就达到了更高的水平。《道德经》里边相反相成的例子，内容是非常深刻而丰富的。

有无相生，有和无相比较而存在的，相辅相成。《道德经》第十一章举了三个例子："三十辐共一毂，当其无，有车之用。埏埴以为器，当其无，有器之用。凿户牖以为室，当其无，有室之用。故有之以为利，无之以为用。"三十根辐条插到一根毂中的孔洞当中，有了车毂中空的地方，这个轮子才能转动；将陶土做成器皿，有了器具中空的地方，才有装盛的作用；开凿门窗建造房屋，有了门窗四壁内的空虚部分，才有房屋的作用。可见，"有"给人便利，"无"发挥了它的作用。《道德经》第六十三章开头讲："为无为，事无事，味无味。"想要有为，得明白什么是无为。想做成大事，首先要学会无事，不多事，我无事而民自富。真水无香，最有味道的是无味。看到有形之物的作用，也要重视无形的作用，这是有无相生。

难易相成，难和易是相比较而存在、相对立而发展的。什么是难？什么是易？世界上没有绝对的难易，二者是相辅相成的，也是相互转化的。想要做成难事、大事,要先从易事、小事做起,脚踏实地,循序渐进。正如《道德经》第六十三章讲的"图难于其易,为大于其细。天下难事必作于易,天下大事必作于细"。难易相成,这是很好的鞭策与警醒。

长短相较,有长就有短,有短才有长。唐代杰出的纵横家赵蕤,他和李白合称为"蜀中二杰",有"赵蕤术数,李白文章"的并称。赵蕤写了一本书叫《长短经》,又叫《反经》,这是一本融合诸子百家思想的谋略奇书,书名中的"长短"其实包含了是非、得失、长短、优劣的意思。老子也比较过"长短",《道德经》第四十四章有:"名与身孰亲?身与货孰多?得与亡孰病?"名利与身体、健康与财富、获得与失去,哪个好?哪个不好?在得到名利、财富的同时消耗了健康,所以得与失,没有绝对的好与不好,都是在比较中体现的。

高下相倾,《道德经》第三十九章有:"贵以贱为本,高以下为基。"不管居于什么样的高位,都要以下为本,善于处下,这样才能真正居上。重视根基,懂得把利益让给民众,民众才会真心服从跟随。因为善于处下,不张扬不炫耀,才能容纳一切,有所成就。所以有智慧的领导者一定是言语谦逊,维护好自己的根基。

音声相和,有差别的融合才能形成和谐。很多人不允许别人反对自己,认为支持自己的就是朋友,不支持的就是敌人。但是从某种程度上说,从朋友那得到的远不如从敌人、对手那得到的多。担心对手超过自己,或者嘲笑自己,就会努力地弥补不足,不断地进步。所以不同的人,各种各样不同的声音、不同的食材、不同的调料,共同融合才能形成丰富、和谐的世界和美味。如果万物千篇一律,那么这个世界将会无比单调,枯燥乏味。

前后相随,想要站在前面领导大家,必须要把自己的利益放到后面。老子在《道德经》第七章用天地的形象来解释前后相随的道理:"天长地久,天地所以能长且久者,以其不自生,故能长生。"天地为什么会存在这么长久?因为它不为自己的利益而活,它只提供阳光、雨露、土壤等,让万事万物在天地之间自由生长。所以一个有智慧、有修养的领导者,越是把自己利益放在后边,反而越能走到前边。

所以这些矛盾的概念是相对立而存在,相比较而发展的,二者缺一不可。《道德经》第二十二章将这种既看到正面,也看到反面,又能将二者统一起来的思维方式称作抱一为天下式。一,就是阴阳两个方面,抱一就是把对立的两个方面合起来。《道德经》第二十八章就体现了抱一为天下式的思维方式,也是本书第六章——"六知守"部分重点解释的内容。知其雄,守其雌,知道自己力量强大,更懂得示弱,懂得锋芒内敛。知其白,守其黑,内心有光明信念和远大的抱负,才能禁得住过程的艰难困苦。知其荣,守其辱,自己有实力,有成就,自然禁得住别人的辱。这就是相反相成,就是抱一。包括第四十一章中:"明道若昧,进道若退,夷道若颣。上德若谷,大白若辱，广德若不足，建德若偷，质真若渝。大方无隅，大器晚成，大音希声，大象无形。道隐无名。"第四十五章"大成若缺""大盈若冲""大直若屈""大巧若拙""大辩若讷"等，这些都是反者道之动，抱一为天下式的例证。

反者道之动，道总是向着相反的方向运动，永不停息。所以事物的发展仿佛呈现出向原始状态的复归，但其实是螺旋式上升、波浪式前进的运动。《道德经》第二十五章就说明了这样的运动轨迹："大曰逝，逝曰远，远曰反。"事物都是由小到大的，大了以后就离开了。像小孩一样，长大就会离开父母，越走越远，但到最后又总会回来。有的小孩以为父母不够爱自己，真正的爱在远方，就到处去寻找，而经历了之后再回来才发现原来最爱自己的人就在身旁。所谓旁观者清，"离开"的过程，才使人们对问题有真正深切的体会。我们经常说返璞归真，中国传统艺术强调的境界不都是返璞归真吗？中国诗歌最高的境界是"清水出芙蓉，天然去雕饰"，自然而成，不事雕琢，清新雅致。中国园林的最高境界"虽自人工，宛如天开"，园林虽是人工雕琢的，但最高级的园林反而是看不出人为痕迹的。人生经历得多了才发现，其实平平淡淡才是真，返璞归真才是真。反者道之动，在治国理政中又如何体现？《道德经》第六十五章有："古之善为道者，非以明民，将以愚之。"统治者不让百姓有那么多的心眼技巧，而让他们敦厚、厚道，大智若愚。如果心眼太多，人民就难以治理。所以以智治国，这是国的灾难，不用这些技巧，让民风淳朴、敦厚，这才是国家的福祉。这不正是反者道之动的哲学逻辑吗？

反者道之动，在现代马克思主义中可以对应否定之否定规律。事物的发展分三个阶段，包含两次否定。第一个阶段是肯定，第二个阶段是否定，第三个阶段是否定之否定。第三个阶段常常重复第一个阶段的某些特征，仿佛是回到出发点的运动，但实际上却发生了更高级的质变。

事物都有对立统一的正反两个方面，这是事物运动和发展的根本原因，缺一不可。当"反"不存在的时候，"正"也就没有存在的价值了。而人们往往只注意其中一个显眼的方面，却忽略了与之对等的、具有同样力量的另一方面。所以老子强调要用对立统一的方式看待事物，这样才能找到解决问题的根本方法，也达到了更高的思维境界。因此，反者道之动，是《道德经》的思维总纲，整本书处处体现这种哲学智慧。

第七节 常

《道德经》中出现频率最高、最重要的三个字是道、德、常，本节就解析"常"字。常，我们熟悉的意思有经常、日常，此处理解为恒定的、不变的规律。道是阴阳相互作用的和谐状态,此消彼长,因而变幻莫测,所以好的领导者也应如此,消除固执之心,以百姓心为心。道也是客观的,不以人的意志为转移,无法被创造更无法被消灭,所以明智之人了解道的运动规律,因而宽容、坦然,永远不陷入危险之中。

例1

【第一章原文(节选)】道可道,非常道;名可名,非常名。

【译文】可以言说的道,便不是恒常的道;可以定义命名的名,也不是恒常的名。

【第四十九章原文(节选)】圣人无常心,以百姓心为心。

【译文】圣人没有固执的成见之心,与百姓将心比心。

常,恒定的规律性的。《道德经》开篇首句介绍核心概念"道",一连用了两个"常"字。老子一开始就告诉我们,道不依托形象的话,是没办法理解它的。道这个东西是高的,把它讲出来就低了;道这个东西是全面的,把它讲出来就片面了。道可道,非常道,为什么呢?因为"名可名,非常名",这两句话是有因果逻辑关系的。"名"就是语言和逻辑,是有限的、片面的,用语言和逻辑把道讲出来,那么道也就变得有限、片面。此处两个"常"字是为了告诉大家,老子的道是恒常的，不会改变的，因而是不可命名的。

刘禹锡《视刀环歌》有云："常恨言语浅，不如人意深。"意思是说语言的作用是有限的，常常无法清楚、确切地表达自己的情感。而道是高大的、深刻的，所以更是无法用语言来描述的。那么如何让大家来领悟呢？老子善于用形象使人领悟。中国传统文化更看重的是悟道的过程，茶有茶道，花有花道。道在万事万物中体现出不同的形式，故变幻莫测，但是道作为规律而言，无时不刻不在发挥作用，这是恒常不变的。所以，读万卷书不如行万里路，行万里路不如阅人无数，阅人无数不如名师指路，名师指路还得自己来悟。最终的体会还是需要自己领悟，如人饮水，冷暖自知。本书第二章已经讲过，老子用脚下的道路来阐释他的道，自己从现实生活中的蛛丝马迹中领悟到的，才是道的真谛，才是"常道"。所以在《道德经》第十六章中老子说"知常曰明"，只有了解到作为恒常规律的道，才可称得上明智之人。

既然"道可道，非常道"，道是全面的，是变幻莫测的，不可言说的，那么坚定按照道去做的圣人又当如何？老子说圣人无常心，一个好的领导者、统治者，是没有执念的。常心就是固定的心思、自我的执着。圣人从不固执己见，不把自己的意志强加给人民，而是换位思考，将心比心，倾听民众的呼声，关注民众的利益，吸取民众的智慧，以百姓心为心。汉文帝刘恒，中国最完美的帝王之一，朱熹评价他："三代以下，汉之文帝，可谓恭俭之主。"文帝之前，秦末汉初的战争给社会经济造成了严重破坏，百姓流离失所。因此，汉文帝继续施行无为而治的政策，采取轻徭薄赋、与民休息的施政方针，兴修水利，大力发展经济。他不贪图享受，不浪费奢侈，躬行节俭，废除了残酷的连坐之法和肉刑，颁布养老令，采用和亲的方法减少战乱。由此，社会安定，国家强盛，百姓小康，开启"文景之治"的盛世。党的十九大报告中四次提到的"以人民为中心"，就是对"以百姓心为心"的当代解读与践行。

老子说，成为一个圣人，就不能太固执己见，要有百姓意志。有智慧的领导者不以自我意志去规定百姓意志，而是将百姓意志作为自我意志，这才是符合大道的表现。"圣"字的繁体写作"聖"，上面是"耳"和"口"，这两个字并列就代表着通达事理，下面是个王，也就是说一个愿意体恤百姓的领导者，按照道去做的人，就是圣人。历史上，开国皇帝大都是比较体恤人民的，他们深知打江山不易，守江山更难。明太祖朱元璋，出身贫寒，什么苦都吃过了，深知百姓不易，所以他当上皇帝之后，就开始修水利，鼓励开垦，种植农作物、经济作物，同时与民休息，救济那些底层的穷人。他深知贪官对百姓的压榨盘剥，便酷刑惩贪官，立志"杀尽贪官"，当政三十一年，先后发起六次大规模肃贪，杀掉贪官污吏十余万人。朱元璋的残酷手段都放在贪官身上，并未对老百姓造成不利。朱元璋自己出身贫困，深知百姓的艰难，所以朱元璋能够体恤民情，换位思考。

圣人无常心，没有固执己见，懂得换位思考。《道德经》第二十二章有："不自见故明，不自是故彰，不自伐故有功，不自矜故长。"这是圣人的原则，只有不固执，才能倾听民众的呼声，吸取民众的智慧，关注民众的利益，才能不断成长，不断进步。

例2

【第十六章原文（节选）】万物并作，吾以观复。夫物芸芸，各复归其根。归根曰静，是谓复命。复命曰常，知常曰明。不知常，妄作，凶。知常容，容乃公，公乃王，王乃天，天乃道，道乃久。没身不殆。

【译文】万物都一齐蓬勃生长，有道之人在纷繁中考察其往复的道理。万事万物纷纷芸芸，各自返回它的本根。返回到它的本根就是清静，清静就能使生命复归而再次续命。复命续命就是自然，认识了自然规律就叫作明智，不认识自然规律的轻妄举止，往往会出乱子和灾凶。认识自然规律的人是宽容的，宽容才会坦然公正，公正才能成为贤明的君王，贤明的君王会效仿天的精神，天按照道的规律运行，符合自然的道才能长久，终生不会遇到危险。

【第五十五章原文（节选）】知和曰常，知常曰明，益生曰祥，心使气曰强。物壮则老，谓之不道，不道早已。

【译文】知道醇和、平和就是了解了道的规律、规则，了解这个事物规律、规则的人才是明智的，让我们的生命有益才是吉祥，纵心任气，是强暴、强蛮的表现。强壮会趋于衰老，这叫作不合于道，不合于道便会早早灭亡。

上文提出，只有了解到作为恒常规律的道，并按照道去做，才可称得上明智之人。世间大大小小的规律是数不胜数，但是对人影响最深刻的是生命规律。《道德经》第十六章，老子以生命规律为例，教导世人如何认识生死。"万物并作，吾以观复"，万事万物自由生长，得道之人作为旁观者，认识到生命是复归的过程，这就是一种明智。

不只是生命规律可以被认识，其他规律也可以被认识，因为规律有重复性，在条件具备的时候，反复不断地发生作用。有智慧的人可以在纷繁表象中看到本质，在变化莫测中找到规律，然后按照规律办事，这是得道之人的做法。远古时代，河南商丘一带是一片森林，在森林中居住的燧人氏，经常捕食野兽，当击打野兽的石块与山石相碰时往往会产生火花。燧人氏从这里受到启发，就以石击石，用产生的火花引燃火绒，生出火来，开启了人类新时代。神秘莫测的八卦也是古人观察天象自然规律而作，《易传·系辞传》云："古者包牺氏之王天下也，仰则观象于天，俯则观法于地，观鸟兽之文与地之宜，近取诸身，远取诸物，于是始作八卦，以通神明之德，以类万物之情。"荀子《天论》中第一句话就是："天行有常，不为尧存,不为桀亡。"这个世界的规律,之所以成为规律,就是因为它是客观存在的,不以人的意志为转移,它不因外物的变化而变化,不能被创造,也不能被消灭,它是恒定的,永不休止的。所以,规律是可以被人认识并掌握的,按照规律去做就是明智的。

既然认识了自然规律就叫作明智,那么不了解规律却贸然行事,又会如何?老子警告说:"不知常,妄作,凶。"不了解事物发展的常理和规律,瞎折腾、胡折腾,就像揠苗助长的宋国人,虽然出发点是好心,但是结果是非常糟糕的。磨刀不误砍柴工,花时间去观察事物,了解规律,做起事来才能事半功倍。20世纪初,在美国西部落基山脉的凯巴伯森林中约有四千头野鹿,而与之相伴的却是一群凶残的狼,威胁着鹿的生存,所以美国总统罗斯福决定开展一场除狼行动,狼的数量急剧下降。于是鹿不受控制地繁衍,增长到十万余头,它们啃食一切可食的植物,吃光野草,毁坏林木,使得其他以植物为食的动物锐减。人们做梦也不会想到,他们捕杀的狼居然是森林和鹿的"功臣"。狼吃掉一些鹿,使鹿群不会发展得那么快,森林也就不会被糟蹋得这么惨;同时狼吃掉的多半是病鹿,反倒解除了传染病对鹿群的威胁。美国政府为挽救灭狼带来的恶果,制定了"引狼入室"计划,从加拿大运来野狼放生到落基山中,森林中又焕发勃勃生机。生物间的食物链和优胜劣汰都是自然规律,人们不认识规律而妄加干涉,只会自讨苦吃。所以尊重规律,按照规律做事才是有智慧的表现,就像雕玉琢玉的时候也要顺着玉的纹理和长势，就像孟子说，无规矩不成方圆。

道是阴阳相互作用的和谐状态，老子说"知和曰常"，了解道的规律本质是和谐，就会宽容旷达，很多事情也就想得通，容人、容事、容言，能容纳很多，做事情才公平正义，最终才能成为一个好的领导者，事业才能够更加兴旺发达。按照这种方式做事，才符合天道。顺天道者，虽小必大；逆天道者，虽成必败。

第八节　明

明，是老子对人的极高夸赞，意味着明智、光明。有人会问，老子不是非常反对智慧的吗？比如《道德经》第十八章的"慧智出，有大伪"。其实，老子反对的是用于欲望心机欺诈的小智慧，而"明"则恰恰是使人们远离欲望深渊，规避一切危险的大智慧。《道德经》中，老子不仅告诉人们什么是明智的人，而且告诉人们怎么做才能成为明智的人。

例1

【第五十二章原文（节选）】见小曰明，守柔曰强。用其光，复归其明，无遗身殃，是为习常。

【译文】察见细微的事物叫明,坚守柔弱叫强。用道的光芒来了解具体事物中的规律、规则,复归到事物的光明的状态,不会给自己留下那么多的祸殃,这就叫普遍永恒的规律。

【第二十七章原文(节选)】是以圣人常善救人,故无弃人;常善救物,故无弃物,是谓袭明。

【译文】所以圣人懂规律,按规律用人、拯救人,所以没有该被弃置不用的人;按规律去利用万物,所以没有没用的东西,这就是被掩盖的智慧。

【第三十三章原文(节选)】知人者智,自知者明。

【译文】了解别人的人,是有智慧的;能了解自己的人,是明智的。

【第三十六章原文(节选)】将欲歙之,必固张之;将欲弱之,必固强之;将欲废之,必固兴之;将欲夺之,必固与之,是谓微明。

【译文】想要收敛、合上,首先要打开、张开;想要减弱、削弱,则需先让它感觉强大;想要彻底废掉,则需让它登极高而跌极重;想要得到,则需先给予,这是微妙难察的智慧。

上文说道,老子认为"知常曰明",即认识到万事万物的规律、规则是明智的。那如何来认识规律以达到明智呢？《道德经》第五十二章介绍道与万物的关系。道是万事万物的普遍规律，它永恒存在。具体的事物都拥有具体的道、具体的规律。了解大道，继而可以了解万事万物的具体规律，比如说茶有茶道，花有花道，武有武道，棋有棋道。反过来也一样，从具体的事物发现规律的存在，才能更坚定地按照道去做，所谓"见小曰明"，认识具体事物的规律也叫作明智。如何认识道的规律呢？老子说如果依赖于感官，就无法了解道。因为感官会迷惑思维，"五色令人目盲，五音令人耳聋，五味令人口爽"。人获取知识的同时，也产生欲望，对世界的认识会越来越清晰，而这样更容易对万物产生分别心，但是作为本原的道是无所谓分别的。所以要想了解道，必须"塞其兑，闭其门"，消除过分的欲望，恢复纯真本性，才能更好地认识道，按照道去做而不会遇到危险。相反，如果"开其兑，济其事"，放任欲望滋生，则会无药可救。所以老子总结："用其光，复归其明。"要学会运用道的光芒，来了解具体事物中的规律、规则，才能走在光明的大道上而不陷入危险，这是普遍永恒的大智慧。

《道德经》第二十二章中提出，成为一个明智的人，首先要"不自见"。在本书第四章"四个不"中也有详细论述。老子在《道德经》中也告诉统治者在了解规律之后，如何从细节着手，成为明智的人。炫耀显露自我并不是明智的做法，这样更容易暴露缺点招致非议，使自己陷入争端和危险之中，有智慧的人更像蒙尘之珠，胸中有丘壑，腹内有乾坤，却不显山不露水。自以为是、固执己见、一意孤行，就阻挡了我们前进的道路，这不是有智慧的表现，所以真正的智者和强者，不会炫耀自己的能力和功劳，也不会轻易显现自己的实力。

老子在《道德经》第二十七章又提出："是以圣人常善救人，故无弃人；常善救物，故无弃物，是谓袭明。"圣人的明智还体现在可以按照规律待人用物。一个有修养、有智慧、有品德的人，善于拯救别人，他们认为世界上没有哪一个人是应该被抛弃的。你觉得这件东西没用，那是因为你没有看见它的用处。就像用宝剑来缝衣服，缝不好就说它没用，只是因为没有找到正确的用途。但有时候无用才是大用，山中的林木因为不是良木，而得以保全长成参天大树，这就是对自己最大的用处，这就是前文引证的庄子无用论。懂得规则、规律的人，会明白存在即有用，所以千万不要说自己的儿女、朋友、属下没用，可能你没有找到他们适合用的地方。如果清华大学没有看到钱锺书出众的文学才能，因为数学短板而拒绝录取他，那么这位文学巨匠可能就淹没在人海中了。

明智的人不仅善于了解别人，善于看到别人的长处，同时对自己也有清晰的认知。《道德经》第三十三章有："知人者智，自知者明。"我们熟知的"人贵有自知之明"就出自这一章。明智，往往都是连着用的，但是在这里，老子将"明"和"智"分了高下。我们要了解别人，看到别人身上的长处，善于救人、救物，这是有智慧的表现。我们无法了解另外一个人的精神世界，但对于一个领导者来讲，了解自己的下属是必要的，可以从一些场景中透视一个人的品质：让他在身边，看他谗佞不谗佞；把他放到远的地方工作，看他忠诚不忠诚；让他喝醉，看是不是酒后失态；让他管钱，看他贪不贪。知人知面不知心，了解别人是需要花心思的，善于了解别人是有智慧的。

接着老子语锋一转，"自知者明"。了解别人已经不容易了，但是更难的是了解自己。当局者迷，我们眼睛可以看到远方，但是看不到自己的眉毛。我们认为了解自己最多，实际上对自己的认知和了解是最缺乏的。汉高祖刘邦，他属于大智若愚的类型。他对自己的认知十分清醒，即位后，他说："夫运筹策帷帐之中，决胜于千里之外，吾不如子房。镇国家，抚百姓，给馈饷，不绝粮道，吾不如萧何。连百万之军，战必胜，攻必取，吾不如韩信。此三者，皆人杰也，吾能用之，此吾所以取天下也。"他知道，张良在深谋远虑上胜过他，萧何在治国安邦上胜过他，而韩信在用兵之道上胜过他。但是这三人都为刘邦所用，知人善任，任人唯贤才是他取得成功的关键。所以人贵有自知之明，就像苏格拉底的座右铭"认识你自己"，能够了解别人，也认识自己，才是明智的人。

明智的人，还要了解相反相成的道理。《道德经》第三十六章："将欲歙之，必固张之；将欲弱之，必固强之；将欲废之，必固兴之；将欲夺之，必固与之，是谓微明。"这包含了四个对立面。想要把这个东西收敛，首先要把它张开；要想削弱它的力量，就要先加强它，就像第七十六章所说"兵强则不胜，木强则折"。想让它报废，就要先把它往高举，举得越高，摔得越重。《风俗通义》中记载了这样一个故事："杀君马者，路傍儿也。语云长吏食重禄，刍藁丰美，马肥希出，路傍小儿观之，却惊致死。按长吏马肥，观者快马之走骤也，骑者驱驰不足，至于瘠死。"五四运动中蔡元培先生在辞职启示中引用了这个典故，就是说有位官吏的马非常肥壮，看到的人都说这是一匹良驹，肯定跑得很快。马的主人对这些赞誉很是得意，便让马不停地奔跑，不给它歇息，最后马因为过度疲劳而死。想要从对方那里得到什么，要先给予对方想要的东西，就像钓鱼的鱼饵，所以一定要谨慎对待糖衣炮弹。这是老子认为的明智的统治者一定要掌握的用兵之道和战争智慧，也是反者道之动的思维方式的体现。

所以，老子认为，明智的人懂得道的规律，并以此了解具体事物中的规律、规则；懂得示弱和隐藏自己的实力，以保全自我不受伤害；能够看出无用中的大用，了解别人的同时对自己有清楚的认识，懂得相反相成的道理和反者道之动的思维方式，终身不陷入危险。

第九节　无

无，意思是大象无形，有无相生，无用、无为。有，即可感知，包括一切有形之物；无，即不能辨别，无法感知的能量，所以，无不是没有，有和无是两种状态，"同出而异名"。有无是相反相成的两个方面，要看到有形之物的作用，更要重视无的意义。比如道家的重要概念无为，掌握规律不妄为、抓住关键不多为、有所为有所不为、顺势而为。生活中还可以引申为无事、无味、无色、无声等，处处体现着无的智慧。

例1

【第一章原文（节选）】无名天地之始；有名万物之母。故常无欲，以观其妙；常有欲，以观其徼。此两者同出而异名，同谓之玄，玄之又玄，众妙之门。

【译文】天地开始的时候，把它叫作无；万物的母亲，把它叫作有。所以常处于无，从无的角度来观察它的妙处；常处于有，从有的角度来观察它的边界。有和无是任何事物都具有的两个方面，来源相同但名称不同，幽暗深远，叫作玄。玄而又玄，是一切奥妙的根本门径。

【第十一章原文】三十辐共一毂，当其无，有车之用。埏埴以为器，当其无，有器之用。凿户牖以为室，当其无，有室之用。故有之以为利，无之以为用。

【译文】三十根辐条插到一根毂中的孔洞当中，有了车毂中空的地方，才有车的作用；揉和陶土做成器皿，有了器具中空的地方，才有器皿的作用；开凿门窗建造房屋，有了门窗四壁内的空虚部分，才有房屋的作用。所以，有给人便利，无发挥了它的作用。

老子在第一章开篇就讲，有是什么，无是什么，有和无的关系是什么。"无，名天地之始"，天地开始的时候是无形状的，混沌一片，无法定义，所以我们把它叫作无。"有，名万物之母"，等天地分开，群星列阵，这时候就叫作有，这是万物的母亲。任何事物都有有、无两个方面，没有无就不知道什么是有。人的肉体，这叫作有，人也有精神世界，这叫作无，二者兼具才是活生生的人。没有精神世界只剩下肉体，那叫行尸走肉。所以我们观察一个事物要从无的角度来观察它的妙处，从有的角度来观察它的边界。比如人的精神、思想、理想信念，虽然无形，但是奥妙无比，比如大象无形的风，摧枯拉朽，力量巨大。而事物的形状则让我们更清楚地界定它的边界。"此两者同出而异名"，有和无是任何一个事物都具有的两个方面，知道这一点才是高级的思维水平，叫作玄。而认识到无的作用才是更为根本的，这是"玄之又玄"，比玄更玄的境界。无，在《道德经》短短五千余字中就出现过一百余次，可见老子对无的重视。就像物质世界大家都看得到，一个人长得高矮，漂亮不漂亮，这很明显，大家都看得到。可是一个人的精神世界，却没有人能够了解透彻。只有认识到这一点，才能达到老子的哲学层面。

老子为什么总是强调无的方面？是他看不到有的作用吗？不是

的。相反，正是因为大家都看到有形之物的作用，看到争抢、好强、激进的作用，却忽视了与之对等的另一方面——无、不争、弱、退的作用。老子的思维方式是抱一，也就是把对立统一的两个方面结合起来。所以他更加强调无的作用，为了使大家能够认识到另一方面的重要性，他不惜采用矫枉过正的方式。

老子在《道德经》第二章中说明了有和无的关系——有无相生，相比较而存在，相辅相成。中国传统艺术非常强调有无相生。文人画，没见过把一整张都画满的，它要留有空白，甚至有的留得多了，基本都是空白，只画一个角或者一半，"南宋四大家"中的两位——"马一角""夏半边"正是如此。马远，出生于丹青世家，自成一派，其构图常取一角的景致，被称作"马一角"。夏圭与马远同创水墨苍劲一派，有自己的个人风格，他在构图上喜欢取半边之景，侧重一隅，意境开阔，被称为"夏半边"，他认为空的地方不是空白，是涌动的元气，只是看不见，这叫无画处皆成妙境、计白当黑、虚实相生。虚实相生，其实是有无相生的延续。中国的园林设计也是这样，强调虚景，风声、雨声、月影、花影，有无相生，这些都是虚、无的力量。人也如此，苏轼讲腹有诗书气自华，涵养、气质这种东西虽然看不见，但是真的拥有、提高之后，大家都能够感觉到，这不也是有无相生、虚实结合吗？

有无相生，也代表着相互转化，最大的有就转化成无。《道德经》第四十一章讲"大象无形"，最大的形状是没有形状，如同风，无形却力量无尽。老子常常拿风的形象来描述道的特征。风是没有形状的,没有人能说清楚风在何处,但我们看到水面泛起涟漪,看到麦田翻滚热浪,就知道风一定是存在的。就像道,没人见过,但也没人能摆脱,因为道无处不在。庄子说,道在瓦片里头,道在稗草里边,道在大小便里边。庄子是想说,所有事物都各有其道,道,是瓦片成为瓦片、稗草成为稗草、万物成为现存的那个样子的根本原因。道的本质是无,像风一样,虽看不见,它却真实存在,且力量无尽。

例2

【第六十三章原文(节选)】为无为,事无事,味无味。

【译文】用无为的态度、方式来作为,用不找事、不多事的方式来做事,最好的味道反而是没有味道。

【第十二章原文】五色令人目盲,五音令人耳聋,五味令人口爽,驰骋畋猎令人心发狂,难得之货令人行妨。是以圣人为腹不为目,故去彼取此。

【译文】光怪陆离、五彩缤纷的色彩,使人眼花缭乱;嘈杂的音调,使人听觉失灵;过于丰盛的食物,使人味觉错乱;纵情狩猎,使人心情放荡发狂;稀有的物品,使人行为不轨。因此,圣人但求吃饱肚子而不追逐声色之娱,所以摒弃物欲的诱惑而保持安定知足的生活方式。

无的核心，是无为。老子说的无为是什么都不做、消极怠工吗？不是。无为思想在本书第七章"七正道"的部分详细介绍过。第一条是不妄为，要了解事物的规律，不能做揠苗助长的人。第二条是不多为，抓住事情的关键，其余事情就不要干扰，自然而然。第三条，有所不为，每个人的精力都是有限的，只有放弃一些事情，才能在其他事情上做出成绩。第四条，顺势而为，按照道的规律和规则去做，才能乘势而上。《道德经》第六十三章开头的九个字就是无为在生活中的体现。"为无为"，想要有为，得先明白什么是无为，"我无为，而民自化"，无为反而得到更好的效果。"事无事"，想做成大事，就要不多事，不瞎折腾，"我无事，而民自富"。"味无味"，最有味道的是没有味道，真水无香，《道德经》第三十五章有："道之出口，淡乎其无味。"道也是没有味道的，但是却最为伟大、高尚。

无，延伸到生活中还可以有许多，无色、无声等。人的感官时常面临很多诱惑，如绚烂的色彩、陶醉的香、美妙的音乐，老子说，这些诱惑会使人们陷入可怕的状态："五色令人目盲，五音令人耳聋，五味令人口爽，驰骋畋猎令人心发狂，难得之货令人行妨。"生活中的诱惑，如美味、音乐、游戏等都是可见的欲望，是过于重视有的表现，沉迷在这些刺激中，就会一步步将自己引入深渊。

一个社会如果只看到有的作用，却看不见无的作用，那这个社会就会慢慢出现病态。只看重财富、权力，却看不到思想、精神的伟大作用，那精神与物质将无法同步。《道德经》这本书最重要的贡献是什么？就是无。无论是为人处世，还是治国理政，都要重视无的力量。看似无用的东西，反而有大用。

《庄子·人间世》中有："山木，自寇也，膏火，自煎也。桂可食，故伐之；漆可用，故割之。人皆知有用之用，而莫知无用之用也。"一位木匠来到齐国，路遇一颗奇特的参天大树被人围观，但木匠却一眼也不瞧就走了。他的徒弟不解，于是问道："自从我跟着你学手艺以来，还从未见过如此巨大的树，先生却为何不肯多看一眼呢？"木匠回答说，那不过是一棵没用的树罢了，有啥好看的？如果用它做船一定会沉没，用它做棺椁很快就会腐烂，用它做器皿很快就会损毁，而用它做门户柱子定遭虫蛀，这棵树一点用处也没有的，所以它才能活这么长。山中林木因为非良木，因其无用而得以长寿，成为参天大树，这便是无用之用。

读一些无用的书，做一些无用的事，花一些无用的时间，都是为了在一切已知之外，保留一个超越自己的机会，人生一些很了不起的变化，就是来自这种时刻。丰子恺有一本著作叫《无用之美》，他将画分为"有用"和"无用"两种，前者包括教室里的科普挂图、地理教科书中的名胜图、马路边的广告画，但他认为这些"有用"的绘画都不是纯正的美术，只有展览会那些看似"无用"的绘画才是真正的美术。因为纯正的美术绘画，其本质是美，而美是感情的，不是知识的，是欣赏的，不是实用的，所以一幅作品的"无用"才成就了它独特的美术价值。所以，有和无，有用和无用，都是相比较而存在的。有的东西可能过去无用，但将来有用，可能这一部分有用，另一部分无用，不能以偏概全。

学习《道德经》，或者其他经典文化，可能不会让我们立即获得财富、地位，看起来并没有那么"有用"。但是我们读经典，可以让我们消除暴躁、急躁、狂躁的消极情绪，变得安静、宁静、沉静，这一心态的转变本身就是获得的过程。

参考文献

［1］司马迁.史记［M］.北京：中华书局，1982.

［2］王弼，韩康伯注，孔颖达等正义.周易正义［M］.上海：上海古籍出版社，1990.

［3］王弼注，楼宇烈校释.老子道德经注校［M］.北京：中华书局，2008.

［4］陈鼓应.老子今注今译［M］.北京：商务印书馆，2020.

［5］陈鼓应.老子注译及评价［M］.北京：中华书局，1987.

［6］蒋锡昌.老子校诂［M］.上海：上海书店出版社，1988.

［7］任继愈.老子今译［M］.上海：上海古籍出版社，1956.

［8］朱谦之.老子校释［M］.北京：中华书局，1984.

［9］饶宗颐.老子想尔注校证［M］.上海：上海古籍出版社，1991.

［10］李零.郭店楚简校读记［M］.北京：北京大学出版社，2002.

［11］韩鹏杰.道德经说什么［M］.南昌：江西人民出版社，2019.

［12］钟明善.中国传统文化精义［M］.西安：西安交通大学出版社，2009.